¿Quién se rinde?

¿Quién se rinde?

Bolivia: 14 años de autoritarismo

Oscar Garrido Gómez

Cuando la tiranía se hace ley,
la rebelión es un derecho.

Simón Bolívar

Prefacio

Los sucesos a finales del año 2019 quedarán en la memoria colectiva de la sociedad boliviana como el inicio de una nueva era. Estos fueron mal entendidos por la comunidad internacional debido a la maliciosa desinformación difundida por el régimen caído.

Escribo estas notas porque, a pesar de que la población boliviana trató por todos los medios de informar lo que pasó, los retrógradas que quieren retornar al pasado continúan con la campaña de mentiras maliciosas y medias verdades adornadas a su gusto, con el apoyo del dogmatismo de los izquierdistas internacionales, que en muchos casos desconocen la realidad boliviana y que en otros sostienen ideologías antidemocráticas caducas.

Hablan de un supuesto golpe de Estado trayendo a la mente de los latinoamericanos los penosos años de las dictaduras militares del siglo pasado. Se dice que ese golpe fue realizado por racistas que odian al *primer presidente indígena* de Bolivia, que este golpe fue financiado por el *imperialismo yanqui*, que hubo en Bolivia después del supuesto *golpe* una persecución a militantes del Gobierno de Morales y que hubieron violaciones sistemáticas a los derechos humanos. Pero esa historia de ficción fue diseñada por Evo Morales para ocultar el fraude electoral que cometió con sus correligionarios. Esta forma de estafa se ha utilizado en el país durante catorce años para culpar a otros por las acciones dañinas y los errores del partido.

Varios actores internacionales, periódicos y sitios web creyeron la versión del *golpe de Estado* y empezaron a repetir la mentira, la historia de ficción, sin cuestionar. El resultado es que se enredaron en esta. Así las mentiras de Morales se volvieron *verdades* para ellos.

Mediante este texto quiero desmentir todas esas afirmaciones, relatando lo que sucedió realmente. Y es que no se trata de una lucha racista ni tampoco de una pelea política entre izquierda y derecha, sino que es la pelea entre un régimen dictatorial con tintes fascistas y un pueblo con aspiraciones democráticas y pacifistas.

Lo cierto es que Evo quiso mantenerse en el poder con la excusa de que ese era su derecho humano. El artículo 168 de la Constitución boliviana establece claramente que el mandato dura cinco años y que el presidente y el vicepresidente pueden ser reelegidos una sola vez. Evo Morales quería un cuarto mandato.

El artículo 411 de la Constitución de Bolivia indica que cualquier reforma a la misma, requiere de un referéndum. Como Evo Morales y Álvaro García Linera querían ser reelegidos, Evo convocó a referéndum para enmendar el artículo 168. La respuesta mayoritaria de la población fue «**No**».

Para volver a ser candidatos, no les quedó más remedio que desobedecer la Constitución y el resultado del referéndum. De esta manera, instruyeron al Tribunal Constitucional, que fue designado por Evo Morales, para que tomaran la decisión que los habilitara.

El Tribunal Constitucional no está facultado para modificar la Constitución; este fue *electo* en las elecciones judiciales en las que el ganador verdadero fue el voto nulo. Pero este tribunal logró declarar al artículo 168 inconstitucional. Sé que suena a chiste, pero no lo es. Lo que no pensaron es que la reelección no era una cuestión legal, sino ética.

Lo que hubo en Bolivia fue un fraude electoral de una magnitud tal que difícilmente puede negarse. Del mismo modo que hay gente que niega que la Tierra es esférica y sostiene que es plana, o niega que ocurrió el holocausto judío durante el gobierno de Adolf Hitler, hay gente que no reconoce el fraude electoral. Las evidencias de ese fraude son numerosas, y no solo son evidencias, pues tanto la OEA como dos de las empresas informáticas contratadas por el Tribunal Electoral para distintas tareas lo comprobaron de manera técnica. Es decir, está demostrado dicho fraude. Y ese fraude fue el motivo de las movilizaciones populares que terminaron con los eventos de los que tratamos en este texto.

Lo interesante de esta movilización es que no fue del mismo tipo que las movilizaciones populares anteriores, que derrocaron Gobiernos, en nuestra historia. La insurrección del 1952, la masiva huelga de hambre anterior a la caída de Banzer en 1977 y la Guerra del Gas que obligo la huida de Gonzalo Sánchez de Losada en 2003 tuvieron un carácter violento. Estábamos acostumbrados a solucionar los problemas de esa manera. La caída de Evo Morales se debe a la «revolución de las pititas[1]» que fue una lucha pacífica con una característica netamente no-violenta.

Es imposible explicar la «revolución de las pititas» sin describir cómo la «revolución democrática y cultural» fue traicionada. Las esperanzas de los sectores marginados fueron en crecimiento continuo desde la ascensión del MAS al Gobierno hasta la promulgación de la nueva Constitución Política del Estado. Lamentablemente, desde un principio esta no fue cumplida, las leyes no se adaptaron a la nueva Constitución, la corrupción se hizo norma. Ya nadie en el país respetaba las leyes, ni siquiera las de tránsito.

Muchos se niegan a aceptar la realidad y admitir que se equivocaron. Se aferran a defender el sistema corrupto y delincuencial. El MAS terminó ignorando incluso los resultados del referéndum vinculante del 21F. El Tribunal Constitucional, al servicio del Gobierno corrupto, acabó declarando que un artículo de la nueva Constitución era inconstitucional.

Cuando nuevamente quisieron burlarse del voto ciudadano empezó la «revolución de las pititas». La gente, el pueblo boliviano que había votado para

[1]Pitita es el diminutivo de «pita», que es una palabra usada en Bolivia para las cuerdas.

que Evo Morales no pueda ser reelegido, ante el nuevo y evidente fraude, salió a las calles. Portando carteles, bloquearon las calles con pititas y banderas, incluso algunos salieron con guitarras y se cantaba, inventaron canciones con estribillos en contra del fraude. Grupos afines al Gobierno empezaron la violencia, saliendo armados con palos y piedras a romper los bloqueos. En un principio los bloqueadores simplemente se retiraban, y cuando las hordas masistas se iban, volvían al bloqueo pacífico.

Hubo cabildos, llovieron las denuncias con pruebas del gigantesco fraude, pero el Gobierno las rechazaba diciendo que no eran convincentes, como se habían declarado ganadores, lo negaban. La violencia de las hordas masistas aumentó de tal manera que aparecieron los primeros muertos, la cosa parecía encaminarse hacia una guerra civil. Se conocen los resultados de la auditoría de las elecciones realizada por la OEA, en la que se demuestra que hubo fraude, y se recomienda que las elecciones se anulen, algo que el pueblo boliviano ya sabía. De manera sorprendente se amotinan los policías, tanto la Central Obrera Boliviana, el Conalcam, la Iglesia católica como el Ejército recomiendan a Evo Morales que renuncie.

Índice general

Capítulo 1

Antecedentes

Es difícil el tratar de encontrar un punto de inicio para esta reseña. Si uno revisa las diversas biografías de Evo Morales, el personaje principal de este relato, veremos que se trata de entroncar a Evo Morales con Julián Apasa Nina, alias Túpac Katari, el líder aimara más icónico de la rebelión en contra de la Corona española. En 1781, Túpac Katari dirigió a cuarenta mil hombres y cercó dos veces la ciudad de La Paz, fue traicionado por algunos de sus seguidores, apresado por los españoles y condenado a morir descuartizado. Se atribuye a Túpac Katari, antes de morir ejecutado, haber mencionado las frases célebres: «*Naya saparukiw jiwyapxitaxa nayxarusti, waranqa, waranqanakaw tukutaw kut'anipxani*» (A mí solo me matarán, pero mañana volveré y seré millones). Se decía que esas palabras fueron proféticas y que se cumplieron con el ascenso de Evo Morales al poder con el apoyo de millones de bolivianos.

1.1. La república

Bolivia nació a la vida republicana independiente de la Corona española el 1825, tras una cruenta guerra de independencia, que duró quince años, pero el sistema colonial no se modificó mucho y las naciones originarias fueron invisibilizadas. En suma, en Bolivia, ocurrió un trastrocamiento político en las cúpulas del poder, los españoles fueron reemplazados por criollos y mestizos en el manejo del aparato estatal, pero sin modificarse cualitativamente las bases sociales de sustentación del poder colonial al republicano.

País escasamente poblado, se calcula que en el momento de la independencia solo contaba con 990 000 habitantes, tuvo que plegarse a la injerencia de los Estados vecinos en pleitos fronterizos posteriores. Desde su nacimiento hasta la guerra del Chaco en 1932, Bolivia perdió mas de la mitad del territorio que tenía cuando alcanzó su independencia, en manos de todos sus vecinos. Bolivia tenía 2 363 769 km^2 y perdió 1 265 188 km^2, quedándose con 1 098 581 Km^2.

A fines del siglo XIX Bolivia vivió los horrores de la guerra civil, llamada también «guerra federal», entre el bando conservador, que ostentaba el poder del Estado boliviano con el apoyo mayoritario de las Fuerzas Armadas y la élite económica y religiosa, que defendían un modelo de orden unitario, y, del otro lado, al bando liberal, que se oponía a las políticas de Estado que el entonces Gobierno llevaba a cabo y que pretendía instalar un modelo de orden federativo; este último bando contaba con el apoyo de los pueblos originarios. A pesar de haber ganado la guerra civil, estos pueblos fueron reprimidos y nuevamente dominados, retornando al estado de sometimiento.

La guerra del Chaco fue una especie de ensayo de la Segunda Guerra Mundial. Entre 1932 y 1935, Bolivia y Paraguay estuvieron enfrentados en la más terrible guerra de nuestra historia, en la que murieron 60 000 bolivianos y 30 000 paraguayos y dejó miles de lisiados. Gran parte de las tropas bolivianas eran de las naciones originarias.

1.2. La Revolución del 52

Esa revolución fue una insurrección popular en contra del desconocimiento del resultado de las elecciones de 1951, llamado popularmente como el «mamertazo». Mamerto Urriolagoitia llegó a la presidencia cuando Enrique Hertzog renunció al cargo en 1949, y lo sucedió por haber sido su vicepresidente. En las elecciones de 1951 ganó Víctor Paz Estenssoro del Movimiento Nacionalista Revolucionario (MNR). Mamerto Urriolagoitia desconoció el resultado y entregó el poder al general Hugo Ballivián y a una junta militar.

La Revolución de 1952, una de las revoluciones sociales más importantes de América Latina en el siglo XX, buscaba tres medidas fundamentales: la reforma agraria, el voto universal y la nacionalización de las principales empresas mineras, la creación de la Central Obrera Boliviana (COB), que jugó un papel importante en la historia del país. La reforma agraria distribuyó la tierra de los grandes latifundistas entre los campesinos, que antes de la revolución eran *pongos*[1]. El voto de ese entonces era elitista, no podían votar los analfabetos, indígenas ni las mujeres. Se incrementó el número de electores de 6,6 % de la población total en 1951 a 33,8 % en 1956.

1.3. Las dictaduras militares

El periodo democrático que siguió a la Revolución del 52 duró hasta que se dio el primer golpe de Estado de la segunda mitad del siglo XX, en 1964, realizado por el entonces vicepresidente Gral. René Barrientos, iniciando la era «Barrientos».

Después de un año en el poder se vio obligado a aceptar al Gral. Alfredo Ovando Candía como copresidente y gobernaron por otro año. Barrientos fue elegido presidente de manera constitucional y fue en esa gestión en la que el icónico guerrillero Ernesto «Che» Guevara fue detenido y fusilado. Barrientos murió en un accidente de helicóptero, su sucesor fue su vicepresidente, Luis Adolfo Siles Salinas, que fue derrocado inmediatamente por un golpe de Estado liderado por Alfredo Ovando Candía. En el gobierno de Ovando se tomaron medidas como la nacionalización del petróleo y, el 17

[1]El sistema del pongueaje, una suerte de siervos de la gleba de la Edad Media, obligaba a los indígenas y campesinos no solo a trabajar las tierras del patrón, sino a aportar con semillas, herramientas y hasta los animales de tiro a cambio de vivir en una parcela de tierra y beneficiarse con un pequeño porcentaje de la producción para su subsistencia, sin más derechos que pertenecer a la tierra, o sea, ser parte de la tierra, pues en esos tiempos se vendían las propiedades agrícolas con los animales y los pongos. Así en los periódicos se ofrecía propiedades en venta con equis hectáreas, equis llamas, equis vacas y equis pongos.

de octubre de 1969, la expropiación de la Gulf Oil Corporation, que permitió que Bolivia sea propietaria de sus propios recursos, y la instalación de la primera fundidora de estaño en el país, proyecto que había sido detenido por el Gral. Barrientos.

Tras un fallido golpe de Estado contra el Gobierno del Gral. Alfredo Ovando Candía, ascendió al poder Juan José Torrez, militar que apoyaba a Ovando, y que fue el ideólogo de las medidas populares durante el gobierno de este. Su política fue claramente de izquierda, siendo aliado con el Gobierno de Salvador Allende en Chile. Fue derrocado por un brutal golpe militar el 21 de agosto de 1971, dirigido por Hugo Banzer con el apoyo del Movimiento Nacionalista Revolucionario (MNR) y de la Falange Socialista Boliviana (FSB), iniciando así la era del Plan Cóndor en Bolivia.

La dictadura de Banzer fue brutal, ilegalizó a los partidos políticos, incluidos sus aliados, declarado anticomunista, participó en el Plan Cóndor junto con las dictaduras de Argentina, Brasil, Paraguay, Uruguay, Chile y Perú, dejando incontables denuncias de atentados contra los derechos humanos. Contrajo una de las deudas externas más grandes que hubiera tenido Bolivia y su Gobierno perpetró actos de corrupción muy sonados. Fue derrocado el 21 de julio de 1978, luego de una larga huelga de hambre iniciada por mujeres mineras y personalidades como Domitila de Chungara, que dirigían y participaban en organizaciones sociales, quienes lo presionaron a llamar a elecciones. Más de 1500 personas nos sumamos a la huelga, con el pasar de las horas, los huelguistas nos multiplicamos por miles y al régimen militar no le quedó otra opción que la de claudicar en favor de la democracia.

1.4. Transición a la democracia

El candidato de la dictadura fue el Gral. Juan Pereda Asbún, que ganó en unas elecciones que fueron anuladas por el gigantesco fraude electoral, pues habían más votantes que habitantes en el país. Dos días después de la anulación de las elecciones realizó un golpe de Estado. Su gobierno duró apenas tres meses, ya que los militares dieron nuevamente otro golpe: David Padilla asumió como presidente, siendo su único fin la realización de nuevas elecciones. Ingresando así a un periodo bastante turbulento en la historia del país.

En las elecciones del 1 de julio de 1979 ganó con mayoría relativa la UDP, una alianza de partidos de izquierda: el MNRI, el MIR y el PCB. Sin embargo, el Congreso de la República no pudo lograr un acuerdo y finalmente aprobó una salida alternativa a la crisis y el presidente del Senado, Walter Guevara Arze, fue nombrado presidente constitucional interino de Bolivia por un año, con mandato de convocar a nuevas elecciones en 1980. Menos de tres meses después fue derrocado por el Cnel. Natusch Busch, el 1 de noviembre de 1979, en un cruento golpe de Estado. Considerando el poco tiempo en el que estuvo en el Gobierno, Natusch Busch instaló el régimen más sangriento de la historia de Bolivia. A pesar del terror que instaló Natusch Busch en las calles, hubo masivas protestas del pueblo en todo el país, renunció el 15 de noviembre de 1979 huyendo del Palacio de Gobierno el 16 de noviembre de 1979, tras solo dieciséis días. En una negociación con el Congreso lo único que logró fue que este no reeligiera como presidente a Walter Guevara Arze, a quien Natusch Busch acusaba de desear entronizarse en el poder. El Parlamento eligió entonces como su sucesora a Lidia Gueiler, que sería derrocada el 17 de julio de 1980 por otro golpe militar, esta vez encabezado por el Gral. Luis García Meza, quien convertiría a Bolivia en un paraíso del narcotráfico. Durante ese golpe se cometieron múltiples crímenes, entre ellos: el asesinato de Marcelo Quiroga Santa Cruz, Carlos Flores Bedregal y Gualberto Vega Yapura durante el asalto a la COB y el asesinato de la dirección nacional del MIR. Fue durante este régimen que salí exiliado.

Luis García Meza fue destituido por una junta militar que después de gobernar un mes nombró presidente a Celso Torrelio, que luego de unos meses de gobierno fue destituido por las Fuerzas Armadas, quienes colocaron como nuevo presidente a Guido Vildoso, que fue quien devolvió el poder político a la democracia. El último Congreso elegido democráticamente designó esta vez como presidente al Dr. Hernán Siles Suazo de la UDP.

El Gobierno de la UDP tuvo que hacerse cargo de los problemas sociales y económicos originados por la dictadura de Banzer y de todo el periodo turbulento que le siguió. Esto ocasionó la hiperinflación, la crisis se complicó por las diferencias internas dentro de la alianza. Ante la imposibilidad de solucionar la crisis acortó su mandato.

1.5. El neoliberalismo

Las elecciones fueron ganadas por el MNR y Víctor Paz Estenssoro volvió a ser presidente por cuarta vez, imponiendo el sistema neoliberal a través del decreto 21060. Este fue un cambio en la orientación económica, de un capitalismo de Estado al neoliberalismo de libre mercado. Gran parte de las empresas estatales estaban en pérdida continua, trabajando de esta manera incrementaban de modo alarmante la deuda externa.

«Bolivia se nos muere» fue la frase con la que Paz Estenssoro justificó el decreto 21060. El nuevo sistema económico permitió el despido masivo de mineros, en realidad se les conminó al «retiro voluntario» o «relocalización», este no solo afectó a los sectores obreros, sino a todos los sectores de servicio alrededor de la minería, convirtiendo a muchos de los campamentos mineros en pueblos fantasmas, y los pocos que quedaron fueron privatizados o concedidos a «cooperativas mineras». Los aproximadamente 30 000 mineros despedidos, que pasaron a llamarse «relocalizados», tras masivas protestas y represión lograron mediante un acuerdo recibir indemnizaciones. Los relocalizados inundaron las ciudades, muchos invirtieron este dinero en movilidades, convirtiéndose en taxistas, minibuseros; otros se negaron a abandonar la minería, convirtiéndose en cooperativistas; algunos se trasladaron al Chapare, zona semitropical donde se dedicaron a cultivar coca; y lamentablemente muchos fueron estafados. [2]

Al terminar la última gran protesta en contra de esta *masacre blanca* se oyó a un dirigente minero decir: «Podrán despedirnos, pero estarán sembrando semilla de guerrilleros». El sistema neoliberal terminó con el proteccionismo laboral, iniciando una fase negra del derecho al trabajo en Bolivia. Muchos de sus efectos siguen vigentes especialmente en la administración pública, con las diversas modalidades de contratación, como son los consultores en línea, las sucesivas contrataciones a plazo y el libre despido encubiertos en estas modalidades fraudulentas.

Si bien este sistema logró mantener a flote la economía boliviana, lo hizo con un costo social grande. El capitalismo de Estado, impuesto en la Revolución del 52, fue poco a poco desmontado mediante la privatización de todas las

[2] Vea el video en https://youtu.be/Alg5VjdWFTI

empresas públicas y la soberanía del Estado se transformó en una dependencia económica a los dictados del Fondo Monetario Internacional y una dependencia política a los dictados de los Estados Unidos. Todos los Gobiernos en esta época se formaron mediante acuerdos entre distintos partidos. En la práctica, el Estado había perdido su poder económico y político actuando tan solo como un administrador y no existía diferencias ideológicas entre los partidos.

1.6. La caída del neoliberalismo

El año 2000 ocurren dos conflictos que cambiarán el escenario político boliviano para siempre:

- El primero denominado Guerra del Agua, que articuló en Cochabamba a una parte de la clase media, a movimientos informales urbanos, así como a campesinos «regantes», en una Coordinadora del Agua. El conflicto residía en las condiciones de la privatización de la empresa de distribución del agua en Cochabamba, que daba derecho de cobrar hasta por el agua de lluvia. Después de una serie de enfrentamientos de intensidad creciente, entre enero y abril del 2000, la multinacional Bechtel será expulsada y el Gobierno central del exdictador Hugo Banzer Suárez, que fue electo democráticamente presidente de Bolivia, evidenciará su debilidad, puesto que, por primera vez, las fuerzas opuestas al modelo neoliberal obtienen una clara victoria.
- El otro conflicto del año 2000 ocurre entre septiembre y octubre y tiene lugar en el Altiplano y en una parte de los Yungas paceños. Bajo la dirección del líder sindical indigenista Felipe Quispe, más conocido como el Mallku (Cóndor), se produce un bloqueo de caminos y una amenaza de cerco a La Paz en clara referencia al emblemático episodio dirigido por Túpac Katari en 1781. Las reivindicaciones en este caso serán múltiples, confusas y cambiantes; pero a fin de cuentas el Gobierno capitulará nuevamente y firmará una serie de compromisos más o menos racionales y difíciles de concretar. Quispe, una semana después, fundó su propio partido: el Movimiento Indígena Pachakuti (MIP), de esta manera demostró su fuerza frente al dirigente cocalero Evo Morales.

En agosto del 2001, un año más tarde, el presidente Banzer cae gravemente enfermo de cáncer de pulmón, renuncia y asciende a la presidencia Jorge «Tuto» Quiroga. Banzer murió el domingo 5 de mayo del 2002, pocos meses después de renunciar a la presidencia de Bolivia, en la ciudad de Santa Cruz de la Sierra a los setenta y cinco años de edad.

Los resultados de las elecciones del 30 de junio del 2002 expresaron claramente la magnitud de las transformaciones en curso:

Partido	Votos	Porcentaje	Senadores	Diputados
MNR	624 126	22,46 %	11	36
MAS-IPSP	581 884	20,94 %	8	27
NFR	581 163	20,91 %	2	25
MIR	453 375	16,32 %	5	26
MIP	169 239	6,09 %		6
UCS	153 210	5,51 %		5
ADN	94 386	3,40 %	1	4
PLJ	75 522	2,72 %		
PS-1	18 162	0,65 %		
MCC	17 405	0,63 %		
CONDEPA	10 336	0,37 %		

Tabla 1.1: Elecciones generales de Bolivia del 2002

La corta victoria del MNR de Gonzalo Sánchez de Lozada debe evaluarse en relación con el segundo lugar, sorpresivamente obtenido por el candidato del MAS, Evo Morales, quien superó con escasísimos votos a Manfred Reyes Villa de Nueva Fuerza Republicana (NFR). El panorama se completa con los malos resultados de ADN y UCS, una relativa estabilidad del MIR y un 6 % de los votos logrados por el MIP de Felipe Quispe. La otrora potente Conciencia de Patria (Condepa) desaparece completamente del escenario. Tras las negociaciones de rigor, un pacto de gobierno es finalmente constituido en base al MNR y al MIR, permitiendo a Gonzalo Sánchez de Lozada inaugurar su segundo mandato el 6 de agosto del 2002.

A principios del 2003, el Gobierno decide aplicar un impuesto progresivo a los salarios. Esta medida afecta directamente a los asalariados de los sectores público y privado. Entre ellos se encuentran los policías, lo que motiva que una de sus unidades situada a menos de 200 metros del Palacio Quemado se amotine en el curso de la segunda semana de febrero del 2003. Violentos enfrentamientos se registran entre efectivos del Ejército y los policías amotinados, y por otro lado entre fuerzas del orden y turbas vandálicas que saquearon e incendiaron edificios públicos, sedes de partidos políticos y locales comerciales en el centro de las ciudades de La Paz y El Alto. El resultado de este penoso episodio será de 25 muertos y 200 heridos. El Gobierno, que perdió el control de la situación, cede sobre todos los puntos, retirando el proyecto de impuestos y accediendo a las exigencias de los policías, y la convulsión se calma rápidamente.

Hay movilizaciones populares diversas: la defensa de la coca en los Yungas, el rechazo de la reforma tributaria por los propietarios de vehículos de transporte público de La Paz, la abolición de formularios para registrar los bienes raíces en El Alto y la liberación de un dirigente del MIP encarcelado por dos asesinatos cometidos al amparo de la *justicia comunitaria*, que llegaron a unirse cuando el Gobierno de Gonzalo Sánchez de Lozada quiso iniciar la exportación de gas natural a Estados Unidos y México a través de puertos chilenos. Esto fue un logro importante para Evo Morales porque el gas constituye un excelente articulador de diferentes problemáticas: reúne al «antiimperialismo», la defensa de los recursos naturales que se exportan sin valor agregado, la animadversión hacia Chile, las críticas a la privatización de las empresas públicas realizada en la primera gestión de Sánchez de Lozada, etc.; es por consiguiente posible para el MAS congregar en torno a esta «causa nacional» a diversos sectores que irán reforzando su perfil político.

Durante todo este conflicto, más conocido como la Guerra del Gas, ninguno de los actores enfrentados, para hegemonizar el futuro «frente antineoliberal», podía entablar un diálogo con el Gobierno sin ser inmediatamente acusado de traicionar la lucha que debía ser llevada «hasta las últimas consecuencias». Por tanto, cada sector multiplicará los actos de violencia para ubicarse mejor en el nuevo escenario de la izquierda más o menos indigenista y radical en vías de reconfiguración. Por su parte, el Gobierno, muy dividido y con una defectuosa lectura de la crisis, terminará capturado en una espiral de violencia que acabará por destrozarlo internamente. Esto se evidencia cuando después de dos jornadas violentas en El Alto, con un saldo de varias decenas de muertos, el vicepresidente Carlos D. Mesa se desmarca públicamente del presidente, sin renunciar a su cargo y con el propósito de asumir la sucesión. Al fin, aislado y rechazado hasta por sectores de clase media paceña, Gonzalo Sánchez de Lozada renuncia el 17 de octubre de 2003 y viaja el mismo día a Miami en compañía de sus más cercanos colaboradores. Pocas horas después Carlos Mesa asume la presidencia de la República.

1.7. Periodo de transición

Mesa está en el Gobierno casi dos años, pero no tiene ayuda parlamentaria, el partido que lo llevó a la vicepresidencia lo considera traidor, y los otros partidos lo consideran cómplice, por ello él busca apoyo fuera del Parlamento y propone constituir una Asamblea Constituyente y convocar un referéndum consultivo para dirimir el asunto del gas natural. El referéndum tiene cinco preguntas:

1. ¿Está usted de acuerdo con la abrogación de la Ley de Hidrocarburos N°. 1689 promulgada por el presidente Gonzalo Sánchez de Lozada?
2. ¿Está usted de acuerdo con la recuperación de todos los hidrocarburos en boca de pozo para el Estado boliviano?
3. ¿Está usted de acuerdo con refundar Yacimientos Petrolíferos Fiscales Bolivianos, recuperando la propiedad estatal de las acciones de los y las bolivianas en las empresas petroleras capitalizadas, de manera que pueda participar el Estado en toda la cadena productiva de los hidrocarburos?
4. ¿Está usted de acuerdo con la política del presidente Carlos Mesa para utilizar el gas como un recurso estratégico para recuperar una salida útil y soberana al océano Pacífico?
5. ¿Está usted de acuerdo con que Bolivia exporte gas en el marco de una política nacional que...?:
   a) Cubra el consumo de gas para los bolivianos y las bolivianas.
   b) Fomente la industrialización del gas en el territorio nacional;
   c) Cobre impuestos y/o regalías a las empresas petroleras, llegando al 50 % del valor del gas, principalmente para educación, salud, caminos y empleos.

El resultado del referéndum fue el siguiente:

Pregunta	Sí	No	Válidos	Blancos	Nulos	Emitidos
1	1 788 694	275 742	2 064 436	289 914	324 168	2 678 518
2	1 913 642	162 130	2 075 772	260 435	333 924	2 670 131
3	1 793 594	260 610	2 054 204	329 454	286 625	2 670 283

4	1 055 529	870 772	1 926 301	457 699	286 106	2 670 106
5	1 179 893	731 021	1 910 914	445 435	312 918	2 669 267

Tabla 1.2: Referéndum del gas 2004

Los resultados del referéndum tuvieron como consecuencia que el presidente Carlos Mesa se arrogara para sí y su gobierno la legitimidad para redactar un proyecto de ley de hidrocarburos en base a estos, puesto que la consulta había sido una muestra de apoyo a su mandato y a sus políticas.

Carlos Mesa envió al Congreso el nuevo proyecto de ley de hidrocarburos para que sea aprobado, sin embargo, el Congreso bloqueó constantemente las iniciativas presidenciales. Había diferentes maneras de interpretar las preguntas del referéndum, sobre todo la segunda. Los partidos políticos: MNR, MIR, NFR y el MAS discrepaban completamente con la propuesta presidencial, aunque por diferentes causas. Mesa convocó un encuentro multisectorial para debatir una nueva norma y dar luz verde al referéndum sobre las autonomías y a la convocatoria de la Asamblea Constituyente, pero otra vez la clase política y sectores radicalizados afines al MAS se lo impidieron. Comenzaron protestas contra el Gobierno en La Paz, El Alto y Santa Cruz, con manifestaciones callejeras y bloqueo de carreteras, crisis que hizo que Mesa, en un mensaje a la nación, presentara su renuncia, que no fue aceptada por el Congreso justificando que aún era posible acatar la consulta popular. Dos meses más tarde nuevas movilizaciones de los mismos sectores ocasionaron su renuncia indeclinable. Los presidentes de la Cámara de Senadores, Hormando Vaca Díez, y de la de Diputados, Mario Cossío, renunciaron a la sucesión constitucional y asumió la jefatura del Estado Eduardo Rodríguez Veltzé, que encabezaba la Corte Suprema de Justicia. Rodríguez Veltzé, según ley, solo podía ser presidente para llamar a elecciones anticipadas, que dieron como ganador a Evo Morales, al que entregó el mando el 22 de enero del 2006.

Capítulo 2

Proceso de cambio

El Movimiento al Socialismo (MAS) tuvo un crecimiento sostenido de apoyo popular que se muestra en los resultados electorales; de menos del 4 % en 1997 a casi 54 % en 2005.

El MAS originalmente se separó de la Falange Socialista Boliviana (FSB), que era un partido de extrema derecha con ideología similar a la Falange Española. El Movimiento al Socialismo-Unzaguista[1] (MAS-U), supuestamente la *línea de izquierda* del partido, se separó de la FSB el 1987. La FSB, si bien fue en la época del MNR una fuerza de oposición grande, con el tiempo fue perdiendo apoyo, y en la práctica desapareció. En 1995 en Cochabamba se funda el MAS, eliminando por motivos prácticos la sigla «U» de unzaguista, desmarcándose así de su pasado falangista. Su fundador, Filemón Escobar, fue un notable sindicalista, secretario de Cultura del Sindicato de Mineros de

[1]Se refiere a Óscar Unzaga de la Vega, fundador de la FSB

Siglo XX, dirigente de la Federación Sindical de Trabajadores Mineros de Bolivia (FSTMB), y después que Juan Lechín Oquendo dejó el mando, dirigente de la Central Obrera Boliviana (COB).

Filemón Escobar militó en el Partido Obrero Revolucionario (POR) y, posteriormente, en Vanguardia Obrera (VO). Fue candidato a la vicepresidencia con Genaro Flores en las elecciones de 1985 por el Movimiento Revolucionario Túpac Katari de Liberación (MRTKL), y, finalmente, ideólogo y fundador del MAS. Filemón Escobar sostenía que el pueblo boliviano se organiza de forma natural en sindicatos, y no en partidos políticos. De ello derivó que la Central Obrera Boliviana (COB) era un órgano de poder, una especie de sóviet. Postulaba que en Bolivia los sindicatos no son solo organizaciones económicas en pos de mejores salarios, sino órganos de autogobierno. Para Escobar, el sujeto de la revolución boliviana era la COB. Llegó a afirmar que el MAS era el brazo político de los sindicatos campesinos.

Por su cuenta, Evo Morales y otros dirigentes como Román Loayza intentaron registrar un nuevo partido, llamado la Asamblea por la Soberanía de los Pueblos (ASP), pero la corte electoral no los aceptó pese a intentarlo varias veces. Luego cambiaron el nombre a Instrumento Político por la Soberanía de los Pueblos (IPSP), cumpliendo los requisitos, y tampoco lograron registrarlo.

Para las elecciones de 1997, bajo la presión de las fechas electorales, se necesitaba un partido ya registrado, por lo que se decidió que el MAS de Filemón Escobar, que ya tenía sus siglas legalizadas, se fusionase, a su vez, con el Instrumento Político por la Soberanía de los Pueblos y la Confederación de Trabajadores del Trópico de Cochabamba. Por ello fue refundado el 23 de julio de 1997 bajo la dirección de Evo Morales, con el nombre de MAS-IPSP.

En 1997 el MAS-IPSP se alió con el Partido Comunista de Bolivia (PCB) y fueron a las elecciones con el nombre de Izquierda Unida (IU), nombre que estaba registrado y que había sido utilizado mas antes por el PCB. Obtuvieron el 3,71 % de los votos, lo que significó cuatro diputaciones, tanto Evo Morales como Filemón Escobar fueron elegidos diputados. En 1999 el MAS-IPSP quedó registrado como partido político en la corte electoral. Para el 2002 el MAS-IPSP obtuvo el 20,94 % siendo la segunda fuerza política más votada, obteniendo ocho senadurías y veintisiete diputaciones. En 2005 el MAS-IPSP logró el 53,72 % de la votación iniciando el llamado «proceso de cambio».

2.1. La agenda de octubre

La importancia histórica de la elección de Evo Morales en 2005 se la puede ver desde diferentes puntos de vista:

- Como el primer indígena elegido presidente de Bolivia.
- Como el primer candidato elegido directamente en las urnas sin necesidad de la segunda vuelta congresal desde el retorno a la democracia en 1982.
- Como el resultado casi directo del gran ciclo de protestas y movilizaciones sociales del primer quinquenio del siglo XXI: la Guerra del Agua en 2000, la Guerra del Gas en 2003 que lamentablemente terminó en la Masacre de Octubre y las protestas de sectores afines al MAS con manifestaciones callejeras y bloqueo de carreteras en 2005.

Lo que queda claro es que su elección fue sin duda uno de los acontecimientos históricos más relevantes de Bolivia, al cual uno puede oponerse o sumarse, pero no evadirlo. La figura de Evo Morales y el legado de su gobierno, por lo bueno o por lo malo, serán seguramente y por mucho tiempo referencia para cualquiera que busque analizar y comprender la política boliviana.

La oferta electoral del MAS tenía en la «Agenda de Octubre» su núcleo y el nuevo Gobierno pronto empezaría a implementarla. La «Agenda de Octubre» se componía en tres componentes:

- El primer componente era el rechazo al modelo neoliberal que, a partir de 1985, cerró las minas estatales, relocalizó a los trabajadores mineros, congeló los salarios, sacó leyes de libre contratación, libre oferta y demanda, que violentaron los derechos de los trabajadores, privatizó empresas estratégicas, refinerías, agua, electricidad, y le dio el control del Estado a las multinacionales.
- El segundo componente se articula en torno a la «defensa y recuperación de los recursos naturales», esencialmente el agua y los hidrocarburos, en la línea del nacionalismo revolucionario de mediados del siglo XX.
- El tercer componente de esta agenda reúne un conjunto de reivindicaciones, donde figura la voluntad de acabar con la «democracia pactada», juzgada como ineficiente y corrupta, y refundar el país sobre una ba-

se igualitaria mediante el encumbramiento de su componente indígena mayoritario. Esta temática se concretará en el pedido de una asamblea constituyente.

El resultado de las elecciones dejó una especie de empate técnico en el Congreso Nacional. El resultado de las elecciones y la distribución de escaños en el Senado y en la Cámara de Diputados fueron los siguientes:

Partido	Votos	Porcentaje	Senadores	Diputados
MAS	1 544 374	53,74 %	12	72
PODEMOS	821 745	28,59 %	13	43
UN	224 090	7,79 %	1	8
MNR	185 859	6,46 %	1	7
MIP	61 948	2,15 %		
NFR	19 667	0,68 %		
FPAB	8 737	0,30 %		
USTB	7 381	0,25 %		

Tabla 2.1: Elecciones generales de Bolivia de 2005

Como se puede ver, el MAS obtuvo simple mayoría en la Cámara de Diputados, pero no en la Cámara de Senadores, y durante los siguientes años el Senado bloquearía de manera consistente las iniciativas del Ejecutivo.

El primer periodo de gobierno de Morales estuvo marcado por conflictos con la oposición, que, a partir de su control del Senado y de los Gobiernos departamentales de Beni, Pando, Santa Cruz y Tarija, se atrincheró en una posición defensiva desde la cual buscaba oponerse a todas las propuestas de reforma del Gobierno. La única agenda propositiva de la oposición era la descentralización administrativa, con la adopción de autonomías departamentales.

2.2. La nacionalización de los hidrocarburos

Es difícil para muchos bolivianos entender el grado de aceptación y hasta de admiración que ha obtenido Evo Morales en el exterior, sobre todo de gente progresista, feminista, ecologista y de izquierdas. Este es el logro de una campaña impecable de mercadotecnia. Muchos bolivianos, sobre todo gente que aún apoya al expresidente, siguen creyendo que los hidrocarburos fueron nacionalizados. La verdad es que no. Lo que se hizo fue negociar los contratos con las petroleras que operaban en el país. Una nacionalización implica que el Estado recupera el control no solamente de la comercialización, sino también de la exploración y explotación de hidrocarburos.

El 1 de mayo del 2006, mientras contingentes militares eran desplegados en algunas instalaciones petroleras y gasolineras, Evo Morales pomposamente anunciaba al mundo la «nacionalización» de los hidrocarburos, mintiendo como en muchas otras ocasiones, porque en esta ocasión no hubo confiscación de bienes. A finales del año 2006 ninguna de las diecisiete empresas privadas de la industria petrolera había dejado el país. Solo hubo negociación de cuarenta y cuatro contratos, donde se determinaba que las empresas privadas tenían que adecuarse a la nueva ley de hidrocarburos del año 2005, lo que significaba pagar 18 % en regalías más 32 % extra por el nuevo Impuesto Directo a Hidrocarburos (IDH).

Además, se procedió a pagar más de 2,5 billones de dólares en compensación para comprar el 50 % más uno de las acciones de las empresas subsidiarias de YPFB, que habían sido privatizadas en la época neoliberal.

El IDH, el incremento de los precios internacionales y los mayores volúmenes de producción fueron los que crearon la ilusión del supuesto éxito de una nacionalización inexistente.

2.3. Asamblea constituyente

La necesidad de escribir una Constitución Política del Estado boliviano que refleje la realidad del país ha sido constante desde la fundación misma del país. Y es que las Constituciones que han regido a la patria fueron desde un principio discriminadoras, favoreciendo siempre a los sectores económicamente fuertes.

En las últimas décadas del siglo XX, el clamor popular de las clases discriminadas exigían el desarrollo de una asamblea constituyente. La política neoliberal, que destruía la capacidad del Estado de gobernarse a sí mismo, al entregar a manos de empresas multinacionales los recursos naturales, la infraestructura de comunicación, etc. En todas las protestas se escuchaba el clamor de realizar una asamblea constituyente que incluyera al fin la visión y el sentir de las naciones originarias, hasta el momento ignoradas.

Ese no era el único problema que existía en el ámbito constitucional, un problema igual de injusto era el centralismo político. Por lo que, sobre todo algunos sectores regionales que se sentían engañados por el Estado centralista, clamaban por las autonomías departamentales. La pelea por las autonomías departamentales fueron lideradas por el Comité Cívico de Santa Cruz.

El 2 de julio de 2006 se realizó simultáneamente el referéndum nacional sobre autonomías departamentales como parte del proceso de descentralización política del Estado y las elecciones de asambleístas constituyentes, en las que se eligieron los 255 integrantes de la Asamblea Constituyente encargada de redactar una nueva carta magna.

El resultado porcentual del referéndum por departamento fue:

Departamentos	**Sí**	**No**
Beni	73,8 %	26,2 %
Chuquisaca	37,8 %	62,2 %
Cochabamba	37,0 %	63,0 %
La Paz	26,6 %	73,4 %
Oruro	24,5 %	75,5 %
Pando	57,7 %	42,3 %
Potosí	26,9 %	73,1 %
Santa Cruz	71,1 %	28,9 %
Tarija	60,8 %	39,2 %
Bolivia	42,4 %	57,6 %

Tabla 2.2: Referéndum sobre autonomías departamentales 2006

El «**No**» obtuvo más de la mitad de los votos válidos del cómputo nacional, alcanzando el 57,6 %, mientras que el «**Sí**» venció en cuatro de los nueve departamentos; Beni, Pando, Santa Cruz y Tarija, definiendo así un escenario complejo para el tratamiento del tema en la Asamblea Constituyente.

Se suponía que el resultado del referéndum sería vinculante para la asamblea constituyente; la pregunta del referéndum decía:

«¿Está usted de acuerdo, en el marco de la unidad nacional, en dar a la Asamblea Constituyente el mandato vinculante para establecer un régimen de autonomía departamental aplicable inmediatamente después de la promulgación de la nueva Constitución Política del Estado en los Departamentos donde este referéndum tenga mayoría, de manera que sus autoridades sean elegidas directamente por los ciudadanos y reciban del Estado competencias ejecutivas, atribuciones normativas administrativas y los recursos económicos financieros que les asigne la nueva Constitución Política del Estado?».

El hecho destacado de este referéndum fue el surgimiento de un bloque de departamentos que optaron por la autonomía, la denominada Media Luna, que ahora disponía de la legitimidad electoral necesaria para hacer valer sus derechos ante el Gobierno.

Quince agrupaciones políticas y ciudadanas tuvieron representación en la Asamblea Constituyente con una relevante presencia de mujeres, un tercio del total, gracias a la «ley de cuotas» vigente desde 1997, que obliga a las fuerzas que participan en las elecciones a incluir en sus listas ese porcentaje de mujeres como mínimo.

Siglas	D	T	Total
AAI	0	1	1
APB	1	2	3
AS	1	5	6
AYRA	0	2	2
CN	2	3	5
MAS-IPSP	18	119	137
MBL	1	7	8
MCSFA	0	1	1
MIR-NM	1	0	1
MNR	3	5	8
MNR-A3	1	1	2

MNR-FRI	1	7	8
MOP	1	2	3
PODEMOS	11	49	60
UN	3	5	8
TOTAL	45	210	255
D: Circunscripción Departamental			
T: Circunscripción Territorial			

Tabla 2.3: Elecciones de asambleístas constituyentes 2006

Con el 50,7 % de los votos, el partido del presidente Evo Morales, Movimiento al Socialismo-Instrumento Político para la Soberanía de los Pueblos (MAS-IPSP), alcanzó el primer lugar en las elecciones para constituyentes, un poco menos que la cifra obtenida en las elecciones generales de diciembre de 2005, y obtuvo 137 de los 255 escaños, menos de los dos tercios necesarios para aprobar la futura Constitución sin pactar con otras fuerzas. Y con el 57,6 % de los votos por el «**No**» en el referéndum autonomista demostró su capacidad de convocatoria.

Un aspecto relevante de los eventos electorales realizados el 2 de julio se refiere a la participación ciudadana, que sobrepasó, en ambos casos, el 84 % de asistencia a las urnas. Considerando que el proceso electoral no tenía los incentivos convencionales de una disputa por el poder político, que se habían efectuado comicios generales apenas seis meses antes y que la pregunta del referéndum era compleja, así como era una incógnita el interés generalizado por la Asamblea Constituyente, este grado de concurrencia a un doble acto electoral pone en evidencia una importante asimilación de las nuevas pautas de participación ciudadana, que implica una recuperación de la legitimidad de las instituciones políticas y del régimen democrático.

2.3.1. Los 2/3

El 6 de marzo del 2006, Evo Morales promulgó la Ley de Convocatoria a la Asamblea Constituyente y la Ley de Convocatoria al Referéndum Vinculante sobre Autonomías Departamentales, aprobadas dos días antes por el Congreso en un ambiente de consenso y de cooperación entre el oficialismo y la oposición parlamentaria. Esta ley estipula que los 255 constituyentes sesionarán en Sucre y aprobarán el proyecto de la nueva Constitución con dos tercios de votos de los miembros presentes de la Asamblea, el cual será sometido a referéndum. La misma ley fija en un año, por tanto hasta el 6 de agosto del 2007, como plazo máximo para la conclusión de las labores de la Asamblea Constituyente.

El artículo 25 textualmente dice: «La Asamblea Constituyente aprobará el texto de la nueva Constitución con dos tercios de votos de los miembros presentes de la Asamblea, en concordancia con lo establecido por Título II de la Parte IV de la actual Constitución Política del Estado».

En la práctica eso implicaba que se necesitarían al menos 170 votos de los 255 posibles para aprobar la nueva CPE. El MAS, incluso con el apoyo de movimientos y partidos afines como el MBL, AAI, AYRA, no alcanzó a los 170 votos.

Este fue el tema de los primeros conflictos, ya que al discutir los reglamentos de funcionamiento de la Asamblea Constituyente, la dirección de esta, obviamente de la bancada masista, intentaba que se pueda aprobar los artículos por simple mayoría, mientras que la oposición quería que cada párrafo sea aprobado por los dos tercios.

El segundo problema fue, sin duda, el tema de las autonomías, pues nuevamente la dirección de la Asamblea decidió transformarla en «originaria» y «fundacional», es decir, no vinculada a un mandato previo, con el objetivo claro de obviar el mandato del referéndum sobre autonomías, así como imponer la votación por simple mayoría. Esto motivó un paro cívico en los cuatro departamentos de la Media Luna el 8 de septiembre del 2006.

El 17 de noviembre del 2006, el MAS y partidos afines aprueban un Reglamento de Debates de la Asamblea Constituyente que la proclama «originaria», «plenipotenciaria», «fundacional» y establece la votación por mayoría absoluta para aprobar artículos individuales. Esto provoca un rechazo inmediato por parte de algunos constituyentes y ciudadanos de la oposición, que inician una huelga de hambre en Sucre y La Paz que se irá masificando en los días siguientes.

El 23 de noviembre del 2006, la Asamblea de la Cruceñidad resuelve:

a) Iniciar una huelga de hambre a partir del día siguiente, 24 de noviembre del 2006.
b) Convocar a la resistencia civil en defensa de los 2/3, contra la censura a los prefectos y las modificaciones a la Ley INRA (Instituto Nacional de Reforma Agraria).
c) Coordinar un paro cívico con los otros departamentos autonómicos.
d) En caso de no reconsiderarse los atropellos contenidos en el Reglamento de Debates de la Asamblea Constituyente, «pediremos el repliegue de nuestros asambleístas y nos reservamos el derecho de convocar a un Referéndum Departamental para determinar si acatamos o no ese proyecto de Constitución».

El 24 de noviembre del 2006 empieza, por consiguiente, la huelga de hambre con veinte mujeres afiliadas al Comité Cívico Femenino; el 1 de diciembre del 2006 se realiza un paro cívico en Santa Cruz, Beni, Pando y Tarija. Al final de esta jornada el Dr. Germán Antelo pronuncia un discurso retomando las reivindicaciones del momento, con un componente adicional, que consiste en el rechazo al «totalitarismo», que es como designa al proyecto masista.

En diciembre del 2006, el prefecto Manfred Reyes Villa del departamento de Cochabamba, uno de los opositores políticos más abiertos de Evo Morales, se alió a los partidos nacionales de derecha y a los prefectos, Gobiernos municipales, pueblos indígenas y presidentes de los Comités Cívicos de los cuatro departamentos de la Media Luna mediante la creación de la Junta Autonómica Democrática de Bolivia, en oposición a las reglas propuestas por el MAS en la Asamblea Constituyente. Se sostuvo que cada uno de los artículos de la nueva carta magna debía ser aprobado por dos tercios de los delegados de la Asamblea, mientras que para el MAS los artículos deben ser aprobados por simple mayoría de los delegados y que solo el borrador final se sometería a una votación de dos tercios.

En la Declaración de Santa Cruz, que constituye el primer pronunciamiento de la Junta Autonómica, se convoca a un cabildo abierto simultáneo para el 15 de diciembre del 2006 en las capitales de los respectivos departamentos. Al final de este documento se puede leer la siguiente frase, que se presenta como un desafío: «Autonomías departamentales plenas: por la Asamblea Constituyente o por voluntad popular».

En diciembre de 2006, Reyes Villa pidió a Cochabamba realizar un segundo referéndum para darle autonomía a Cochabamba. Reyes Villa afirmó que en el primer referéndum la medida fue derrotada porque el Gobierno de Morales engañó a los votantes, diciendo que «la gente pensaba que la autonomía significaba que se necesitaría un pasaporte para viajar de una provincia a otra».

En un ambiente caldeado, se realizó lo que vino a llamarse «el Cabildo del Millón», evento que constituye indudablemente uno de los momentos culminantes del ciclo de la autonomía departamental.

El mandato de este cabildo fue el de rechazar la Constitución que emane de la Asamblea Constituyente, si es que esta seguía «violando la ley de Convocatoria» en lo relativo a los dos tercios, o el mandato vinculante del Referéndum por las Autonomías Departamentales, y en ese caso la prefectura de Santa Cruz tendría que dotarse de «un Régimen Autonómico Departamental que consigne los principios de un Estado Social y Democrático de Derecho».

El 11 y 12 de enero del 2007, el malestar social involucró enfrentamientos violentos entre simpatizantes y opositores de Manfred Reyes Villa en la ciudad de Cochabamba. La oposición del prefecto a la agenda del MAS en la Asamblea Constituyente enfureció a los partidarios de Evo Morales, las manifestaciones en Cochabamba se convirtieron en violentos enfrentamientos entre el movimiento cívico de Reyes Villa y los movimientos sociales urbanos y rurales que pedían su destitución.

Durante los disturbios, resultaron heridas más de 450 personas, dos murieron, y una resultó mortalmente herida y falleció en febrero. Fueron asesinados el cocalero Juan Tica Colque, que fue asesinado a tiros en la Plaza de las Banderas y llevado a la plaza 14 de Septiembre, donde se exhibió su cuerpo. Christian Urresti, estudiante de diecisiete años, fue asesinado a golpes en la intersección de las calles México y Baptista. Testigos declararon que había ayudado a un herido por campesinos manifestantes antes de ser agredido él mismo. Luciano Colque, cocalero, resultó mortalmente herido por golpes de manifestantes del movimiento cívico y murió de traumatismo craneal el 27 de febrero.

2.3.2. La capitalidad plena de la República

El 5 de marzo del 2007 se inicia en Sucre, capital histórica y constitucional del país, la campaña por el traslado de los poderes Legislativo y Ejecutivo a esa ciudad, desde la sede de gobierno en La Paz. La guerra civil de 1899 definió qué poderes debían permanecer en cada una de las ciudades. La historia nos enseña que este problema es igual de antiguo. El 31 de agosto de 1889 se supo de una iniciativa de declarar La Paz como capital de Bolivia, ese fue el inicio de una serie de protestas que se viralizaron a tal punto que obligaron a congelar el proyecto de ley paceño. El propio presidente Aniceto Arce lo comunicó. Más tarde, como se sabe, estallaría la Guerra Federal en 1898 y Sucre terminaría perdiendo los poderes Legislativo y Ejecutivo.

Los gobernadores y comités cívicos opositores al Gobierno, de Santa Cruz, Tarija, Beni, Pando y Cochabamba, apoyan la causa chuquisaqueña bajo las consignas: «la sede sí se mueve» y «Bolivia unida, Sucre capital».

Los meses siguientes la Asamblea Constituyente no da señales de la más mínima capacidad de poder llegar a cumplir con su misión antes del 6 de agosto del 2007, fecha en que termina su mandato. Sin embargo, en julio de 2007, mediante un pacto en el Parlamento entre el MAS y PODEMOS, se amplía la vigencia de la Constituyente hasta el 14 de diciembre del 2007. La Asamblea Constituyente cumple un año de vida sin haber aprobado oficialmente ni un solo artículo del texto constitucional.

El 22 de julio del 2007 se realiza un cabildo en El Alto, organizado por el MAS, donde aproximadamente dos millones de habitantes de la ciudad de La Paz y El Alto refrendaron la permanencia de la sede de gobierno en esta ciudad.

El 15 de agosto del 2007, la plenaria de la Asamblea Constituyente, mediante resolución, decide retirar de su agenda el tratamiento del tema de la capitalidad plena de la República. Ante esa decisión, comenzaron las movilizaciones y huelgas de hambre encabezadas por el Comité Interinstitucional, conformado por la Prefectura de Chuquisaca, la Universidad Mayor San Francisco Xavier y la Alcaldía de Sucre. Esta exigencia chuquisaqueña será respaldada por un paro cívico en seis departamentos, el 28 de agosto del 2007.

El 31 de agosto se produjo una de las primeras movilizaciones masivas. Cerca de las 16.00 horas, una nutrida marcha llegó a la plaza principal de Sucre y unos manifestantes intentaron quemar una de las puertas de la Prefectura. Frente a ello, la Policía intervino en dos oportunidades e hizo uso de agentes químicos.

Los primeros días de septiembre, ante el anuncio de la directiva de la Asamblea Constituyente de volver a sesionar sin incluir el tema de la capitalidad, empezaron las vigilias frente al teatro Gran Mariscal Sucre, donde sesionaba la Asamblea.

La noche del 5 de septiembre hubo enfrentamientos entre grupos de la población –conformados por universitarios, vecinos y funcionarios de la Alcaldía– y fuerzas policiales. El uso de gas fue intenso en el centro de la ciudad. De este hecho derivó la denuncia de los huelguistas de hambre, que indicaron que la policía había disparado gases a los recintos donde aquellos llevaban a cabo su medida de protesta.

Al día siguiente, en menor cantidad, los universitarios siguieron enfrentando a la policía. El 8 de septiembre se suspendió la huelga de hambre, tras veinticinco días en los que cerca de mil doscientos ayunadores participaron en diferentes etapas de la medida. La decisión fue tomada cuando se conoció que la Corte Superior de Justicia de Chuquisaca había declarado procedente el recurso de amparo constitucional presentado por el Comité Interinstitucional en contra de la resolución emitida por la Asamblea Constituyente el 15 de agosto. El fallo no fue acatado por la Directiva de la Asamblea, que lo consideró como una intromisión en el poder constituyente.

El 10 de septiembre se llevó a cabo, pacíficamente y sin contratiempos, la «Cumbre Social», convocada por la Confederación Sindical Única de Trabajadores Campesinos de Bolivia para solicitar el reinicio de las sesiones de la plenaria de la Asamblea Constituyente.

Entre septiembre y octubre el tema de la capitalidad fue tratado por la Comisión Suprapartidaria, conformada por las bancadas de constituyentes de Sucre y La Paz y por el Comité Interinstitucional. Tras intentos infructuosos del Comité por incluir el asunto en el debate de la Asamblea, volvieron las vigilias ante el teatro Gran Mariscal desde principios de noviembre.

El 8 de noviembre se anunció una sesión plenaria de la Asamblea Constituyente. Ese día, asambleístas del MAS sufrieron agresiones físicas y verbales en calles aledañas al teatro Gran Mariscal. El defensor del pueblo, Waldo Albarracín, envió una carta al fiscal general de la República en la que le pidió el esclarecimiento de ese y anteriores hechos de violencia y racismo, y le solicitó sanciones para los responsables. Además, indicó que si las instituciones llamadas por ley a investigar esos sucesos no lo hicieran, la denuncia se trasladaría al Congreso de la República y a organismos internacionales de derechos humanos.

Desde el 12 de noviembre, campesinos e indígenas convocados por la Federación Única de Trabajadores Campesinos de Chuquisaca se trasladaron del área rural a Sucre para hacer vigilia en las puertas del teatro Gran Mariscal, buscando con su presencia garantizar la reanudación de las sesiones de la Asamblea Constituyente. En contraste, funcionarios de la Alcaldía, universitarios y vecinos también se apostaron en los alrededores para evitar su realización. Asimismo hubo enfrentamientos de manera aislada en las cercanías del teatro Gran Mariscal.

El 19 de noviembre, Damián Condori, dirigente de la Federación de Trabajadores Campesinos de Chuquisaca, anunció un bloqueo de caminos, un corte de agua con la obstrucción del canal Ravelo y un cerco a la ciudad de Sucre en caso de que no se reinicien las sesiones de la Asamblea.

El 22 de noviembre trascendió la noticia que los constituyentes sesionarían en el Liceo Militar de Sucre, ubicado en la Glorieta. La molestia de la gente empezó a expresarse a través de los medios de comunicación, y dirigentes del Comité Interinstitucional convocaron a la población a la resistencia civil en las calles.

2.3.3. La Calancha

La Calancha, zona ubicada cerca del Castillo de La Glorieta y el Liceo Militar Teniente Edmundo Andrade[2], predio en el que sesionaba la Asamblea Constituyente, fue el escenario de acontecimientos violentos entre el 23 y 25 de noviembre del 2007.

[2] La Glorieta y el Liceo Militar Teniente Edmundo Andrade, dos edificaciones históricas de Sucre que están enclavadas en el mismo terreno.

En el ambiente se sentía la terrible calma que precede a la tormenta, el 22 de noviembre las noticias decían que:

- La Directiva de la Asamblea Constituyente convoca a plenaria para el 23 de noviembre en el Castillo de la Glorieta, sin incluir en el orden del día la demanda de capitalidad.
- El Comando General de la Policía asume el control en Sucre, después de que el prefecto David Sánchez resignó sus fuerzas para garantizar la paz.
- Damián Condori, dirigente de la Federación Única de Trabajadores Campesinos de Chuquisaca, ordena la suspensión de bloqueos y el repliegue de campesinos e indígenas a Sucre para instalar una vigilia en la Asamblea Constituyente en el Castillo de la Glorieta.
- Ponchos Rojos, indígenas aimaras de Achacachi, provincia Omasuyos del departamento de La Paz, llegan a Sucre en medio de anuncios de guerra; 2 500 indígenas y campesinos están en Sucre para resguardar la Asamblea Constituyente.
- El Comité Interinstitucional de Sucre convoca a la resistencia civil y pide evitar enfrentamientos.

Todas estas noticias fueron publicadas en el Correo del Sur, periódico de Sucre, el 23 de noviembre del 2007.

2.3.3.1. Viernes, 23 de noviembre Entre las nueve y las once de la mañana, ciudadanos de Sucre acudían masivamente a la plaza 25 de Mayo para asistir a la concentración pública convocada por el Comité Interinstitucional en repudio a la decisión de la Directiva de la Asamblea de sesionar en un recinto militar y para «denunciar al país la ilegalidad en su contra». Entre las 11.30 y 12.00, el rector de la universidad hace uso de la palabra y, con la aceptación de los asistentes a la concentración, convierte la misma en cabildo.

Cerca del mediodía comienza el cabildo, el cual declara «ilegal la Asamblea Constituyente, desacato civil a la nueva carta magna que pueda emanar de ella y optar por un referéndum consultivo para buscar el retorno de los poderes Ejecutivo y Legislativo, declarar a Chuquisaca como región autónoma, para lo cual se autoriza la apertura de libros de recolección de firmas y la renuncia del prefecto David Sánchez».

Entre las 12.30 y 12.45, mientras aún se realiza el cabildo, se desata el primer enfrentamiento de la jornada entre policías que resguardaban el teatro Gran

Mariscal y un grupo de estudiantes universitarios apostado en el mismo sitio.

Cuando la Policía empezó a usar gas, la gente que se encontraba en el cabildo acudió rápidamente al lugar de confrontación y se unió a los universitarios que eran reprimidos. A partir de ese momento las calles de Sucre se convierten en un gran campo de batalla. En pocos minutos el uso de gas y los enfrentamientos se extendieron a numerosas calles aledañas al teatro Gran Mariscal Sucre. A las 13.00 se producían altercados en la plaza 25 de Mayo. En sus esquinas ardían llantas. Ya empezaban a llegar los heridos a los centros hospitalarios de la ciudad.

A las 14.15, las campanas de la Catedral repicaban mientras la ciudadanía llegaba a la plaza 25 de Mayo.

Desde las 15.00, vecinos y manifestantes se apostaron en el puente de La Calancha, en la zona de El Tejar, y sostuvieron enfrentamientos con las fuerzas del orden. A partir de las 15.30 más de cincuenta policías empezaron a reprimir al reducido número de gente con un uso excesivo de agentes químicos, mientras del otro lado respondían con piedras.

Los choques duraron toda la tarde en diversos puntos de la ciudad y con mucha intensidad en El Tejar y el puente de La Calancha. La población enfrentó la acción policial con piedras, palos, cohetes y otros artefactos caseros, como bombas molotov.

A las 19.00, los enfrentamientos se concentraron en el Comando Departamental de la Policía. Este parecía ser el blanco de los manifestantes, quienes sostuvieron duros choques con los uniformados hasta la madrugada.

Aproximadamente 150 heridos fueron auxiliados en los centros de salud durante la jornada, con los siguientes cuadros: intoxicación por gases (la mayoría), heridas de balín, traumatismos, politraumatismos y contusiones. Durante los enfrentamientos, setenta estudiantes fueron detenidos en el Comando Departamental.

Autoridades, instituciones y población en general gestionaron la liberación de los mismos. Se especulaba en los medios de comunicación sobre la detención, golpiza e incluso tortura de manifestantes.

2.3.3.2. Sábado, 24 de noviembre La Asamblea Constituyente siguió sesionando en el Liceo Militar con el propósito de aprobar el proyecto constitucional en su etapa «en grande». Durante toda la jornada se registraron enfrentamientos entre manifestantes y policías en El Tejar y en calles de Sucre.

La situación se asemejaba a la del día anterior. Los enfrentamientos entre policías y manifestantes empezaron en la mañana y duraron toda la jornada. La violencia dejó, en ambos bandos, heridos que fueron trasladados a diferentes nosocomios de la ciudad. La población, movilizada y enardecida, levantó barricadas en las esquinas con diferentes objetos y con llantas ardiendo.

Las confrontaciones llegaron a su punto más álgido entre las 18.30 y 19.00, en la zona de La Calancha. En ese periodo de tiempo, el abogado Gonzalo Durán fue herido de bala. Se le verificó un orificio de entrada en la tetilla derecha, minutos después, confirmaron su muerte en el Hospital Santa Bárbara.

Tras conocerse el fallecimiento, el prefecto David Sánchez irrumpió en la plenaria de la Asamblea Constituyente y pidió a la presidenta, Silvia Lazarte, detener la sesión. La Constituyente se negó y después de un breve cuarto intermedio continuó la lectura del índice del texto para su aprobación «en grande». La señora Lazarte se dirigió a los asambleístas: «Hay un finado, que descanse en paz, pero tenemos que continuar».

Los enfrentamientos se intensificaron en la zona de El Tejar, La Calancha y cerca del Liceo Militar hasta la madrugada.

Se reportó el segundo fallecimiento en Sucre. Se trataba de José Luis Cardozo Lazcano, quien recibió el impacto de un proyectil —no bala— en el tórax y luego murió por hemorragia interna.

Una vez aprobado «en grande» el proyecto constitucional, en la madrugada, la mayoría de los asambleístas que participaron en la sesión fueron evacuados del Liceo Militar, mientras una fuerte represión continuaba cerca de ese predio y en Sucre. También se retiraron a sus distritos los miembros de movimientos sociales que habían llegado a esta ciudad con el objetivo de apoyar las sesiones de la Asamblea Constituyente.

En las paredes del centro de la ciudad aparecieron inscripciones con los nombres de las autoridades que no se habían sumado públicamente a la demanda, en las que se los acusaba de traidores.

Durante este día la población, furiosa y fuera de control, tomó varias oficinas estatales y privadas, entre las que se contaron las siguientes:

- Unidad Policial de Poconas. Todo lo que se encontraba en su interior fue destruido, oficinas, vehículos policiales, etc.; el edificio quedó en cenizas luego de haber sido incendiado, cerca del mediodía.
- La vivienda del prefecto David Sánchez fue saqueada y quemada.
- Impuestos Internos. Su plataforma de servicios fue parcialmente destrozada y quemada, escritorios, computadoras y parte del mobiliario.
- Aeropuerto Juana Azurduy de Padilla. Se bloqueó el acceso vehicular y se incendiaron llantas en la pista.
- Escuela Básica Policial. Fue incendiada parcialmente ante la retirada de los agentes.
- Vehículos. Fueron destrozados y quemados en diversas partes de la ciudad.
- Toda la noche vecinos de diferentes barrios de Sucre encendieron fogatas en decenas de esquinas de la ciudad y se mantuvieron en vigilia hasta las primeras horas del día siguiente.

2.3.3.3. Domingo, 25 de noviembre La ciudad amaneció nublada por la humareda de los incendios y los gases lacrimógenos.

Sucre se encontraba movilizada con universitarios y ciudadanos decididos a vengar la muerte del señor Gonzalo Durán. Nunca se había visto tanto caos y desesperanza en la ciudadanía.

Temprano en la mañana los policías fueron rebasados por los manifestantes, que procedieron a incendiar y saquear. El siguiente objetivo de los ciudadanos fue la Unidad Operativa de Tránsito, la que fue tomada y quemada tras duros enfrentamientos en los que la Policía utilizó gases, perdigones, laques y culatazos.

Durante el enfrentamiento en Tránsito, el señor Juan Carlos Serrudo cayó muerto y los universitarios cambiaron las hondas y proyectiles por bombas molotov y cachorros de dinamita. Cuando a los policías se les acabaron los gases fueron golpeados y expulsados por los universitarios.

Los agentes se replegaron con sus heridos hasta el Comando General, en donde sus camaradas libraban una lucha contra otros universitarios que los tenían cercados.

Aproximadamente, cuarenta vehículos particulares y policiales que se encontraban en Tránsito fueron quemados.

Canales de televisión mostraron imágenes de policías capturados y agredidos físicamente por los manifestantes, muy cerca de donde se realizaba el velorio de Gonzalo Durán. Se informó del fallecimiento de un agente, arrojado a un barranco. La noticia fue desmentida dos días después.

La Policía replegó todos sus efectivos a la ciudad de Potosí, lo que dejó a Sucre sin institución del orden y seguridad. El comandante general de la Policía, general Miguel Vásquez, dijo: «No debe quedar un solo policía en Sucre mientras no haya garantías para que esta institución, que ha nacido con la patria misma, siga cumpliendo con su misión constitucional, no queremos que se distorsione lo que se ha estado hablando».

Cerca del mediodía comenzó un motín en el penal de San Roque que derivó en la huida de gran parte de los internos y el saqueo de las instalaciones, perpetrado por estos y por manifestantes. Canales de televisión mostraron a policías ayudando a salir a los internos del penal.

En el resto de la jornada las manifestaciones en la ciudad se disolvieron paulatinamente.

El Comité Interinstitucional decidió organizar grupos de vigilancia y control luego de que la Policía abandonó la ciudad, alegando falta de «garantías» para cumplir sus funciones constitucionales en Sucre.

Se supo que la mayoría de los constituyentes habían sido evacuados, salvo los señores Felipe Vásquez, Félix Cárdenas, Macario Tola y Mario Machicado, quienes, de acuerdo con fuentes extraoficiales citadas por radio Erbol, se encontraban en la clandestinidad tras haber sido secuestrados en domicilios particulares de la zona sur de Sucre, donde habrían sido sometidos a golpes y luego liberados.

2.3.3.4. Discriminación racial El balance de los tres días de violencia, entre el 23 y 25 de noviembre, dio como saldo tres muertos, casi tres centenares de heridos, media docena de instalaciones policiales incendiadas y el repliegue de toda la fuerza policial de Sucre a la ciudad de Potosí, no retornando a Sucre sino hasta que los líderes del Comité Interinstitucional se comprometieron a actuar por la vía pacífica, tres días después.

Durante los conflictos afloraron conductas discriminatorias y de intolerancia étnica, regional y política de algunos sectores.

Pero mucho antes de los días del conflicto, concretamente durante la instalación de la Asamblea Constituyente, en agosto de 2006, pudieron observarse en Sucre rasgos de discriminación étnica, racial y de género. Mujeres indígenas, algunas de ellas constituyentes electas, no fueron alojadas en un céntrico hotel de Sucre bajo el argumento de la falta de espacio, aunque ellas escucharon un comentario de la administración, referido a que las señoras «no sabían comportarse en este espacio público y citadino».

Al poco tiempo de la instalación de la Asamblea, dos mujeres constituyentes del MAS fueron agredidas en la plaza 25 de Mayo por un grupo de manifestantes, quienes después de reconocerlas les gritaron «cholas» e «indias», epítetos muy utilizados de allí en adelante por la gente para insultar y descalificar a indígenas y militantes del partido gobernante.

Así, podemos afirmar que la discriminación étnica continúa practicándose en razón del origen cultural, el color de piel, la vestimenta y otros rasgos. Ello supone una violencia escondida que muchas veces es respaldada implícita o explícitamente por el Estado a través de sus instituciones: la educación, las leyes y las prácticas culturales.

Los incidentes mencionados muestran que para muchas personas los rasgos físicos –indígenas– aún se asocian a una conducta «no civilizada», a ineficiencia, irracionalidad, incapacidad; mientras que los rasgos «blancos» son patrón de civilización, de modernidad y de democracia.

Quizá lo dicho anteriormente se expresa y sintetiza en la alegoría de una mujer de pollera y sombrero con cabeza de burro, que en una de las farándulas universitarias, que incluían manifestaciones por la capitalidad y contra el Gobierno, representaba a la presidenta de la Asamblea Constituyente, Silvia Lazarte. La política recibía constantemente insultos –se quejó públicamente–, como el de «chola de mierda».

Cabe decir que el carácter directo y cortante de la señora Lazarte ha sido tomado por muchas personas como discriminación a la inversa; de lo indígena hacia lo mestizo, y, efectivamente, la discriminación también puede darse en ese sentido, como también de los indígenas hacia otros indígenas. Al respecto, se puede recordar la desocupación violenta de la Universidad Pedagógica que sufrieron los campesinos –venían de las provincias buscando garantizar la continuidad de la Asamblea Constituyente– por parte de alumnos de extracción indígena que provenían del área rural.

Asimismo, es pertinente mencionar que varios agredidos durante los enfrentamientos entre la Policía y manifestantes añadieron a sus testimonios que «fueron policías paceños» quienes los golpearon.

A ese sentimiento, seguramente, contribuyó la llegada, días antes del conflicto, de movimientos sociales que procedían de El Alto con la misión de garantizar las sesiones de la Asamblea Constituyente. Otro elemento que alimentó el clima de tensión fue la noticia del degollamiento de perros en Achacachi, en una concentración de los «ponchos rojos», hecho macabro muy difundido por los medios de comunicación nacionales, que llevaba implícita una advertencia hacia los adversarios del MAS.

En la última etapa del desarrollo de la Asamblea varios constituyentes paceños del MAS denunciaron haber sufrido discriminación y agresiones; por ejemplo, caseros que los desalojaban de las viviendas que ocupaban en arriendo.

Las acciones fueron incrementando en agresividad en la medida en que fue creciendo la demanda por la capitalidad. En las proximidades del teatro Gran Mariscal, constituyentes del MAS fueron golpeados. La constituyente Marcela Revollo relata que, mientras la golpeaban sus agresores, la insultaban diciéndole: «Puta, llama, ¿por qué te cuelgas tanto de la solapa de ese indio?», se referían al presidente Evo Morales. Esta múltiple discriminación tiene, también, un fuerte componente de género, con insultos específicamente utilizados para descalificar y menospreciar a las mujeres.

La discriminación étnica se produjo desde las primeras movilizaciones que reivindicaban la capitalidad, cuando se escuchaba masivamente el estribillo «El que no salta es llama», haciendo clara alusión a las personas de origen indígena y paceño. La referencia a la llama con la intención de estigmatizar y descalificar aparecieron también en los grafitis de la ciudad. Las pintadas en diferentes lugares de Sucre manifiestan de manera clara y contundente mensajes de discriminación racial en contra de las «cholas», «los indios» y los «paceños». «Haga patria, mate un paceño», «Charque de llama, venganza de Ayo Ayo», «Sucre, capital de los departamentos autonómicos, sin indios ni collas»; reflejan, además, un sentimiento regionalista muy marcado a partir de la demanda de capitalidad y de autonomías. Esta última se visibilizó durante el cabildo del 23 de noviembre del 2007.

La frase «Charque de llama, venganza de Ayo Ayo» se refiere a la guerra federal en la que jóvenes universitarios sucrenses murieron a manos de aimaras, encabezados por Zárate Villca. La referencia a este hecho apareció meses antes del conflicto, en los primeros discursos de defensa de la capitalidad.

2.3.3.4.1. Racismo extremo La mayor expresión de racismo vivido en Bolivia en esta etapa recién llegó unos meses después, en mayo del 2008. El 25 de mayo se celebra el primer grito libertario de América, que ocurrió en Chuquisaca un día como aquel en 1809. El Gobierno había preparado un acto especial para celebrar esa fecha histórica con la presencia del presidente Evo Morales. Con ese fin habían llegado a Sucre un grupo numeroso de campesinos.

El 24 de mayo, un día antes de la celebración, se movilizaron algunos sectores de ciudadanos de Sucre para evitar la llegada del presidente.

Una turba de jóvenes allanó durante la mañana varias viviendas de Sucre, donde se encontraban alojados campesinos, y arremetieron con patadas y puñetes directamente contra los campesinos, que, sorprendidos, no pudieron reaccionar ni defenderse.

Mujeres campesinas, con lágrimas en los ojos y llenas de impotencia, también sufrieron agresiones físicas y verbales, además de adjetivos racistas que emitieron con furia los agresores.

Tras la golpiza, varios de los campesinos fueron tomados como rehenes y posteriormente trasladados a la plaza 25 de Mayo, donde fueron obligados «a pedir perdón» de rodillas y semidesnudos ante la multitud.

Los dieciocho campesinos, sin ropa de la cintura para arriba, entre ellos el alcalde de Mojocoya, fueron obligados a emitir insultos en contra del Gobierno central.

2.3.4. Epílogo

La Asamblea Constituyente, quince días después, se trasladó a la ciudad de Oruro para sesionar en el local de la Universidad Técnica de Oruro, a citación de su Directiva, con el respaldo de una ley de convocatoria aprobada precipitadamente por el Congreso. En una maratónica sesión de casi diecisiete horas, realizada bajo la custodia de miles de mineros, indígenas, campesinos e integrantes de juntas vecinales, además de unos 300 policías, la Asamblea Constituyente de Bolivia aprobó «en detalle y en revisión», con dos tercios de los votos de los 164 constituyentes presentes de 10 frentes políticos, de un total de 255 asambleístas, el nuevo texto constitucional propuesto.

Finalmente el Congreso Nacional, con sede en La Paz, en virtud de una ley interpretativa del artículo 232 de la anterior Constitución, procedió a hacer «ajustes» previstos por dicho instrumento legal, luego de lo cual sancionó la nueva Constitución Política del Estado, que después sería objeto del referéndum efectuado el 25 de enero del 2009.

2.4. Constitución Política del Estado

La nueva Constitución Política del Estado introdujo muchos cambios de concepto, para empezar, el primer artículo nos dice:

Artículo 1
Bolivia se constituye en un Estado Unitario Social de Derecho Plurinacional Co-

munitario, libre, independiente, soberano, democrático, intercultural, descentralizado y con autonomías. Bolivia se funda en la pluralidad y el pluralismo político, económico, jurídico, cultural y lingüístico, dentro del proceso integrador del país.

Es un cambio radical de cómo ver las cosas y, en cierto sentido, la nueva Constitución trata de incluir a sectores de la población que anteriormente estaban marginados y que no eran mencionados en las Constituciones políticas previas, se ve una suerte de pluralidad, por ejemplo, en la manera en que se define al boliviano, en las anteriores Constituciones no había esa definición.

Artículo 3
La nación boliviana está conformada por la totalidad de las bolivianas y los bolivianos, las naciones y pueblos indígena originario campesinos, y las comunidades interculturales y afrobolivianas que en conjunto constituyen el pueblo boliviano.

Esta definición es inclusiva, pues todos los grupos existentes en el país son tomados en cuenta.

Hay que notar que en la forma de escribir, por ejemplo, en el artículo 3 se habla de «las bolivianas y los bolivianos», esta manera de expresarse se usa en toda la nueva Constitución de manera consistente. Esta forma de expresión es inclusiva, aunque a decir verdad ha sido rechazada por la Real Academia de la Lengua, porque diciendo simplemente «los bolivianos» se esta mencionando también a las bolivianas. Pero en la nueva Constitución cada vez que se habla de grupos humanos, ocupaciones, funciones se menciona específicamente a ambos géneros.

Artículo 8
El Estado asume y promueve como principios ético-morales de la sociedad plural: ama qhilla, ama llulla, ama suwa (no seas flojo, no seas mentiroso ni seas ladrón), suma qamaña (vivir bien), ñandereko (vida armoniosa), teko kavi (vida buena), ivi maraei (tierra sin mal) y qhapaj ñan (camino o vida noble).

El Estado se sustenta en los valores de unidad, igualdad, inclusión, dignidad, libertad, solidaridad, reciprocidad, respeto, complementariedad, armonía, transparencia, equilibrio, igualdad de oportunidades, equidad social y de género en la participación, bienestar común, responsabilidad, justicia social, distribución y redistribución de los productos y bienes sociales, para vivir bien.

El «ama qhilla, ama llulla, ama suwa» supuestamente fueron la base moral del Tahuantinsuyo, sin embargo, hay estudios históricos recientes que desmienten esa postura, y nos enseñan que esta frase fue acuñada por los españoles para destruir y tergiversar la moral, valores y cultura del pueblo quechua y así mantenerlo dominado. En realidad la base moral del Tahuantinsuyo era: «llankay, yachay, sonkoy» (trabaja, edúcate, practica el amor a la Madre Tierra, a los dioses, al inca, al prójimo). La cultura quechua era más positivista, sería raro que su sistema moral esté basado en una colección de prohibiciones, usando palabras negativas como «ladrón», «mentiroso» y «flojo».

El «suma qamaña» (vivir bien) viene de la cultura aimara y «ñandereko» (nuestra manera de ser), «teko kavi» (la vida buena), «ivi maraei» (tierra sin mal) y «qhapaj ñan» (camino o vida noble) de la cultura guaraní. Es decir, se ha tratado de colocar en la Constitución los valores morales de los pueblos indígenas.

Sucre sigue siendo la capital de Bolivia, pero no se menciona nada sobre la sede de los órganos del Estado. Se mantienen los símbolos patrios, la bandera rojo, amarillo y verde, el himno nacional, el escudo de armas, la escarapela, la kantuta; y se añaden nuevos símbolos, como la wiphala, que es la bandera a cuadros que contiene los colores del arcoíris, y la flor del patujú, que es una flor del oriente de Bolivia y que igual que la kantuta tiene los colores rojo, amarillo y verde. Se define como idiomas nacionales el castellano y todos los idiomas de las naciones y pueblos originarios, un total de treinta y seis idiomas nacionales.

La nueva Constitución da a los ciudadanos bolivianos una serie grande de derechos en todo aspecto, lo más representativo está en el segundo párrafo del artículo 14:

Artículo 14

II. El Estado prohíbe y sanciona toda forma de discriminación fundada en razón de sexo, color, edad, orientación sexual, identidad de género, origen, cultura, nacionalidad, ciudadanía, idioma, credo religioso, ideología, filiación política o filosófica, estado civil, condición económica o social, tipo de ocupación, grado de instrucción, discapacidad, embarazo, u otras que tengan por objetivo o resultado anular o menoscabar el reconocimiento, goce o ejercicio, en condiciones de igualdad, de los derechos de toda persona.

La cantidad de derechos de los ciudadanos en la nueva Constitución es amplia, son 94 artículos con derechos, y solo un artículo (el 108) con obligaciones.

Un artículo que considero glorioso en la Constitución es el artículo 10:

Artículo 10

I. Bolivia es un Estado pacifista, que promueve la cultura de la paz y el derecho a la paz, así como la cooperación entre los pueblos de la región y del mundo, a fin de contribuir al conocimiento mutuo, al desarrollo equitativo y a la promoción de la interculturalidad, con pleno respeto a la soberanía de los Estados.
II. Bolivia rechaza toda guerra de agresión como instrumento de solución a los diferendos y conflictos entre Estados y se reserva el derecho a la legítima defensa en caso de agresión que comprometa la independencia y la integridad del Estado.
III. Se prohíbe la instalación de bases militares extranjeras en territorio boliviano.

Pero desde luego que el artículo que me gusta más de la nueva Constitución, sobre todo porque es parte de una lucha larga en la que he participado de manera activa, es el artículo 4, en el que se declara a Bolivia como país laico.

Artículo 4
El Estado respeta y garantiza la libertad de religión y de creencias espirituales, de acuerdo con sus cosmovisiones. El Estado es independiente de la religión.

Al decir que el Estado es independiente de la religión definiéndolo como laico. El decir que el Estado respeta y garantiza la libertad de religión es algo más bien lógico, lo que está queriendo expresar es que el Estado y la religión son cosas separadas, porque el primero es un asunto de todos, mientras que la religión es un asunto personal, individual, de cada uno.

El que se haya incluido el laicismo en la nueva Constitución Política del Estado es un logro que se tiene que defender a toda costa, no debemos permitir que esto se retire de ella, y se debería exigir que los asambleístas del Órgano Legislativo empiecen a establecer normas sobre el laicismo. En realidad el laicismo, a pesar de estar en la Constitución, nunca ha sido respetado.

2.4.1. Democracia

Otro cambio radical fue la profundización de la democracia, este se fue dando de manera escalonada, mientras que en la Constitución de 1994 se dice que «Bolivia adopta para su gobierno la forma democrática representativa» (Artículo 1); en la Constitución modificada del 2004 dice: «...adopta para su gobierno la forma democrática representativa y participativa» (Artículo 1).

En la Constitución de 1994 no existe la democracia participativa, y más bien en el artículo 4 está literalmente prohibida. En la reforma del 2004 se incluye este tipo de democracia y se retiran parcialmente las prohibiciones anteriores:

Artículo 4 (Constitución 1994)

1. El pueblo no delibera ni gobierna sino por medio de sus representantes y de las autoridades creadas por ley.
2. Toda fuerza armada o reunión de personas que se atribuya la soberanía del pueblo comete delito de sedición.

Artículo 4 (Constitución 2004)

I. El pueblo delibera y gobierna por medio de sus representantes y mediante la Asamblea Constituyente, la iniciativa Legislativa Ciudadana y el Referéndum, establecidos por esta Constitución y normados por ley.

II. Toda fuerza armada o reunión de personas que se atribuya la soberanía del pueblo comete delito de sedición.

La nueva Constitución no solo incluye a la democracia participativa, sino también, la democracia comunitaria, que reconoce los usos y costumbres de los pueblos originarios para elegir a sus representantes.

Artículo 11

I. La República de Bolivia adopta para su gobierno la forma democrática participativa, representativa y comunitaria, con equivalencia de condiciones entre hombres y mujeres.

II. La democracia se ejerce de las siguientes formas, que serán desarrolladas por la ley:

1. Directa y participativa, por medio del referéndum, la iniciativa legislativa ciudadana, la revocatoria de mandato, la asamblea, el cabildo y la consulta previa. Las asambleas y cabildos tendrán carácter deliberativo conforme a ley.
2. Representativa, por medio de la elección de representantes por voto universal, directo y secreto, conforme a ley.
3. Comunitaria, por medio de la elección, designación o nominación de autoridades y representantes por normas y procedimientos propios de las naciones y pueblos indígena originario campesinos, entre otros, conforme a ley.

La nueva Constitución elimina las limitaciones a la democracia participativa, y retira del todo menciones al delito de «sedición». Lo nuevo es la especificación detallada de cada una de las democracias.

2.4.1.1. La democracia participativa Se ejerce mediante referéndum, iniciativas ciudadanas, revocatoria de mandato, asambleas, cabildos y desde luego la consulta previa.

Esto implica que cualquier norma, cualquier ley que afecte de cierta forma a algún grupo de personas, para que tenga valor legal, tiene que ser acordado por todos los grupos que estén afectados. Por ejemplo, si una comuna quiere rebajar el precio de los pasajes de los buses para las personas mayores, entonces tiene que llegar a un acuerdo con los dueños de los buses, el sindicato de choferes y también con las personas mayores. Obviamente no es necesario ponerse de acuerdo con todos, sino con sus representantes elegidos mediante la democracia representativa. De esta manera se quiere de alguna forma inducir a la sociedad a organizarse en diferentes grupos representativos de todos los sectores que actúen en el ámbito nacional.

2.4.1.2. La democracia representativa Es la más conocida porque existía antes de la nueva Constitución y es la que se ejerce mediante sufragio. Se supone que cada grupo de personas elige a sus representantes, y esto sucede en todos los niveles, llegando al representante del Estado, que es el presidente.

2.4.1.3. La democracia comunitaria Es la más ambigua, pues se refiere a la manera en la que se designan o elijen autoridades o representantes propios de los pueblos y las naciones originarios conforme a su tradición. Esto, obviamente, varía de pueblo en pueblo y en realidad no es tan conocida fuera de esas comunidades. Lo cual es ahora aceptado por el Estado.

2.4.2. Las autonomías

Debemos aclarar que, en un principio, los grupos y movimientos que buscaban autonomías departamentales en el país rechazaron la manera en la que las autonomías están definidas en la nueva Constitución. La idea que estos movimientos tenían sobre autonomías llegan casi al extremo de independencia total, y al parecer su idea es más cercana al federalismo que a un Estado autonómico. De todas formas, explico aquí cómo las autonomías están definidas en la nueva CPE.

Se dice que tiene que existir la Ley Marco de Autonomías y Descentralización que regule el procedimiento para la elaboración de estatutos autonómicos y cartas orgánicas, la transferencia y delegación competencial, el régimen económico financiero, y la coordinación entre el nivel central y las entidades territoriales descentralizadas y autónomas. La Ley Marco sería aprobada por dos tercios de votos de los miembros presentes de la Asamblea Legislativa Plurinacional el 19 de julio de 2010.

Bolivia está dividida políticamente en nueve departamentos: Beni, Chuquisaca, Cochabamba, La Paz, Oruro, Pando, Potosí, Santa Cruz y Tarija. Cada uno de estos departamentos está formado por una cantidad de provincias, y cada una de esas provincias por una cantidad de municipios. Aparte tenemos los territorios indígenas originarios.

La CPE define cuatro tipos de autonomía:

1. *La autonomía departamental*: En el momento en que se escribió la Constitución había cuatro departamentos que decidieron ser autónomos, por lo que se hace una diferencia de forma en lo que llama departamentos descentralizados y departamentos autónomos. Sin embargo, después de aprobada la nueva Constitución, todos los departamentos de Bolivia decidieron mediante referéndum ser autónomos.
2. *La autonomía regional*: Una región está conformada por uno o varios municipios o provincias con continuidad geográfica y sin trascender límites departamentales que compartan cultura, lenguas, historia, economía y ecosistemas. Regiones con más de 500 000 habitantes se definen como regiones metropolitanas. Cada región puede declararse autónoma mediante referéndum.
3. *La autonomía municipal*: Todos los municipios de Bolivia se convierten en autónomos.
4. *La autonomía indígena originaria*: Que consiste en el autogobierno como ejercicio de la libre determinación de las naciones y los pueblos indígenas originarios, cuya población comparte territorio, cultura, historia, lenguas, y organización o instituciones jurídicas, políticas, sociales y económicas propias.

Desde luego que la CPE define después las estructuras de los órganos ejecutivos, legislativos, deliberativos y fiscalizadores de los Gobiernos autónomos; y se definen las competencias de cada una de las entidades autónomas, dejando claro que no estarán subordinadas entre ellas y que todas tienen el mismo rango constitucional.

2.4.3. Estructura y organización del Estado

Otro de los cambios novedosos de la nueva Constitución es sin duda alguna la estructura y la organización del Estado. Tradicionalmente, Bolivia estaba organizada en tres poderes, el Poder Legislativo, el Poder Ejecutivo y el Poder Judicial; en la nueva Constitución se ha aumentado un poder, el electoral, y se ha cambiado la denominación de «poder» por «órgano».

2.4.3.1. El Órgano Legislativo Se mantiene bicamaral, es decir, está compuesto por la Cámara de Diputados y la Cámara de Senadores, y también ha cambiado de nombre, ya no es el Congreso Nacional, ahora es la Asamblea Legislativa Plurinacional. Los asambleístas son elegidos por voto directo y algunos de ellos por usos y costumbres de los pueblos indígenas.

2.4.3.2. El Órgano Ejecutivo Una de las novedades es que para la elección del Ejecutivo se define una segunda vuelta:

Artículo 166

I. La Presidenta o el Presidente y la Vicepresidenta o el Vicepresidente del Estado serán elegidas o elegidos por sufragio universal, obligatorio, directo, libre y secreto. Será proclamada a la Presidencia y a la Vicepresidencia la candidatura que haya reunido el cincuenta por ciento más uno de los votos válidos; o que haya obtenido un mínimo del cuarenta por ciento de los votos válidos, con una diferencia de al menos diez por ciento en relación con la segunda candidatura.

II. En caso de que ninguna de las candidaturas cumpla estas condiciones se realizará una segunda vuelta electoral entre las dos candidaturas más votadas, en el plazo de sesenta días computables a partir de la votación anterior. Será proclamada a la Presidencia y a la Vicepresidencia del Estado la candidatura que haya obtenido la mayoría de los votos.

Luego se define que el periodo de mandato es de cinco años, y que el presidente puede ser reelegido una vez de manera consecutiva, posiblemente este cambio haya sido impuesto por los deseos de Evo Morales. En la antigua Constitución no era permitida la reelección. Muchos políticos de la oposición han acusado a Evo Morales de haber realizado toda la Asamblea Constituyente con el único objetivo de habilitar su reelección.

En la nueva Constitución se define otra figura que no existía antes y es el «revocatorio», que es un referéndum en el que se pregunta si uno está de acuerdo con que el presidente continúe con su mandato. Se supone que este referéndum puede ser convocado más o menos a la mitad del periodo del mandato, esta figura forma parte de la nueva «democracia participativa».

2.4.3.3. El Órgano Judicial La nueva Constitución brinda una estructura judicial que es bastante difícil de entender, sobre todo porque reconoce la justicia indígena originaria, ya que esta «justicia» se basa en usos y costumbres originarios y eso significa que hay muchas variantes y que en el fondo esos usos son desconocidos. La idea es que los pueblos originarios ejerciten funciones judiciales a través de sus autoridades, su jurisdicción se limita a las personas que son miembros de la respectiva nación o pueblo indígena originario.

Hay que constatar que en la Constitución se menciona textualmente que la «justicia indígena originaria» tiene que respetar el derecho a la vida, el derecho a la defensa y demás derechos y garantías establecidos. Esto porque en la jerga popular se denominaba «justicia indígena originaria» a linchamientos y ocasiones en las que grupos de personas tomaban justicia por mano propia.

La justicia ordinaria está constituida por:

1. El Tribunal Supremo de Justicia, que es el máximo tribunal de la jurisdicción ordinaria.
2. El Tribunal Agroambiental, que es el máximo tribunal especializado de la jurisdicción agroambiental.
3. El Consejo de la Magistratura, que es la instancia responsable del régimen disciplinario de la jurisdicción ordinaria, agroambiental y de las jurisdicciones especializadas.
4. El Tribunal Constitucional Plurinacional, que es el que vela por la supremacía de la Constitución y ejerce el control de constitucionalidad.

Se reconoce además a la justicia militar, que juzga delitos de naturaleza militar.

2.4.3.4. El Órgano Electoral Este órgano es una de las novedades de la nueva Constitución, ya que está definido como independiente de los otros órganos del Estado, es decir, tiene autonomía propia. Es el responsable de organizar, administrar, ejecutar los procesos electorales y proclamar sus resultados; de garantizar que los eventos electorales se realicen de una manera correcta y efectiva y de organizar y administrar el Registro Civil y el padrón electoral.

Artículo 205

I. El Órgano Electoral Plurinacional está compuesto por:
   1. El Tribunal Supremo Electoral.
   2. Los Tribunales Electorales Departamentales.
   3. Los Juzgados Electorales.
   4. Los Jurados de las Mesas de sufragio.
   5. Los Notarios Electorales.

II. La jurisdicción, competencias y atribuciones del Órgano Electoral y de sus diferentes niveles se definen, en esta Constitución y la ley.

El Tribunal Supremo Electoral es el máximo nivel del Órgano Electoral y tiene jurisdicción nacional, está compuesto por siete miembros, que permanecen en sus funciones seis años sin posibilidad de reelección, siendo al menos dos de origen indígena. El presidente del Estado designará a uno de sus miembros y los seis restantes serán elegidos por la Asamblea Legislativa Plurinacional por dos tercios de votos de los miembros presentes.

Los miembros de los Tribunales Departamentales Electorales serán elegidos por la Cámara de Diputados por dos tercios de votos de los miembros presentes, de ternas propuestas por las Asambleas Legislativas Departamentales.

2.5. Evonomics

Una de las cosas que no podemos dejar de mencionar cuando se habla del gobierno de Evo Morales es lo que se conoce como «Evonomics», que se supone serían las políticas que implicaban el paso de un enfoque económico neoliberal a una economía mixta.

El «Evonomics» ha sido utilizado como propaganda, sobre todo las partes positivas para el desarrollo del país, aunque en muchos casos no fueron el resultado directo del trabajo del Gobierno.

Podemos mencionar el superávit del sector público no financiero, que empezó a darse a partir del 2006, coincidiendo con el primer gobierno de Evo Morales. Cabe recalcar que desde 1970 el sector público no financiero reportaba cada año déficit. El peor déficit fue el de 1984, simultáneo a la gran inflación. Desde luego que esto tiene otras causas que poco tienen que ver con la actividad del Gobierno, pero que de todas maneras fueron utilizadas para colocarlos como «genios financieros» y a Evo Morales como una persona con percepciones extraordinarias.

Otra medida financiera que se acostumbra a utilizar es desde luego la balanza comercial, que pasó de ser positiva a negativa en 1990, volviendo a ser positiva en 2003, aunque duplicando su valor de 508 millones de dólares en 2005 a 1298 millones de dólares en 2006, y siguió creciendo. Desde luego, esto tampoco tiene mucho que ver con la gestión gubernamental, sino más bien con el aumento de los precios de las materias primas que exportamos, pero nuevamente el Gobierno consigue muy buena propaganda con estas cifras.

Esto implica que al haber más circulante es posible realizar muchos proyectos, algunos quizás con sobreprecios, y con mucha corrupción, pero eran de verdad muchos proyectos en el programa «Evo Cumple», lo cual obviamente ha incrementado las fuentes de empleo, tanto directos como indirectos. El país parecía estar en eterna construcción, se ha gastado un total de 237 millones de dólares entre el 2006 y el 2009 en 2494 proyectos.

Esta bonanza económica se ve reflejada en muchas otras cosas, por ejemplo, la instalación de gas natural domiciliario que se inició en 1998. Para el 2001 había 12 524 viviendas con gas natural domiciliario, en 2005 el número subió a 50 543, y en los primeros años del gobierno del MAS se llegó a 139 460 viviendas en 2009.

También se notó la bonanza económica en la construcción de carreteras. Es increíble, pero en los primeros cinco años de gobierno del MAS se han construido en Bolivia más carreteras que en los últimos cuarenta años anteriores a ese Gobierno. Es decir, Bolivia se llenó de carreteras, aunque aún faltan. Muchas de esas carreteras fueron mal construidas, con sobreprecios, pero esto implicó movimiento económico, empleo, lo que ha contribuido al desarrollo económico del país.

También se ha dado bastante ayuda a la población más necesitada, lo cual ha originado un crecimiento de confianza en el Estado. Por ejemplo:

- El programa de alfabetización cubano «Yo sí puedo», que en muy corto tiempo logró que se declarara a Bolivia como un territorio libre de analfabetismo.

- El Bono Juancito Pinto, que empezó en 2006, y se entrega a todos los estudiantes de las escuelas fiscales. Los objetivos del programa son incrementar la matrícula escolar y reducir la deserción, así como disminuir la trasmisión intergeneracional de la pobreza. Ha tenido éxito, pues se ha notado la disminución de casos de niños que abandonan sus estudios.
- El pago de la Renta Dignidad a todos los ciudadanos mayores de sesenta años que vivan en Bolivia y que no tengan sueldo en el sector público. Una especie de jubilación extra, tengan o no tengan ahorrado para su jubilación.
- La Tarifa Dignidad, que empezó en 2006, mediante la cual se hace un descuento del 25 % de la factura de electricidad a los hogares con bajo consumo, que obviamente son los más pobres.
- A partir de mayo del 2009 se brinda el Bono Juana Azurduy a todas las mujeres embarazadas hasta que sus bebés cumplan dos años.

Esto ha sido posible por el cambio de ingresos que ha tenido el Gobierno de Evo Morales debido a los hidrocarburos, puesto que en la etapa «neoliberal» el Estado percibía el 18 % de las regalías más los impuestos que dependían de la utilidad de la Empresa Petrolera, que se hacían cargo de los costos operativos, pero también obtenían la utilidad. Después de la mal llamada «nacionalización» las regalías aumentaron de un 18 % a un 50 % mediante la creación de un nuevo impuesto, el Impuesto Directo a los Hidrocarburos (IDH), del 32 %. Las empresas aún se tienen que hacer cargo de los costos, pero la utilidad la tienen que compartir con Yacimientos Petrolíferos Fiscales Bolivianos (YPFB). Es decir, los ingresos al Estado han subido de manera substancial, si a eso le aumentamos el hecho de que los precios internacionales de los hidrocarburos se fueron por las nubes, nos daremos cuenta de la gran cantidad de dinero que entró a Bolivia en esos años.

Según los datos del Fondo Monetario Internacional (FMI), del Banco Mundial (BM), así como de varios institutos de medición internacionales como la CEPAL, durante el periodo 2006-2019, la economía de Bolivia se cuadruplicó, creciendo de un valor de 9573 millones de dólares a 42 401 millones de dólares.

Vamos a comparar esa cifra con otra más o menos conocida, la ayuda que prestó los Estados Unidos a Alemania después de la Segunda Guerra Mundial, el llamado «Plan Marshall». Entre 1948 y 1951, Alemania Occidental recibió 1448 millones de dólares, si tomamos en consideración la inflación, esa cantidad de dinero actualmente tendría un valor aproximado de 15 130 millones de dólares; es decir, Bolivia en esta época ha tenido más o menos tres veces la cantidad de dinero que Alemania ha dispuesto para su reconstrucción después de la Segunda Guerra Mundial. Basta ver en fotografías antiguas como Berlín estaba completamente destrozada, no había un solo edificio entero, y si vemos fotografías de Berlín después de su reconstrucción, digamos en 1951, observaremos que estaba entonces en mejor estado que cualquier ciudad boliviana en la actualidad. Es decir, en catorce años, Bolivia con más dinero no pudo hacer lo que Alemania hizo en cinco años.

2.6. La crisis política del 2008

En 2008 se agudizaron los conflictos entre el Gobierno nacional, liderado por Evo Morales, y los prefectos departamentales de la Media Luna, que impulsaban la formación de Gobiernos departamentales autónomos rechazando el proceso constituyente del Gobierno central.

El referéndum autonómico se realizó en varias etapas, empezando el 4 de mayo en Santa Cruz y en el mes de junio en los departamentos de Beni, Pando y Tarija. Estos referéndums fueron realizados por las cortes electorales departamentales y no fueron aceptados por la Corte Nacional Electoral, que manifestó que no considera los resultados válidos, ya que el artículo 12 de la Ley de Referéndum establece que solo ellos pueden organizar, ejecutar, escrutar y declarar los resultados de un referéndum.

De todas formas, tanto la participación como los resultados a favor de las autonomías fueron altos: 85,6 % de apoyo en Santa Cruz; 82,4 %, 85,8 % y 80,0 % en Beni, Pando y Tarija, respectivamente.

2.6.1. Referéndum revocatorio

Los senadores de la oposición en Bolivia, buscando una salida a la crisis institucional creada por el conflicto por la autonomía de las cuatro regiones autonomistas, propusieron realizar un referéndum revocatorio. Su propuesta original ponía en cuestión la presidencia de Evo Morales y la vicepresidencia de Álvaro García Linera. El Gobierno aceptó la propuesta, pero incluyó la cuestión de los prefectos de los departamentos. Los prefectos de la Media

Luna, inicialmente, se negaron a participar en el referéndum, pero cambiaron de opinión luego de conocer el resultado de los referéndums autonómicos.

La opositora Savina Cuéllar, prefecta del departamento de Chuquisaca, no participó en este referéndum, ya que, debido a los problemas que ocurrieron en su departamento, fue elegida en junio de 2008, a diferencia de los otros prefectos, que fueron elegidos en 2005. El prefecto del departamento de Cochabamba, Manfred Reyes Villa, se negó a votar, aunque el voto en Bolivia es obligatorio, y anticipó que no reconocería los resultados sin importar cuáles sean.

La ley de convocatoria fue promulgada por Evo Morales el 4 de mayo y aprobada por la Cámara de Senadores, dominada por la oposición, y por la Cámara de Diputados, de mayoría masista. Morales remarcó la necesidad de «definir en las urnas y no con violencia, en el marco de la constitucionalidad» esta crisis política.

Esta ley especificaba que para revocar al presidente y al vicepresidente era necesario obtener un porcentaje superior al obtenido cuando fueron electos, es decir, era necesario que más del 53,7 % vote en contra de ellos para revocarlos. Inicialmente esta regla también aplicaba a los prefectos, que requerían porcentajes menores para ser revocados, sin embargo, eso fue cambiado a que para revocar a los prefectos se requería más del 50 % de votos.

La pregunta del referéndum revocatorio para el presidente y vicepresidente decía: «¿Usted está de acuerdo con la continuidad del proceso de cambio liderado por el presidente Evo Morales Ayma y el vicepresidente Álvaro García Linera?». Los resultados fueron:

Departamento	Sí	No	Participación
Beni	43,72 %	56,28 %	76,02 %
Chuquisaca	53,88 %	46,12 %	80,73 %
Cochabamba	70,90 %	29,10 %	86,01 %
La Paz	83,27 %	16,73 %	88,37 %
Oruro	83,00 %	17,00 %	87,11 %
Pando	52,50 %	47,50 %	84,17 %

Potosí	84,87 %	15,13 %	84,45 %
Santa Cruz	40,73 %	59,27 %	76,05 %
Tarija	49,83 %	50,17 %	79,80 %
TOTAL	**67,41 %**	**32,59 %**	**83,33 %**

Tabla 2.4: Resultados nacionales revocatorio de presidente y vicepresidente

El apoyo al presidente de Bolivia, Evo Morales, superó ampliamente el 53,7 % con el que ganó en los comicios de diciembre del 2005.

La pregunta del referéndum revocatorio para los prefectos departamentales decía: «¿Usted está de acuerdo con la continuidad de las políticas, las acciones y la gestión del prefecto del departamento?», y sus resultados fueron:

Departamento	**Prefecto**	**Sí**	**No**	**Participación**
Beni	Ernesto Suárez	64,25 %	35,75 %	76,09 %
Cochabamba	Manfred Reyes Villa	35,19 %	64,81 %	85,96 %
La Paz	José Luis Paredes	35,48 %	64,52 %	88,34 %
Oruro	Alberto Luis Aguilar	50,86 %	49,14 %	87,12 %
Pando	Leopoldo Fernández	56,21 %	43,79 %	85,25 %
Potosí	Mario Virreira	79,08 %	20,92 %	84,42 %
Santa Cruz	Rubén Costas	66,43 %	33,57 %	76,04 %
Tarija	Mario Cossío	58,06 %	41,94 %	79,80 %

Tabla 2.5: Resultados nacionales referéndum revocatorio de prefectos

Solo dos de estos prefectos, fueron revocados:

- José Luis Paredes, de La Paz, alcanzó tan solo el 35,48 % de los votos.
- Manfred Reyes Villa, de Cochabamba, obtuvo el 35,19 %.
- Inicialmente se decía que el prefecto de Oruro, Alberto Luis Aguilar, habría sido revocado, pero logró salvarse con una votación del 50,86 %.
- Los prefectos de Pando y Tarija fueron ratificados con una votación de entre 50 y 60 %.
- Los prefectos de Santa Cruz y Beni fueron ratificados con más del 60 %, pero no alcanzaron los 2/3.

- El prefecto de Potosí Mario Virreira fue el más votado, con el 79 %, superando los 2/3 con más aceptación que el presidente.

El prefecto de Cochabamba, Manfred Reyes Villa, fue revocado, pero aseguró que no dejaría el cargo. Sin embargo, poco después accedió a dejar el poder. Reyes había sido el único prefecto que mantuvo su postura inicial de declarar ilegal al referéndum.

Los resultados en la Media Luna fueron de apoyo a los prefectos, al mismo tiempo que fue en esa región en la que el presidente obtuvo una menor votación. Es decir, el referéndum revocatorio no solucionó el problema que debería resolver y las tensiones políticas existentes no disminuyeron, y eso haría desatar una de las crisis más grandes que ha vivido Bolivia.

2.6.2. La escalada del conflicto

No pasó mucho tiempo, apenas nueve días después del referéndum revocatorio, cuando los prefectos opositores de los departamentos de la Media Luna y Chuquisaca, el 19 de agosto, llamaron a un «paro cívico» por tiempo indeterminado con bloqueo de carreteras en contra del Gobierno nacional. El argumento de la oposición era el de exigir al Gobierno la transferencia a los departamentos de los fondos recaudados por el IDH, que este había destinado para financiar un plan de pensiones para personas mayores de sesenta años, llamada Renta Dignidad. La oposición llamó a tomar instalaciones del Gobierno nacional y amenazaron con que, si este no hacia caso a sus demandas, entonces ellos interrumpirían el suministro de gas a Argentina y Brasil. Se produjeron enfrentamientos entre manifestantes y fuerzas de seguridad en distintos lugares, y en Beni grupos opositores intentaron que estas se pusieran bajo el mando del prefecto.

La respuesta del presidente Evo Morales fue inmediata y ordenó a las Fuerzas Armadas proteger las instalaciones gasíferas y gaseoductos y denunció internacionalmente a la oposición por intentar dar un «golpe de Estado civil». En medio de todos estos conflictos, el 26 de agosto se difundió la noticia de una reunión secreta entre el embajador de los Estados Unidos, Philip Goldberg, y el prefecto de Santa Cruz, Rubén Costas. El Gobierno protestó formalmente y exigió que el Gobierno de George W. Bush no se inmiscuya en los problemas bolivianos. El embajador Goldberg explicó que la reunión no fue secreta y que en la misma solo había entregado ayuda de la cooperación tecnológica para la Expoteleinfo.

El conflicto se agravó el 9 de septiembre, cuando los autonomistas tomaron instalaciones y edificios del Gobierno ubicados en las regiones rebeldes. El 10 de septiembre un grupo opositor cerró la válvula de paso del mayor gaseoducto ubicado en Tarija, provocando el estallido del mismo, y afectando de esta manera el suministro de gas a Brasil durante varias semanas. Simultáneamente, otros grupos opositores habían tomado instalaciones gasíferas de Vuelta Grande, en el departamento de Chuquisaca, afectando la provisión de gas a la Argentina. El Gobierno calificó estos hechos como «actos terroristas».

El 10 de septiembre, el presidente Evo Morales declaró persona no grata y expulsó del país al embajador estadounidense Philip Goldberg, acusándolo de apoyar las movilizaciones opositoras a favor de las autonomías departamentales y de entrometerse en los asuntos internos de Bolivia. En contrapartida, los Estados Unidos expulsaron al embajador de Bolivia en Washington: «Se trata de una respuesta que adoptamos de acuerdo con lo establecido en la Convención de Viena. Hemos informado oficialmente al Gobierno boliviano de que hemos declarado a su embajador en Washington, Gustavo Guzmán, persona 'non grata'», ha dicho el portavoz del Departamento de Estado, McCormack, en la rueda de prensa. Algunos días más tarde, el presidente estadounidense George W. Bush incluyó a Bolivia en la «lista negra» del narcotráfico, al considerar que el Estado boliviano había fallado en su colaboración a la hora de combatirlo. El presidente Evo Morales calificó esta medida como una represalia estadounidense por la expulsión de su embajador.

2.6.3. La masacre del Porvenir

El 3 de septiembre, entre muchas de las acciones en contra del Gobierno realizadas en el departamento de Pando por cívicos autonomistas y miembros de dos federaciones campesinas afines al prefecto Leopoldo Fernández, tomaron las instalaciones del Instituto Nacional de la Reforma Agraria (INRA).

Rumores sobre la supuesta reversión de las concesiones de tierra otorgadas por el Gobierno a los campesinos de Pando y la disputa por la tenencia de la tierra entre organizaciones sociales afines al MAS y partidarios de Leopoldo Fernández movilizaron a los campesinos de esa región.

Las comunidades campesinas afiliadas a la Federación Departamental de Campesinos de Pando, liderada por Antonio Moreno, y a la Federación de Campesinos Madre de Dios, cuya ejecutiva era Carmen Parada, fueron convocadas a un ampliado[3] en el municipio de Filadelfia, desde donde tenían previsto ingresar a Cobija en una columna de marchistas. El objetivo principal: analizar las consecuencias de la toma del INRA Pando y defender la distribución de tierras fiscales saneadas por el Gobierno.

Por otro lado, el rumor de que el Gobierno estaba movilizando gente desde Riberalta se había convertido en noticia y el miedo de una toma de la Prefectura comenzó a crecer. Para el 8 de septiembre, ya se decía que Leopoldo Fernández iría a negociar en el camino para que no llegaran a la ciudad, para que no haya enfrentamiento en Cobija, pero la comitiva crecía en Puerto Rico y desde las comunidades llegaban más personas. Los dirigentes decían que iban a un ampliado campesino, que se reunirían con Fernández para hablar sobre proyectos. Nada de eso sucedió.

La Prefectura de Pando como medida de prevención había determinado el cavado de dos zanjas, una a la altura de Cachuelita, entre Filadelfia y Porvenir y otra en Tres Barracas, entre Puerto Rico y Porvenir, para impedir el paso de los campesinos, razón por la cual movilizó a personal del Servicio Departamental de Caminos.

El 11 de septiembre hubo un enfrentamiento cerca de la población llamada Porvenir, a unos 33 km de Cobija, la capital de Pando, y el saldo del enfrentamiento fue de quince muertos y cuarenta heridos; trece de los muertos eran campesinos y dos eran empleados de la prefectura. El vicepresidente Álvaro García Linera denunció expresamente al prefecto de Pando, Leopoldo Fernández, por haber ordenado la matanza. Fernández negó enfáticamente las acusaciones en los siguientes términos: «Ellos me acusan de usar grupos de choque, cuando todo el mundo sabe que esos campesinos socialistas, esos falsos campesinos, estaban armados».

[3] Ampliado es un termino usado en Bolivia para referirse a la reunión de los miembros de una determinada colectividad, por lo general sindicatos o partidos políticos, para discutir determinadas cuestiones de interés común y, en su caso, adoptar decisiones.

Los campesinos, muchos de ellos masistas, aseguran haber sido emboscados por funcionarios de la Prefectura de Pando, cuando se dirigían a Cobija a apoyar al Gobierno nacional. Los autonomistas aseguran que fueron los campesinos quienes iniciaron el enfrentamiento, utilizando armas de fuego y petardos con dinamita.

Ante la gravedad de los sucesos de Pando, el Gobierno nacional dispuso el estado de sitio en ese departamento desde el 12 de septiembre, ordenando a las fuerzas de seguridad tomar control del aeropuerto y la ciudad. El prefecto Fernández, a su vez, dio orden a los grupos civiles bajo su mando de resistir mediante la fuerza el ingreso de las fuerzas nacionales.

El 13 de septiembre hubo en Cobija una manifestación de protesta que desafía el estado de sitio. El Ejército entra en la ciudad, ingresa en las casas de dirigentes departamentales, haciendo explotar las puertas y realizando disparos en el interior de las mismas.

El fiscal general de la República anuncia procesos por genocidio contra Leopoldo Fernández, Miguel Becerra y Abraham Cuéllar. Once personas son trasladadas a La Paz en calidad de confinados. Son acusados de haber participado en la matanza de campesinos.

El 16 de septiembre, el prefecto Leopoldo Fernández es hecho prisionero por el Ejército y enviado en el avión presidencial a La Paz. Al día siguiente más de 400 personas cruzan la frontera con Brasil para buscar refugio político.

El 20 de septiembre, el contraalmirante Rafael Bandeira es posicionado como prefecto militar de Cobija.

2.6.3.1. Intervención de la Unasur La Unión de Naciones Sudamericanas (Unasur) está integrada por las doce naciones independientes de Sudamérica: Argentina, Bolivia, Brasil, Chile, Colombia, Ecuador, Guyana, Paraguay, Perú, Surinam, Uruguay y Venezuela.

Ante la escalada del conflicto político social en Bolivia, la Unasur, que entonces tenía como presidente *pro tempore* a la primera mandataria chilena, Michelle Bachelet, convocó a una cumbre presidencial urgente el 15 de septiembre en el Palacio de La Moneda de Santiago de Chile.

Luego de deliberar varias horas, los jefes de Gobierno acordaron una posición unánime expresada en la Declaración de La Moneda, emitida ese mismo día. La Declaración de La Moneda resolvió:

1. Expresan el más pleno y decidido respaldo al Gobierno constitucional del presidente de la República de Bolivia, Evo Morales, cuyo mandato fue ratificado por una amplia mayoría en el reciente referéndum.
2. Advierten que los países sudamericanos no aceptarán ninguna ruptura del orden institucional en Bolivia, ni ningún proceso que implique su desmembramiento territorial.
3. Condenan la toma de instalaciones del Gobierno nacional, afirmando que se trata de grupos que buscan la desestabilización de la democracia boliviana, exigiendo la inmediata devolución de las mismas, como condición previa para iniciar un proceso de diálogo.
4. Hacen un llamamiento general a cesar las acciones de violencia y desacato a las autoridades y las leyes.
5. Condenan la masacre de Pando y aceptan la propuesta del Gobierno boliviano de formar una comisión internacional para investigar el crimen y evitar que sus responsables queden impunes.
6. Hacen un llamado a la sociedad boliviana a mantener la integridad territorial de su país.
7. Instan a abrir un proceso de diálogo y, con ese fin, disponen crear una comisión internacional para facilitarlo, en una mesa conducida por el Gobierno boliviano.

El 24 de septiembre la Unasur formó la Comisión Investigadora de la Masacre de Pando, designando como cabeza al argentino Rodolfo Mattarollo, un reconocido especialista en derechos humanos.

Luego del expreso respaldo de la Unasur al Gobierno del presidente Evo Morales y la resolución de investigar internacionalmente la masacre de Pando para evitar que los responsables del crimen queden impunes, el fiscal general de Bolivia, Mario Uribe, decidió iniciar acciones criminales contra el prefecto de Pando, Leopoldo Fernández, el exalcalde de Cobija, Miguel Becerra y el senador de Unidad Nacional (UN) Abraham Cuéllar «por la presunta comisión del delito de genocidio en su forma de masacre sangrienta, tipificado por el artículo 138, párrafo segundo del Código Penal». Simultáneamente, los autonomistas comenzaron a levantar los bloqueos, atendiendo el pedido del presidente del Comité Cívico de Santa Cruz, Branko Marinkovic.

2.7. Referéndum constitucional

El 25 de enero del 2009 se realizó por fin el referéndum constitucional tras haber sido pospuesto en dos ocasiones, el 4 de mayo del 2008 y el 7 de diciembre del 2008.

En el mismo referéndum se votó por cuál debería ser la superficie máxima de tierras que puede poseer un ciudadano, definida en el artículo 398 de la nueva Constitución Política del Estado de entre cinco mil o diez mil hectáreas, resultando aprobada la opción de «cinco mil hectáreas» con el 80,65 % de los votos:

5 000 o 10 000 hectáreas	Votos	Porcentaje
5 000 hectáreas	1 956 596	80,65 %
10 000 hectáreas	469 385	19,35 %
Votos válidos	2 425 981	69,18 %
Votos nulos o blancos	1 081 749	31,29 %
Total	**3 507 730**	**100 %**
Participación		**90,14 %**

Tabla 2.6: Referéndum sobre tierras 2009

La pregunta de este referéndum decía: «¿Está usted de acuerdo con refrendar el texto del proyecto de Constitución Política del Estado presentado por la Asamblea Constituyente, y ajustado por la Comisión Especial de Concertación del H. Congreso Nacional, que incluye los consensos logrados en el diálogo entre el Gobierno Nacional con los Prefectos y Representantes Municipales sobre autonomías, incorporando el resultado de la consulta sobre el artículo 398 a ser resuelto en este mismo referéndum, y que la misma sea promulgada y puesta en vigencia como nueva Ley Fundamental del Estado Boliviano?».

La nueva Constitución Política del Estado fue aprobada con el 61,43 % de los votos, y fue promulgada por el presidente Evo Morales el 7 de febrero de 2009 en un multitudinario evento en la ciudad de El Alto. Tras firmar el documento, Morales dijo: «En este día histórico proclamo promulgada la nueva Constitución Política del Estado boliviano, la vigencia del Estado plurinacional unitario, social y, económicamente, el socialismo comunitario».

El resultado del referéndum fue:

Respuesta	Votos	Porcentaje
Sí	2 064 417	61,43 %
No	1 296 175	38,57 %

Tabla 2.7: Resultados Referéndum Constitucional 2009

	Votos	Porcentaje
Votos válidos	3 360 592	95 70 %
Votos blancos	59 524	1,70 %
Votos nulos	91 583	2,61 %
Votos emitidos	3 511 699	100 %

Tabla 2.8: Participación Referéndum Constitucional 2009

2.8. Asalto al Hotel Las Américas

El 16 de abril del 2009, el Gobierno anunció que desbarató un complot para asesinar al presidente, tramado por una célula de extrema derecha con sede en la ciudad de Santa Cruz. Ese día un comando especializado de la Policía boliviana, ingresó al Hotel Las Américas y según la versión gubernamental se produjo un tiroteo con los terroristas en el que resultaron muertos Eduardo Rózsa-Flores, húngaro-boliviano; Árpád Magyarosi, húngaro-rumano; y Michael Martin Dwyer, irlandes; y fueron arrestados Mario Tadic, boliviano-croata; y Elod Tóásó, húngaro.

De acuerdo con la Policía, ellos acudieron al hotel tras recibir reportes de que los cinco extranjeros que ocupaban dos habitaciones portaban armas. Esta versión afirma que cuando agentes quisieron entrar a los cuartos fueron recibidos con disparos, iniciándose un tiroteo que se extendió por casi media hora.

Según algunos reportes, la operación fue ejecutada sin el permiso de un juez, lo que violaría el Código Penal boliviano. Cabe mencionar que en el caso actuó la policía de élite boliviana, lo que desvirtúa que hayan tenido permiso o no debido a que ellos operan de manera encubierta y solo en los casos más peligrosos. Es muy probable que en Santa Cruz, durante el suceso, no fuese conocida la policía de élite debido a que solo operaba en la ciudad de La Paz y por entonces fue llevada a Santa Cruz. Es probable que se hayan creado discrepancias y puntos de vista encontrados al no entender cómo funciona la Policía boliviana.

Ese mismo día, la Policía reportó haber hallado un arsenal de explosivos y fusiles en el recinto ferial de Santa Cruz. Los dos extranjeros arrestados fueron llevados al penal de San Pedro, en La Paz.

El presidente Evo Morales anunció en Venezuela, el 16 de abril, que la Policía había desmontado una trama de la derecha para asesinarlo junto con el vicepresidente. De acuerdo con Morales, este supuesto grupo comando también era responsable de un atentado ejecutado contra la casa del cardenal Julio Terrazas, crítico de Morales, dos días antes. El administrador del hotel ha contradicho a Morales, ya que asegura que los hombres estuvieron en sus habitaciones cuando se realizó el atentado contra Terrazas.

El vicepresidente Álvaro García Linera acusó a los dirigentes del movimiento autonomista de Santa Cruz; pero el prefecto Rubén Costas aseguró que todo el episodio fue un «burdo montaje» gubernamental, y recordó que Morales había denunciado en el pasado atentados contra su persona sin ofrecer pruebas. Costas también resaltó la ausencia de fiscales cruceños en el asalto y aseguró que uno de los objetivos del supuesto montaje sería desviar la atención del atentado contra el cardenal Terrazas.

Hay personas que niegan que Eduardo Rózsa haya sido «un sicario de la extrema derecha», pero por otro lado, Julio César Alonso, un periodista español, declaró que Rózsa era un mercenario, y que lo investigaba desde que un colega y amigo suyo fuera asesinado por el grupo de este durante la Guerra Croata de Independencia, en la que Rózsa luchó como voluntario en el ejército independentista.

Las familias del húngaro Árpád Magyarosi y el irlandés Michael Dwyer solicitaron la repatriación de sus cuerpos, y una vez en su poder, solicitaron la realización de nuevas autopsias. Estas autopsias contradijeron el informe boliviano. Se estableció que:

> Dwyer recibió una sola bala, que atravesó su corazón, con una trayectoria descendente, lo que podría indicar que se encontraba sentado en la cama al momento de su muerte. Además, no pudo encontrar evidencia que sugiriese que Dwyer llegó a disparar un arma.
> Magyarosi recibió siete disparos, ninguno de los cuales era mortal, pero falleció ahogado por su sangre una media hora después de haberlos recibido, contradiciendo la versión oficial, que indicaba que murió desangrado. El informe asegura que Magyarosi estaba protegiéndose el rostro, con los brazos en forma de cruz, cuando recibió los primeros tres disparos. Los últimos cuatro tiros los recibió estando de espaldas en el piso. Al igual que con Dwyer, no se encontraron evidencias de que había disparado armas de fuego.

Tras los sucesos, el Gobierno conformó una comisión parlamentaria especial para investigar los presuntos delitos de terrorismo. Numerosos testigos han sido citados a declarar, uno de ellos, chofer de los supuestos mercenarios, asegura que existió un núcleo de financiadores de la presunta célula terrorista, la cual estaría formada por empresarios y activistas políticos del departamento de Santa Cruz.

La Fiscalía boliviana ordenó la captura de siete personas que no se presentaron a declarar en el caso. Dos de los mencionados trabajaron en la principal compañía telefónica de la región de Santa Cruz. Las principales pruebas contra estas personas son conversaciones de «chat» obtenidas de una computadora encontrada en el asalto al Hotel Las Américas, y fotografías de los supuestos mercenarios contando dinero. Varios de los supuestos implicados huyeron entonces de Bolivia. El presidente Evo Morales ha declarado que está dispuesto a llevarlos ante la justicia militar, acusándolos de ser separatistas.

El 17 de diciembre del 2010, la Fiscalía boliviana presentó una denuncia formal contra treinta y nueve personas por estar supuestamente involucradas en el caso. Pablo Costas Aguilera, hermano del gobernador Rubén Costas, es el principal implicado por el fiscal encargado. En febrero del 2020, la Fiscalía de Bolivia retiró su acusación, lo que propició el cierre de la causa que duró once años.

Capítulo 3

Neoestalinismo

La victoria que tuvo Evo Morales en dos elecciones, la primera con más del 50 % y la segunda con el 65 % de los votos, le dio tanto poder que llegó a hacerle creer que era insustituible. Entonces, se apoderó de la justicia, el Órgano Electoral, la Contraloría, el Banco Central, las Fuerzas Armadas y la Policía, teniendo ya controlado el Poder Legislativo. Sintió que tenía que ser el líder de un nuevo Estado y de una nueva era para Bolivia.

Evo Morales ha gobernado al país como un rey, su gestión consistió en viajar. Tenía que inaugurar todas las obras públicas que ejecutaba su Gobierno y todas las canchas y los coliseos que tanto le gustaba construir. Además de ir a jugar fútbol en diferentes lugares del país e incluso del exterior y asistir a eventos que eran organizados para agasajarlo. Ha aprovechado su presidencia para viajar por todo el mundo, asistiendo a eventos internacionales, donde en muchos casos no era necesaria su presencia. Para exaltar su personalidad se construyó un museo y, por la intención que tenía de permanecer indefinidamente en el poder, se hizo construir un palacio.

Es imposible escribir esto desde un punto de vista neutral, sin ponerme a un lado o al otro en los sucesos que relato. Debo aclarar que ideológicamente soy anarquista, es decir, en mi modelo mental, la sociedad ideal no requiere tener a nadie que la gobierne, no dudo de que llegue el día en que una sociedad de esa naturaleza sea posible; sin embargo, para alcanzarlo se requiere que la gente tenga un alto sentido social y un conocimiento alto, es decir, que hoy en día eso no es posible.

El sistema que mejor nos preparará para ese futuro es la democracia. Desde luego que la democracia tiene un montón de fallas, pero es siempre mejor que cualquier tipo de dictaduras extremas. Son las sociedades que emplean la democracia como sistema político las que tienen mas chance de mejorar su sentido social y su educación.

Es por eso que este texto se inclina a favor de la democracia y en contra de cualquier tipo de proyecto dictatorial.

Cuando Evo Morales llegó al poder, yo le apoyaba, estoy seguro de que muchos de los cambios que realizó en sus primeros años de gobierno eran necesarios para que Bolivia, como Estado, pueda avanzar dejando atrás la herencia racista, discriminatoria y corrupta del siglo XX. Sin embargo, no se tardó mucho en dar señales de alerta, cuando en 2008, Margarita Terán, líder de los cocaleros del Chapare, una de las fundadoras del MAS-IPSP y exnovia de Evo Morales, fue detenida con 147 kilos de cocaína. O cuando se destapó el sonado caso de corrupción «YPFB-Catler» en el que el Estado perdió 16,6 millones de dólares, caso que se destapó gracias al robo de 450 000 dólares y el asesinato del empresario petrolero Jorge O'Connor D'Arlach. Santos Ramírez, expresidente del Senado, presidente de YPFB, hombre fuerte del MAS-IPSP, señalado por algunos como el sucesor de Evo Morales, fue encarcelado por este caso.

No sé si Evo Morales tenía planeado todo lo que hizo, o si simplemente los hechos le llevaron a realizarlos, pero es obvio que sus aspiraciones dictatoriales se mostraron de manera más abierta cuando logró controlar la Asamblea Legislativa Plurinacional.

Los cinco departamentos que aún no lo habían hecho, votaron a favor de la autonomía departamental. Es decir, los nueve departamentos de Bolivia son ahora autónomos. Once municipios votaron para obtener autonomía indígena, de doce en donde se celebraron tales referéndums. Una provincia votó para tener autonomía regional.

3.1. Elecciones generales 2009

El 6 de diciembre del 2009 se celebraron las primeras elecciones presidenciales y parlamentarias en Bolivia, después del referéndum constitucional del 25 de enero de ese mismo año. Los observadores internacionales enviados por la OEA y por la Unión Europea avalaron el proceso electoral y destacaron la «tranquilidad, participación masiva y legitimidad democrática» de los comicios.

El sistema electoral basado en la nueva Constitución presentaba muchos cambios en relación a eventos similares anteriores:

El presidente es elegido por circunscripción nacional. En el caso de que ningún candidato presidencial alcance más del 50 % de los votos válidamente emitidos; o un mínimo del 40 %, con una diferencia del 10 % frente a la segunda candidatura más votada se realizará una segunda vuelta electoral.

Para el Senado se eligen 4 senadores por cada departamento, usando el sistema proporcional, sumando a 36 en total.

Para la Cámara de Diputados se eligen en los 9 departamentos, escaños uninominales, plurinominales y especiales. Los plurinominales se eligen por sistema proporcional, los uninominales y especiales por simple mayoría, y en caso de empate una segunda vuelta.

Los resultados de las elecciones fueron sorprendentes, la oposición al Gobierno fue literalmente arrollada:

Partido	Votos	Porcentaje	Senadores	Diputados
MAS-IPSP	2 943 209	64,22 %	26	88
PPB-CN	1 212 795	26,46 %	10	37
UN	258 971	5,65 %		3
AS	106 027	2,31 %		

MUSP	23 257	0,51 %		
GENTE	15 627	0,34 %		
PLS	12 995	0,28 %		
BSD	9 905	0,22 %		

Tabla 3.1: Elecciones generales de Bolivia del 2009

Este resultado no solo confirmó la presidencia de Evo Morales, sino que al mismo tiempo le dio al MAS-IPSP los 2/3 en ambas cámaras legislativas y por lo tanto el control absoluto de la flamante Asamblea Legislativa Plurinacional. Ahora el MAS-IPSP no requería negociar con ninguna otra fuerza política para llevar a cabo su política, es decir, tiene el poder político hegemónico del Estado.

3.2. Elecciones regionales 2010

Las elecciones regionales bolivianas se celebraron el 4 de abril del 2010. Las autoridades departamentales y municipales fueron elegidas por un electorado de aproximadamente cinco millones de personas.

Las autoridades elegidas fueron:

- Gobernadores de los nueve departamentos.
- Miembros de Asambleas Legislativas Departamentales en cada departamento; veintitrés escaños en estas Asambleas representarán a las comunidades indígenas, y han sido seleccionados por usos y costumbres tradicionales en las semanas previas a las elecciones.
- Subgobernadores provinciales y corregidores municipales.
- Alcaldes y concejales de los 337 municipios.
- Los cinco miembros de la Asamblea Regional de la región autónoma del Gran Chaco.

Participaron un total de 191 fuerzas políticas. El MAS-IPSP ganó seis gobernaciones, Esteban Urquizu en Chuquisaca, Edmundo Novillo Aguilar en Cochabamba, César Cocarico en La Paz, Santos Tito en Oruro, Luis Adolfo Flores en Pando y Félix González en Potosí.

Ernesto Suárez, de Beni Primero, gano la gobernación del Beni; Rubén Costas, de Los Verdes, en Santa Cruz; y Mario Cossío, de la Senda del Cambio, en Tarija.

Participaron un total de 191 fuerzas políticas. Solo el MAS-IPSP participó en los 337 municipios, y ganaron 231 alcaldías. El resultado de estas elecciones confirmaron definitivamente la hegemonía del MAS-IPSP.

3.3. Elecciones judiciales 2011

Entre las novedades que trae la nueva Constitución Política del Estado está sin duda la manera de elegir al Órgano Judicial. El artículo 182 lo regula de una manera novedosa y peculiar. Los magistrados de los diferentes tribunales supremos serán elegidos mediante sufragio universal. Es decir, hay elecciones para elegir a estos tribunales: Tribunal Supremo de Justicia, Tribunal Agroambiental, Consejo de la Magistratura y Tribunal Constitucional Plurinacional.

Desde luego que estas elecciones son muy diferentes a los comicios nacionales para elegir al Ejecutivo y Legislativo y es que no son elecciones políticas. Es más, está establecido en la Constitución que los candidatos a estos cargos no podrán pertenecer a organizaciones políticas.

Y, desde luego, no es posible para ellos ni siquiera hacer campaña. El único que puede dar información sobre los participantes es el Órgano Electoral. Y claro, como es de esperar, no todos pueden aspirar a esos cargos, para hacerlo se necesita tener algunas cualidades, como por ejemplo poseer título de abogado.

Es bastante obvio que si lo que se quiere es escoger a los mejores, los que los eligen deberían tener conocimientos sobre leyes y sobre la capacidad profesional de estos aspirantes; es decir, pienso yo, que deberían ser escogidos por las universidades, o por un grupo colegiado de expertos. Pero no, los aspirantes solicitan el cargo y es el Órgano Legislativo el que revisa y califica a los *mejores*. Y los que pasan por ese filtro son elegidos en elecciones nacionales.

En la práctica, las primeras elecciones judiciales de la historia del planeta se tenían que realizar el 5 de diciembre del 2010, pero fueron aplazadas para el 2011 y al final se desarrollaron el 16 de octubre del 2011.

Los votos blancos y nulos ascendieron al 60 %. De 5 243 375 personas inscritas en toda Bolivia, sufragaron 4 177 470 ciudadanos, un 79,7 % del electorado. Las tablas de la participación en estas elecciones:

Votos	Válidos	Blancos	Nulos
TA	42,34 %	15,07 %	42,60 %
CM	41,99 %	15,81 %	42,20 %
TCP	42,10 %	13,87 %	44,03 %
TSJ	42,14 %	14,92 %	42,94 %

Tabla 3.2: Participación elecciones judiciales del 2011

La legitimidad de los candidatos electos fue cuestionada por la oposición política y distintos sectores sociales.

Para completar la idea, debemos recordar que la justicia boliviana pasaba por un momento muy crítico y se encontraba en constante disputa con el Ejecutivo. Luego de la reelección de Evo Morales era latente la polémica por el Poder Judicial. Las tensiones entre ambos poderes venían de más antes, a tal punto que el Poder Judicial, es decir, la justicia en Bolivia estaba semiparalizada por una serie de renuncias de jueces que alegaban motivos personales o presiones del Gobierno.

Por ello Evo Morales, al iniciar su nuevo mandato, llenó las vacancias de manera transitoria mediante decretos. Eso, desde luego, no es permitido ni por la nueva ni la antigua Constitución, pues representa una intromisión directa a un órgano estatal independiente. Álvaro García Linera explicaba: «Lo que se propone es que en estos seis meses o en este año que se tarde para la elección de autoridades por voto, el sistema judicial no colapse, se elija autoridades que cumplan su función transitoriamente».

De todas maneras lo que pasaba es que ahora Evo Morales controlaba los poderes Ejecutivo, Legislativo y Judicial. Las elecciones judiciales fueron de cierta manera pura pantalla, en la práctica, fue el Órgano Legislativo, en el que el MAS tenía más de los 2/3, el que definió quiénes podían participar. Después de las cuales quedó confirmado el poder absoluto de la cúpula masista.

3.4. El TIPNIS

Uno de los ejemplos más claros de la hipocresía del Gobierno del MAS-IPSP ha sido sin duda alguna su política medioambiental. Y es que en su mercadotecnia se han vendido como defensores de la *Pachamama*, la Madre Tierra, han participado en todos los foros internacionales de defensa de la naturaleza en contra del cambio climático. Pero en su accionar como Gobierno del Estado han hecho todas las cosas que critican en los foros internacionales ambientalistas, que de todas maneras hasta el día de hoy les defienden.

Uno de los proyectos de desarrollo que impulsó el Gobierno de Evo Morales es el «corredor bioceánico», una red de caminos que unirían los puertos del Atlántico brasileño con los puertos del Pacífico peruano a través de Bolivia.

Para hacer un corredor ecológico se necesitaría hacer que el corredor sea ferroviario. Y ese era el plan, pero aun así, muchos de los caminos nuevos construidos durante el gobierno de Evo Morales estaban planificados como parte de ese corredor.

Como parte de ese megaproyecto había un tramo carretero entre los departamentos de Cochabamba y Beni (Villa Tunari-San Ignacio de Moxos), el problema es que esa carretera necesariamente tendría que cruzar el Territorio Indígena y Parque Nacional Isiboro Sécure (TIPNIS).

El TIPNIS es un área protegida que fue declarada como parque nacional desde 1965 y como territorio indígena desde 1990, gracias a las luchas reivindicativas de los pueblos indígenas de la región. El naturalista francés Alcide D'Orbigny exploró la región en el siglo XIX y dijo que era «la selva más hermosa del mundo». Unas 14 000 personas, concentradas entre 64 y 69 comunidades indígenas, la habitan.

El TIPNIS pertenece a la subcuenca amazónica del río Mamoré. Uno de los afluentes del Mamoré es el río Sécure, en el cual afluye el río Isiboro. Tanto el Sécure como el Isiboro son los principales ejes de comunicación del área junto con el río Ichoa, que es afluente del Isiboro. Entre los animales más conocidos de la zona está el delfín rosado o de agua dulce.

El Gobierno se encaprichó en construir ese tramo a pesar de la oposición férrea de los habitantes indígenas. El problema es que, según la nueva Constitución, el Gobierno no puede tocar el parque, mucho menos sin el respaldo de sus habitantes.

La carretera partiría en dos el parque y ello irremediablemente traería la pérdida del bosque. La pérdida de bosques tiende a propagarse de manera contagiosa alrededor de carreteras recientemente construidas, los científicos e investigadores llaman a ese patrón «espinazo de pescado». Esto puede verse en imágenes satelitales, donde se aprecia que a lo largo de la nueva carretera empiezan a aparecer caminos secundarios que penetran el bosque como si fueran las espinas de un pez, y con los nuevos caminos, la deforestación también avanza.

Este proyecto provocó el 2011, una marcha de los indígenas del TIPNIS, que demandaban al Gobierno ser consecuente con la defensa de la Madre Tierra y que no se construya una carretera en el corazón del TIPNIS.

El 25 de septiembre del 2011 efectivos policiales, agentes civiles y funcionarios del Gobierno fueron protagonistas de una página negra en la historia del país, porque con el objetivo de desarticular la Octava Marcha Indígena por la Defensa del TIPNIS, maniataron, amordazaron, golpearon y torturaron a varios representantes de los pueblos indígenas.

«¡Hijos de puta suban a los camiones!» ... «¡Qué importa si son mujeres o *wawas* (niños), estos indígenas son unos salvajes!» ... «¡No tiene que escapar ninguno de estos perros!» ... «¡Este es dirigente, hay que matarlo!», frases vociferadas por efectivos policiales cuando reprimían a mujeres, niños, ancianos y hombres de estos pueblos.

Luego de los hechos, Evo Morales ha negado sistemáticamente su responsabilidad y ha culpado a «policías deshonestos» por romper la «cadena de mando». Pidió perdón públicamente citando sus propias experiencias de víctima de la represión policial como líder sindical cocalero.

Sin embargo, la exministra de Defensa Cecilia Chacón ha testificado que Evo Morales, Álvaro García Linera y otros ministros monitorearon los eventos en Chaparina mientras ocurrían. El único detenido por los hechos fue el subcomandante de la Policía Oscar Muñoz, quien declaró que la orden de intervención vino del entonces Ministro de Gobierno, Sacha Lorenti. Que fue inmediatamente enviado como diplomático a la sede de las Naciones Unidas.

Seis años después, en el 2017, Evo Morales puso en vigencia una ley que levantaba el carácter de intangibilidad del TIPNIS, en un acto en el que habló de un supuesto «medioambientalismo colonial» y calificó de «enemigos de los indígenas» a quienes se oponen a la construcción de la carretera.

Por su parte, el sacerdote e investigador Xavier Albó, que solía apoyar a Evo Morales, denunció que lo que se hacía al quitar la intangibilidad al parque era incrementar las plantaciones de coca. El TIPNIS queda al norte del Chapare, zona cocalera.

En 2010, el Gobierno de Evo Morales auspició la realización de la Conferencia Mundial de los Pueblos sobre el Cambio Climático y los Derechos de la Madre Tierra, en Cochabamba. En ese evento se creó el Tribunal Internacional por los Derechos de la Naturaleza, cuyo objetivo es el de garantizar los derechos establecidos en la Declaración Universal de los Derechos de la Madre Tierra, también patrocinado por el Gobierno de Evo Morales.

Este tribunal tiene jurisdicción para investigar y dictaminar cualquier violación a esos derechos, que sean cometidas por organizaciones, Estados, personas jurídicas, públicas o privadas, o individuos. En ese contexto reconoció la denuncia presentada por los habitantes del TIPNIS, conformó una comisión, visitó Bolivia, y finalmente condenó al Gobierno.

3.5. Despilfarro

Una de las desventajas de que una persona, o un grupo de personas, tenga el control absoluto de los órganos y las instituciones del Estado es que no hay manera de limitar sus excesos. Como vimos en la sección 2.5, «*Evonomics*», Bolivia ha ganado en los primeros años de gobierno de Evo Morales una cantidad de dinero que por año es superior a la suma de los ingresos que ha tenido el país a lo largo de su historia. Es decir, se ha tenido la oportunidad, no solo de dejar de ser un país pobre, sino incluso de ser un país con un estándar de vida alto. Sin embargo, gran parte de esa bonanza no ha sido en beneficio del bien común, sino que fue directamente enajenada en los muchos casos de corrupción, en la ejecución de proyectos y compra de insumos con sobreprecio, pero también en obras faraónicas con gastos exagerados que solo sirvieron para inflar el ego del presidente Evo Morales.

Nombro aquí algunos de los gastos vanos que nos dan testimonio del desgobierno:

Supermercado Evo Morales Ayma en Punata

Tuvo un costo de 27,3 millones de dólares, fue inaugurado el 10 de septiembre del 2010, cuenta con tres plantas, área de ventas, sala múltiple, portería, intendencia, guardería y servicios médicos y sanitarios, entre otras instalaciones. En su interior, una estatua de Dionisio Morales y María Ayma, padres de Evo Morales.

Moneda conmemorativa de la nueva Constitución Política del Estado

Fue acuñada en agosto del 2010. Lleva en el anverso el rostro de Evo Morales en alto relieve dorado, y en el reverso el escudo del Estado Plurinacional de Bolivia. Está forjada con un borde liso, compuesta de plata de alta calidad con un peso de 27 gramos, en forma cilíndrica y con 32 milímetros de tamaño, y tiene la leyenda «Ama Sua, Ama Llulla y Ama Quella».

Satélite Túpac Katari

Tuvo un costo de 302 millones de dólares y fue lanzado el 20 de diciembre del 2013; no beneficia a la agricultura porque no es capaz de reconocer sembradíos, no permite predecir inundaciones porque no mide variables meteorológicas, no sirve para prevenir catástrofes, no sirve para GPS ni para uso militar. Solo retransmite emisiones de televisión con calidad estándar no HD. No se puede comparar esto con el satélite Asrosat-300 que compró el Ministerio de Defensa de Perú por 213 millones de dólares y el cual, a pesar de ser mucho más barato, puede realizar muchas más funciones que el Túpac Katari.

La Casa Grande del Pueblo

Costó 36 millones de dólares, su construcción empezó en 2014 y fue terminada e inaugurada en 2018. Está construida en un terreno de 1888 m^2, tiene tres sótanos, un helipuerto, consta de veintiocho pisos, tiene una superficie construida de 31 800 m^2. Solo Evo Morales, sus invitados y personal privado eran los que tenían acceso a los pisos ubicados entre el 21 y el 24, que estaban llenos de lujos, baño con *jacuzzi*, paredes de mármol, en otras palabras, como la vivienda de un rey árabe.

Computadoras Classmate Kuaa

En 2014, 160 000 *laptops* de 10,1", con 320 GB de disco, se entregaron a profesores y colegios en todo el país, equipos fabricados en Bolivia por la empresa Quipus. Cabe señalar que estas *laptops* tienen selladas en el *hardware* y en el BIOS (sistema básico de entrada y salida) el rostro de Evo Morales. El problema es que no se han usado esas *laptops*, primero por falta de infraestructura, los colegios no disponen de salas de computación, por lo que se habilitaron aulas. Pero el problema es que la falta de seguridad hizo que muchos de estos equipos fueron robados. Otro problema es la falta de capacitación, lamentablemente, los profesores no tenían la capacidad de usar esas *laptops* y, además, el más importante de todos es las deficiencias en el acceso a internet. Aparte de esas 160 000 computadoras que fueron repartidas, se encontraron más de 33 000 en almacenes de Quipus.

Vehículos de lujo

El Ministro de la Presidencia, Juan Ramón Quintana, confirmó en enero del 2014 la compra de un vehículo Toyota Lexus blindado para Evo Morales y cuatro vagonetas, dos de ellas también antibalas, por un costo de 900 000 dólares. Cabe recordar que ni siquiera en la era *neoliberal* se adquirían vehículos con tanto lujo, pero si es que vamos a hablar de los lujos en el transporte presidencial, tenemos que hablar de su avión y los helicópteros.

Avión presidencial

Costó 38,7 millones de dólares y su mantenimiento cuesta aproximadamente 8000 dólares diarios. Es un avión de lujo, un Falcon EX Easy de fabricación francesa, que ha sido reacondicionado para Evo Morales con 103 dispositivos de seguridad. Rompe todas las normas de los aviones presidenciales de América Latina y ha sido comprado directamente en 2010 sin licitación.

Helicóptero presidencial

Es un Eurocopter EC 145, bimotor, de fabricación francesa, tiene un precio de 5,5 millones de dólares. En un viaje de 3 a 4 kilómetros –de la residencia presidencial a la Casa Grande del Pueblo– gasta entre 3000 a 4000 dólares. Seis aviadores y doce técnicos bolivianos fueron entrenados en el centro Eurocopter en Alemania para operar las naves, pues se compraron otras similares.

Hangar presidencial

Un hangar es un cobertizo grande para guardar aviones, pero el hangar presidencial en el Aeropuerto Internacional de El Alto, donde se guarda, entre otros, el avión presidencial, tiene una superficie de 6300 m^2. Cuenta con un piso de hormigón armado con pintura epóxica, una estructura metálica, una cubierta de calamina galvanizada, servicios básicos y gas natural. Este costó 10,6 millones de bolivianos provenientes de la Fuerza Aérea Boliviana y del programa «Evo cumple». Evo Morales, además, hizo construir una *suite* de 5,6 millones de bolivianos en el hangar presidencial de Viru Viru.

Aeropuerto Internacional Soberanía en Chimoré

La obra requirió una inversión de 36 millones de dólares y se inauguró el 15 de octubre del 2015. Es la terminal aérea más moderna del país. Demoró cuatro años en edificarse y uno para habilitar vuelos comerciales. Ofrece solamente vuelos de la línea aérea estatal Boliviana de Aviación (BoA), uno de salida y uno de arribo los días miércoles, viernes y domingo. La única conexión directa es a Cochabamba. Cada vuelo tiene una media de veintidós pasajeros, en un avión CRJ 200 para cincuenta personas.

La infraestructura tiene un tamaño de 240 hectáreas. Allí se encuentra el edificio de la terminal de pasajeros de 5100 m^2, la torre de control, una calle de rodaje, una plataforma comercial, además de un edificio de carga, área de salvamento, estacionamiento, entre otras dependencias. La terminal aérea cuenta con una pista de 4 kilómetros de largo por 60 metros de ancho para recibir aviones de pasajeros y carga de grandes dimensiones, como el Boeing 874 y el C10. La Administración de Aeropuertos y Servicios Auxiliares a la Navegación Aérea (Aasana) invirtió 1,5 millones de dólares en equiparlo.

Desde este aeropuerto, al que la prensa internacional denominó «*Evo Morales's jungle airport*», Evo Morales escapó del país rumbo a México. Los datos económicos del 2017 dieron un déficit importante, pues mientras se registraron 54 000 bolivianos en ingresos, los gastos operativos superaron los 265 000 bolivianos.

«Canchitas»

Una de las frases más nefastas de Evo Morales la dijo al momento de inaugurar el Estadio Hugo Chávez en Chimoré: «Entregar un campo deportivo es como entregar un hospital». Y esta frase es nefasta porque la Unidad de Proyectos Especiales (UPRE) en el periodo 2011-2019 destinó 3630 millones de bolivianos para 1039 obras deportivas y dispuso 807 millones de bolivianos para 239 infraestructuras de salud, de un total de más de 15 000 millones de bolivianos o equivalentes a 2000 millones de dólares. Es decir gastaron cuatro veces más en «canchitas» que en hospitales. Solo para mostrar que la construcción de esas canchitas no es más que despilfarro coloco los tres ejemplos más claros:

Estadio Dionisio Morales en Orinoca: Fue inaugurado el 21 de agosto del 2010 y tiene una capacidad para 5000 espectadores, en una localidad de 163 habitantes según el censo del 2012. Cuenta con seis camarines, salones para gimnasio y calentamiento, servicios higiénicos, oficinas para la administración.

Estadio Hugo Chávez en Chimoré: Fue inaugurado el 24 de junio del 2015 y tiene una capacidad para 15 000 espectadores, en una ciudad de 21 736 habitantes según el censo del 2012. Tuvo un costo de 2,7 millones de dólares y alberga en promedio a unos 2000 espectadores cuando se realizan campeonatos locales de fútbol, en la categoría juvenil, o los que protagonizan las Seis Federaciones del Trópico.

Estadio «Tonel» en Uriondo: Con una capacidad para 13 000 personas, costó más de 4 millones de dólares. Ni el día de su inauguración, en abril del 2018, se pudo llenar, debido a que el municipio de Uriondo tiene una población aproximada de 2500 habitantes. El municipio de Uriondo, en el departamento de Tarija, no tiene resueltas las demandas de salud, educación, agua potable ni alcantarillado, pero se construyó el estadio para que cuando Evo Morales vaya de visita, pueda jugar fútbol.

Museo de la Revolución Democrática y Cultural

El museo más grande del país, ubicado en Orinoca, lugar de nacimiento de Evo Morales, a unos 200 km de la ciudad de Oruro y a una altura de 3800 metros sobre el nivel del mar. Es una paradoja la existencia de un museo de lujo en un pequeño pueblo de clima árido con casas de adobe y calles de tierra. El Museo de la Revolución Democrática y Cultural ocupa un área de 10 814 m^2, fue construido en cuatro años y tuvo un costo de siete millones de dólares. El museo se divide en tres bloques y cada bloque lleva el nombre de uno de los tres ayllus de Orinoca:

> **Inchura** (Puma), en el que se aprecia la historia de los pueblos originarios, tiene tres pisos y un sótano y una superficie total de 2042,85 m^2. Posee muy pocas piezas de culturas prehispánicas. La mayoría son réplicas y entre ellas hay figuras de cerámica, maquetas y pinturas que narran desde los primeros asentamientos humanos en los Andes, hace 15 000 años, hasta el nacimiento del estado de Tiwanaku y el posterior surgimiento del Imperio inca.
>
> **Sullca** (Llama), con 1896,76 m^2, dedicado a honrar el legado de Evo Morales, allí hay al menos cuatro esculturas y bustos del expresidente, una estatua en tamaño natural, retratos y una galería de fotos de cuando era un niño pastor, recluta, músico de bandas, líder de los cocaleros en las luchas por legalizar la coca en el Chapare y diputado; hasta de su primer juramento como presidente en una ceremonia simbólica en las ruinas arqueológicas de Tiwanaku, cuarenta y cuatro títulos del reconocimiento que diversas universidades del mundo le han dado y fotos con líderes como Fidel Castro. Allí están también más de los 13 000 regalos que recibió Evo Morales desde 2006.
>
> **Collana** (Quirquincho) cuenta con dos pisos y una superficie de 1595,88 m^2. Aquí hay dos salas audiovisuales que tienen un gran valor didáctico y permiten aprender sobre la riqueza de las culturas andinas y el mestizaje que surgió con la invasión de los colonizadores españoles a fines del siglo XV, un auditorio, espacios de esparcimiento, como dos salones de reuniones, un comedor comunitario y áreas para niños, tanto de recreación como de aprendizaje.

Lo que es doloroso queda fuera del museo, ya que en Orinoca la pobreza es latente en sus calles sin empedrar y en las casas de adobe. Solo unas pocas calles están adoquinadas, y según el censo del 2012, de las 243 registradas entonces, solo 77 contaban con agua potable y únicamente 12 con alcantarillado. Orinoca es un pequeño pueblo de agricultores y pastores de llamas de menos de mil habitantes. Que ahora tiene un estadio para 5000 espectadores y un museo de lujo.

3.6. Corrupción

Cuando vemos como Evo Morales y la cúpula del MAS-IPSP tomaron control de los órganos del Estado es cuando nos empezamos a dar cuenta de que detrás del control estatal se encuentran los más bajos intereses privados de esa cúpula. Que a pesar de tener un discurso de izquierda, ecologista, feminista, y de haberse hecho famosos en el mundo como defensores de los pobres, de la madre naturaleza, de los indígenas, en realidad su único objetivo era el de enriquecerse ellos mismos.

Quizá uno debería haberse dado cuenta de eso cuando Evo Morales, en una concentración del año 2008 en Cochabamba, dijo: «Cuando algún jurista me dice: "Evo te estás equivocando jurídicamente, eso que estás haciendo es ilegal", bueno, yo le meto por más que sea ilegal. Después digo a los abogados: "si es ilegal, legalicen ustedes, ¿para qué han estudiado?"».

Posiblemente esa fue la primera vez que Evo Morales mostró su predisposición a no respetar los límites que el sistema jurídico impone a todos los ciudadanos, algo que finalmente lo llevó a su caída.

En realidad parece que esa idea esta generalizada en Bolivia, que todos buscan atajos o preferencias para burlar lo que dice la ley; la gente llama «viveza criolla» a ese accionar. Ya en la era *neoliberal* se mostraban varios casos de corrupción bajo esos preceptos, pero entonces al menos trataban de esconderlo, ahora es el mismo presidente quien abiertamente defiende la cultura del «meterle no más».

Los órganos de los que está conformado el Estado, deben tener una cierta autonomía y cumplir las funciones que se les han asignado, muchas de estas implican cierto tipo de control a otros órganos. Por ejemplo, el Legislativo –además de dictar, interpretar, derogar, abrogar, modificar, aprobar y sancionar las leyes que rigen en el país– elige a seis de los miembros del Órgano Electoral Plurinacional, preselecciona a las candidatas y a los candidatos para la conformación del Órgano Judicial, controla y fiscaliza los órganos del

Estado y las instituciones públicas, interpela a ministros, y de censurar a alguno, eso implica su destitución. Aparte de ello, designa al fiscal general del Estado y al defensor del pueblo.

Para que el Estado funcione se requiere que sus órganos actúen de manera correcta e independiente. Si todos obedecen a una sola entidad, entonces ya no tendríamos una república democrática sino una monarquía.

En esta sección voy a hacer un corto resumen de varios casos de corrupción que sucedieron en esta década. En realidad estoy tomando solo los más mediáticos, pues la corrupción era tan grande que se podrían escribir varios volúmenes.

Barcazas chinas

Este fue un caso bastante extraño, se trató de un proyecto para la implementación de la hidrovía multipropósito Paraguay-Paraná en el canal Tamengo. A pesar de que los bienes navales aún no existen, la Empresa Naviera Bolivia (Enabol) tenía definido el trabajo que realizaría una flota de barcazas: transportar hierro del Mutún a través de la hidrovía para sacar el mineral por puertos del Atlántico y transportar vituallas y otros a localidades de la Amazonia boliviana.

En 2009 se habría firmado un contrato entre Enabol y la empresa coreana General Marine Business (GMB) para la construcción de dieciséis barcazas y dos empujadores. Incluso ya habían dado nombre a los empujadores, uno se llamaría Inti y el otro Nandeni. Enabol calculaba unas ganancias anuales de un millón y medio de dólares.

En 2012 el periódico opositor *Página siete* reveló que Enabol había pagado, por adelantado, 28 millones de dólares; 25 para la construcción de las barcazas y los empujadores, y 3 que fueron a parar a cuentas privadas, supuestamente para el transporte de la flota naviera.

Las barcazas chinas nunca llegaron a Bolivia, se pagó por ellas, pero misteriosamente desaparecieron.

Luego salió a la luz que Enabol habría contratado a dos empresas coreanas que no presentaron boleta de garantía, y al ver que no cumplían con el contrato y al no tener ninguna constancia, la empresa estatal aceptó que ambas compañías coreanas transfirieran el contrato a un astillero chino, donde las barcazas estuvieron a punto de ser embargadas por las deudas de la empresa que administra el puerto, y se deterioraron.

En un informe extraoficial del Ministerio de Defensa, en 2015, se leía: «Debido a las condiciones climatológicas (las barcazas) se encontrarían en extremo deterioro, por lo que incluso no valdría la pena invertir recursos adicionales para recuperarlas».

El ministro de Defensa de entonces, Reymi Ferreira, confirmó la versión: «Creo que hay pocas posibilidades de recuperarlas. Legalmente es muy difícil e implica otro monto. El Gobierno, lo ha dicho, no va a invertir un peso más».

Posiblemente este fue el caso más grave de corrupción en aquella época. La Enabol tenía un directorio presidido por el ministro de Defensa y el director ejecutivo de Enabol dijo que esta autoridad sabía de todas las acciones realizadas.

Durante la investigación cinco funcionarios de Enabol fueron detenidos: el exgerente general Freddy Ballesteros, la exdirectora jurídica, el exdirector administrativo, un capitán de navío y el abogado de las empresas contratistas. Al mismo tiempo, se emitieron declaraciones de rebeldía y mandamientos de aprehensión contra los ciudadanos coreanos que firmaron los contratos con Enabol. Ninguna máxima autoridad del Ejecutivo fue procesada.

Más de veinte personas están siendo enjuiciadas, pero solo dos de ellos se encuentran con arresto domiciliario, el exdirector de Enabol, contraalmirante Freddy Ballesteros, y el abogado Carlos Jang Hur, principales acusados del Ministerio Público por la estafa y corrupción en el proceso por este caso.

BoA-Air Catering

Uno de los muchos casos de nepotismo en el gobierno del MAS-IPSP. En la que la empresa Boliviana de Aviación (BoA) dio un contrato millonario a Air Catering, empresa recién creada por la cuñada del exvicepresidente

Álvaro García Linera. El contrato era por 18 millones de bolivianos anuales y el servicio consistía en proporcionar refrigerios para todos los vuelos de BoA. Álvaro García Linera admitió el contrato, pero aseguró que lo desconocía, y pidió a los ejecutivos de BoA rescindir del contrato. El gerente general de BoA, Ronald Casso, explicó que BoA invitó a tres empresas a presentar sus propuestas para el servicio de *catering*, y que la más barata fue de la cuñada de García Linera, cuya hermana ocupa además un cargo de gerente en la estatal de aviación. El caso quedó en la nada luego de que el partido mostrara su apoyo a García Linera.

El caso Jacob Ostreicher

Jacob Ostreicher es un empresario mobiliario de Brooklyn, que viajó a Bolivia un tiempo atrás a invertir en una empresa arrocera. Pero fue detenido por las autoridades como parte de una supuesta investigación por lavado de dinero.

Después de su arresto, los funcionarios intentaron extorsionarlo por decenas de miles de dólares a cambio de su libertad. A pesar de que nunca se le formalizó ninguna acusación, Ostreicher fue encarcelado en Palmasola en junio del 2011; esta cárcel tiene fama internacional por ser una de las más infames del continente. Allí enfrentó agresiones y nuevas extorsiones por parte de sus compañeros de cárcel.

Jacob Ostreicher pasó dieciocho meses en la cárcel y un año bajo arresto domiciliario por sospecha de lavado de dinero. Él mismo acusó a los empleados del Gobierno de vender ilegalmente 18 000 toneladas de arroz y robar el equipo de la empresa por un valor de 50 millones de dólares. También dijo que los funcionarios bolivianos le habían pedido 50 000 dólares para liberarlo de la cárcel. Ostreicher pasó al arresto domiciliario después de que el actor Sean Penn apelara en su nombre al presidente Evo Morales.

Ostreicher aprovechó la naturaleza relajada de su arresto domiciliario para escapar del país. La entonces ministra de Justicia, Cecilia Ayllón, dijo: «Su fuga demuestra que estuvo involucrado en los delitos de los que se le acusa».

Sin embargo, la familia de Ostreicher contó una historia diferente. Su hija dijo al *New York Times* que su padre fue secuestrado en Santa Cruz, y que el hermano de Ostreicher había negociado el rescate, que aseguró su liberación y retorno a los Estados Unidos.

Las relaciones entre Bolivia y los Estados Unidos eran casi inexistentes desde que Evo Morales expulsó a su embajador en 2008. Sean Penn demostró ser útil para negociar con Evo Morales. Era amigo de él, del fallecido Hugo Chávez y de Cristina Kirchner.

Los treinta y tres camiones de contrabando

Uno de los hombres de confianza más cercano de Evo Morales es sin duda alguna Juan Ramón Quintana, que ya en 2008 se vio involucrado en hechos de corrupción.

En aquel año, el entonces presidente de la Aduana, general retirado César López, denunció que treinta y tres camiones cargados de mercadería de contrabando pasaron el control aduanero de Pando, cuando debieron ser retenidos. Los camiones rebasaron el puesto de control por orden del entonces ministro Juan Ramón Quintana.

César López además dijo que el exministro se habría reunido con los dueños de la mercadería y que les llamó «sinvergüenzas» porque se suponía que tenían que pasar diecisiete camiones y no treinta y tres, y que Quintana le habría llamado dos veces a su celular para pedir que estos sean liberados cuando aún estaban detenidos.

Este caso pasó a una comisión de diputados, que investigó y tomó declaraciones tanto al ministro Quintana, a su acusador, César López, y al entonces prefecto de Pando, Rafael Bandeira. El informe de la comisión investigadora del MAS deslindó de responsabilidades a Quintana y estableció responsabilidad administrativa al presidente de la Aduana, Cesar López, quien fue el que denunció los hechos.

El Fondo Indígena

En diciembre del 2005 se creó el Fondo de Desarrollo para los Pueblos Indígenas Originarios y Comunidades Campesinas, al que se conoce más como el Fondo Indígena, y cuyo objetivo es financiar proyectos de desarrollo que beneficien de manera directa a los pueblos indígenas. Al que se le asignó el 5 % de la recaudación de impuestos a la venta de recursos naturales.

Lamentablemente, las buenas intenciones de proporcionar medios reales de desarrollo a los pueblos indígenas se deshicieron cuando los pocos dirigentes que accedieron a manejar estos fondos fueron literalmente prostituidos y el Gobierno de Evo Morales le echó la mano a estos recursos, que dejaron de beneficiar a los pueblos indígenas y fueron utilizados con fines político-partidarios.

El Fondo Indígena es sin lugar a dudas el caso de corrupción más grande que se ha llegado a conocer, y nos muestra el nivel de corrupción e impunidad que hay en el Estado Plurinacional de Bolivia.

En 2015 la Contraloría General del Estado informó que 153 proyectos que no habían sido terminados, pero sí pagados como si hubieran sido ejecutados. Se detectó además un manejo irregular de 1100 proyectos aprobados, con un daño económico de 200 millones de bolivianos (más o menos unos 30 millones de dólares) y con unas 2000 personas involucradas.

No solo el Gobierno de Evo Morales permitía que se pague por adelantado, sin concluir lo pactado, sino que incluso hubo el caso del senador del MAS-IPSP Jorge Choque Salomé, que se inventó la existencia de un pueblo, Coroxa, en el departamento de La Paz, con el fin de recibir recursos del Fondo Indígena.

Cabe recalcar que Choque Salomé fue procesado y favorecido con arresto domiciliario a pesar de no haber presentado las descargas del desembolso de más de cuatro millones de bolivianos por proyectos que jamás fueron ejecutados, en un pueblo que ni siquiera existía.

El directorio del fondo, que era dirigido por la exministra Nemesia Achacollo, y parte del directorio de la Confederación Sindical Única de Trabajadores Campesinos de Bolivia (CSUTCB), el Consejo Nacional de Ayllus y Markas del Qullasuyu (Conamaq), la Confederación Sindical de Comunidades Interculturales de Bolivia (CSCIB), la Confederación Nacional de Mujeres Indígenas Originarias Campesinas de Bolivia-Bartolina Sisa, la Confederación Indígena del Oriente Boliviano y la Asamblea del Pueblo Guaraní;

además, los ministerios de Planificación, de Producción, de Economía y de la Presidencia.

Los pocos jerarcas que fueron detenidos, ya han sido liberados, algunos abiertamente hacen campaña política para el partido. El único que sigue preso es el denunciante, Marco Antonio Aramayo, mientras que los corruptos están libres. Esto nos muestra que la justicia en Bolivia funciona al revés.

3.7. Sinopsis

Se usan muchos nombres para designar el periodo de gobierno de Evo Morales, el «proceso de cambio», la «revolución democrática y cultural» y el «socialismo del siglo XXI». Este capítulo tiene otro nombre que me parece que lo describe de una manera mejor: «el neoestalinismo».

En la realidad, el Gobierno de Evo Morales a sido muy parecido al Gobierno de Iósif Stalin en la antigua Unión de Repúblicas Socialistas Soviéticas (URSS). Si uno ve las características de ambos regímenes dictatoriales, se puede ver claramente los paralelismos inequívocos.

Ambos gobernaron sin respetar ninguna clase de norma, tomando el control de los poderes Legislativo y Judicial. Mientras que en la antigua URSS todo el poder radicaba en el Partido Comunista, en el Estado Plurinacional de Bolivia, estaba en el MAS-IPSP.

Ambos tenían el poder centralizado, dejando las decisiones sin mucha relevancia a los países que formaban la URSS, en el primer caso, a las gobernaciones departamentales en el segundo.

Parte muy importante del estalinismo era el culto al líder, por lo que se usaron pinturas, fotografías gigantes, pósteres, banderas, estatuas, etc., con la imagen de Stalin en la URSS y de Evo Morales en Bolivia.

El control de los medios de comunicación fue evidente en ambos casos.

La represión política y social fue en la URSS un verdadero régimen de terror, la variante boliviana utilizó al sistema judicial con ese mismo objetivo.

En Bolivia, el despilfarro del patrimonio estatal fue tan grande que los casos que muestro en este libro son solo ejemplos, no menciono los gastos en viajes y en publicidad. Solo en esta última se gastó 1718 millones de bolivianos, equivalente a la compra de 4938 respiradores, o de los *regalos* que realizó el Estado a los *sectores sociales*, como el hotel de la COB y varios vehículos a las centrales obreras departamentales y otras organizaciones sindicales; o los sobreprecios en muchos de los proyectos, 382 millones de dólares en el teleférico en La Paz, la planta de urea en el Chapare y el ingenio azucarero de San Buenaventura.

Los casos de corrupción presentados aquí son solo la punta del iceberg. Me decían en Bolivia que no interesa qué sector o proyecto investigue, toque lo que toque va a salir pus. Y, claro hay muchos más pero no hay tiempo de presentarlos: los casos «Lotex», «YPFB-Catler», «Banco Unión», «taladros YPFB», «Dircabi». Entre estos, uno que ha jugado un papel importante en la caída de Evo Morales fue «el caso Zapata».

Capítulo 4

El 21F

La tercera gestión de Evo Morales estuvo centrada en el referéndum sobre la reelección, que se dio el 21 de febrero del 2016.

La nueva Constitución Política del Estado en su artículo 168 permite solo una reelección del presidente. Esa fue una de las novedades, puesto que en la antigua carta magna no era permitida la reelección inmediata. Una persona podía ser presidente varias veces, pero no consecutivas.

Pero si uno se da cuenta, Evo Morales fue electo presidente por primera vez en 2005, fue reelegido en 2009 y nuevamente en 2014. Es decir, ya estaba siendo elegido por tercera vez, cuando la nueva Constitución solo le permitía dos reelecciones.

Como ya expliqué en el anterior capítulo, Evo Morales había copado todos los órganos del Estado; entre ellos el Órgano Electoral, que lo habilitó arguyendo que en su primera gestión ganó bajo la antigua Constitución, siendo la primera elección válida con la nueva, la del 2009, siendo la del 2014 su segunda reelección, no la tercera, como uno podría creer.

4.1. Elecciones generales 2014

El Tribunal Supremo Electoral (TSE) habilitó a Evo Morales antes de que este anunciara su candidatura. Y antes de ni siquiera presentar el calendario electoral.

A pesar de haber sido la segunda elección bajo la nueva Constitución Política del Estado, fue la primera organizada, ejecutada y verificada por el nuevo Órgano Electoral.

Partido	Votos	Porcentaje	Senadores	Diputados
MAS-IPSP	3 173 304	61,36 %	25	88
UN	1 253 288	24,23 %	9	32
PDC	467 311	9,04 %	2	10
MSM	140 285	2,71 %		
PVB	137 240	2,65 %		

Tabla 4.1: Elecciones generales de Bolivia de 2014

Los resultados fueron similares a los del 2009, el MAS-IPSP ganó con amplia mayoría, perdió algunos puntos porcentuales que le significaron la pérdida de un escaño en la cámara baja, pero mantuvo los preciados 2/3 del Órgano Legislativo.

4.2. Elecciones subnacionales 2015

Las elecciones subnacionales de Bolivia del 2015 se llevaron a cabo el 29 de marzo. Los cargos que se eligieron:

- Gobernadores de los nueve departamentos.
- Miembros de las Asambleas Legislativas Departamentales.
- Alcaldes y concejales de las 339 municipalidades.

- Otros cargos en algunas regiones, como por ejemplo los nueve miembros de la Asamblea Regional en la región autónoma del Gran Chaco.

El suceso que lamentablemente mostró una vez más la arbitrariedad del Gobierno hegemónico de Morales fue la anulación de 228 candidatos. El Tribunal Supremo Electoral (TSE) anuló la personería jurídica de Unidad Demócrata (UD) en Beni, anulando a todos sus candidatos, incluyendo a su aspirante a gobernador, Ernesto Suárez, que era el favorito a ganar en las elecciones.

La decisión se basó en que el jefe de campaña de esa organización y gobernador del Beni, Carmelo Lens, difundió resultados de encuestas internas en una conferencia de prensa, cosa prohibida en el artículo 136 de la Ley del Régimen Electoral.

Cabe mencionar que para las elecciones del 2020 el candidato a presidente del MAS-IPSP, Luis Arce, hizo exactamente lo mismo. Pero cuando denunciaron ese accionar, pidiendo que se anule la personería jurídica del MAS-IPSP, entonces el mismo partido que hizo anular a esos 228 candidatos del Beni cuestionó la constitucionalidad del artículo 136 de la ley electoral.

Las elecciones dieron algunas sorpresas, aunque mantuvo la hegemonía masista en casi todo el país. En Beni y Tarija se necesitó ir a la segunda vuelta para elegir a sus gobernadores. El MAS-IPSP ganó en seis de los nueve departamentos: Beni, Chuquisaca, Cochabamba, Oruro, Pando y Potosí. Sorprendentemente, en La Paz no ganó el MAS-IPSP, sino Félix Patzi, que candidateó por SOL-BO. En Santa Cruz, gano Rubén Costas del Movimiento Demócrata Social; y en Tarija, Adrián Oliva Alcázar del partido regional Unidad Departamental Autonomista (UD-A).

En los municipios, el MAS-IPSP ganó en 227 de las 339 comunas del país.

4.3. Caso Zapata

Empezó con la denuncia de un periodista sobre un caso de tráfico de influencias, pero luego se desarrolló a un nivel digno de cualquier culebrón. El que este caso se haya presentado en vísperas de el referéndum constitucional del 2016 hace que muchos analistas políticos afines al gobierno de Evo Morales lo hayan calificado como «manipulación mediática» y «guerra sucia electoral».

4.3.1. La denuncia

En los primeros días del mes de febrero del 2016, el periodista Carlos Valverde denunció tráfico de influencias a favor de la empresa china CAMC, aludiendo a que el presidente Evo Morales y la gerente comercial de dicha empresa, Gabriela Zapata, tendrían un hijo.

La empresa china CAMC se adjudicó siete contratos por un valor de 596 237 513 dólares. Tres de estos fueron contrataciones directas, tres contrataciones por excepción y solo una de ellas mediante licitación pública.

A pesar de que la denuncia era sobre un tema de corrupción, lo que más llamó la atención de la prensa fue, desde luego, la existencia de otro hijo. Se tiene conocimiento de dos hijos de Evo Morales: Eva Liz Morales Alvarado y Álvaro Morales Paredes. Carlos Valverde, al momento de hacer la denuncia, presentó una copia del certificado de nacimiento de Ernesto Fidel Morales Zapata, hijo de Evo Morales y Gabriela Zapata.

Es paradójico que la vida sentimental privada del presidente haya sido la parte de la denuncia que se volvio más importante, obviando la parte económica, que era realmente la que es ilegal.

4.3.2. El niño muerto

Al día siguiente salió el ministro de Defensa, Reymi Ferreira, afirmando que el hijo de Evo Morales y Gabriela Zapata falleció años atrás. Luego salió el mismo Evo Morales, quien confirmó que tuvo un hijo con Gabriela Zapata, pero que este falleció en 2007, y que él desde entonces, no tuvo ningún contacto con ella. Textualmente, Evo Morales dijo: «Evidentemente a la Gabriela Zapata Montaño la conocí en 2005, la verdad que era mi pareja. El 2007 tuvimos un bebé y lamentablemente nuestra mala suerte ha fallecido, tuvimos algunos problemas y a partir de ese momento nos distanciamos», y en una conferencia de prensa: «Compañeros de la prensa, ustedes saben que a mí no me gusta mentir, tuve esta relación de pareja por uno, dos o tres años, lamento mucho tener este problema, después que falleció el bebé tuvimos problemas y nunca más, ni comunicarme, repito nuevamente, recién esta mañana averigüé qué era de su vida, se había casado». En cuanto a la acusación de tráfico de influencias, señaló que «no sabía que esa señora había trabajado en esa empresa». Eva Liz Morales también hace una referencia a la relación de su padre con Gabriela Zapata en un tuit: «Desde 2007, papá no tiene ningún contacto, ni relación con la señora Zapata».

4.3.3. La cara conocida

Sin embargo, empezaron a circular por las redes sociales fotografías de Gabriela Zapata y Evo Morales en el palco oficial del Carnaval de Oruro 2015. Son tantas las mentiras injustificadas que se le pillaron a Evo Morales que de verdad pienso que es un mitómano. En esta ocasión no le quedó otra que admitir que la persona con quien se tomó fotos en el palco oficial, en la entrada folklórica del Carnaval de Oruro en 2015, era su expareja Gabriela Zapata Montaño: «Ustedes saben, en las fiestas se acerca la gente para sacarse fotos con el presidente, yo vi a una mujer que no recordaba bien, cara conocida que se me acercó y era Gabriela».

El MAS-IPSP pide que se investigue el origen de la fortuna de Gabriela Zapata. La cuenta de Facebook de Zapata estaba vacía, pero las fotos que subió a esa red empezaron a circular, fotos que la muestran en diferentes actos cercanos a Evo Morales, imágenes de actos masistas a los que ella asistió y en los que estuvo también el presidente. En una foto se la ve bailando de «macha» del caporal junto con Álvaro Arnez, quien fue viceministro de Industrialización, Comercialización, Transporte y Almacenaje de Hidrocarburos. En otra imagen se ve a Zapata acompañada del siguiente mensaje: «Todo listo para recibir a nuestro Presidente», en lo que parece ser un evento programado.

4.3.4. Títulos falsos

Para terminar con la ola de mala suerte, se descubre que Gabriela Zapata no figura en los registros profesionales. Ella presentó un título en provisión nacional del 2009, egresada supuestamente de la Universidad Mayor de San Andrés (UMSA); sin embargo, el documento no figura en los registros de la UMSA entre los años 2000 y 2016; además, el número de registro del título de Zapata tiene seis dígitos y en la UMSA emiten los títulos con cinco dígitos.

Recién entonces Gabriela Zapata hace sus primeras declaraciones a la prensa, anuncia la presentación de una querella contra el periodista Carlos Valverde: porque «han mellado mi persona».

Se crea una comisión en la Asamblea Legislativa para investigar el caso CAMC, y el Ministerio Publico de La Paz observa la denuncia de Zapata contra Valverde porque no es clara con relación a los hechos y el Código Penal. Empiezan a publicarse reportajes sobre el caso en la prensa internacional.

Es en este punto cuando sucede el referéndum constitucional del 21F.

4.3.5. ¡El niño vive!

Luego de eso Gabriela Zapata es detenida y acusada de varios delitos, y aparece Pilar Guzmán, una tía de cariño que revela que el hijo de Gabriela y Evo Morales está vivo. El Gobierno le pide a la madre presentar al hijo de Evo Morales. Cristina Choque, amiga de Zapata y funcionaria del Ministerio de la Presidencia, se ve implicada en el caso. Evo Morales dice en televisión: «Si mi hijo está vivo, quiero recogérmelo».

Mientras por un lado le piden a Zapata que presente a su hijo, por otro Virginia Velasco, ministra de Justicia, la amenaza con procesarla si expone a su hijo ante los medios internacionales.

La hermana de Gabriela declara a la prensa que ella no conoce al hijo de su hermana, mientras que la Fiscalía declara que Zapata aprovechaba sus nexos en Gestión Social, donde trabajaba su amiga Cristina Choque, para conseguir los contratos para la CAMC. Se decide auditar las obras de CAMC, pero se anuncia que los personeros que firmaron los contratos no están en Bolivia.

4.3.6. ¡El niño no existe!

Por otro lado, la entonces ministra de Comunicación, Marianela Paco, le preguntó a Evo Morales si «tocó la pancita de Gabriela Zapata». Zapata, por su parte, declara que su hijo existe, y envía una carta al alto comisionado de las Naciones Unidas.

Se hace pública una sesión de fotografías eróticas de Gabriela Zapata. Y esta envía una carta a Evo Morales en la que le dice que ella no es una «cara conocida».

El fiscal general del Estado asegura que el hijo de Morales y Zapata no existe. Cristina Choque manifiesta que Gabriela Zapata debería aclarar que su hijo falleció, pero también asegura que la ministra Valdivia, Juan Ramón Quintana y algunos fiscales se reunían en Gestión Social. Zapata anuncia que quitará la autoridad de paternidad a Evo Morales, y aparece un contrato de anticrético firmado por este de un departamento usado por ella.

Zapata denuncia que el Gobierno le ofreció su libertad a cambio de que siga un libreto y señaló que un video con el hijo de Evo Morales se emitiría en una cadena internacional. Eduardo León, abogado de Zapata, recibe amenazas de muerte.

4.3.7. El otro «rey»

Se hace público un chat de Whatsapp entre el ministro de la Presidencia, Juan Ramón Quintana, y la expareja de Evo Morales, Gabriela Zapata, tras conocer las declaraciones de Carlos Valverde:

> Zapata: *Por favor amor ve la noticia de Carlos Valverde es recalcitrante no pude dormir, salió el tema del niño, por favor toma cartas en el asunto, parece que quieren afectar la imagen del sujeto ... Lo llamo??.*
> Quintana: *Estoy viendo de controlar eso la noticia está fundada en tal sentido que sólo tú puedes para esto*
> Zapata: *Me preocupa, me dijiste siempre que tenías controlado ese tema y salió ese certificado.*
> Zapata: *Qué debo decir estoy en el hotel.*

Carlos Valverde dijo que el hijo de Evo Morales y Gabriela Zapata no existe. Gabriela Zapata reveló que se embarazó dos veces de Evo Morales. La «tía» Pilar Guzmán reiteró que cargó al bebé cuando tenía meses de nacido. Detienen al abogado de Zapata, Eduardo León, y a la tía espiritual de esta, Pilar Guzmán, acusados de trata y tráfico de personas.

Juan Ramón Quintana niega cualquier vinculación con tráfico de influencias y CAMC. Zapata intenta ayudar a su abogado escribiendo en una carta: «Yo Gabriela Zapata Montaño declaro que soy la única persona que autorizó la presentación de mi hijo Ernesto Fidel Zapata, ante el juez, como ante el equipo multidisciplinario, así como he afirmado y afirmo sobre la existencia del mismo». El abogado Eduardo León abandona el caso por «petición de su familia».

4.3.8. La hora del abogado

Se hacen públicos supuestos chats de Whatsapp de Gabriela Zapata y Juan Ramón Quintana en el que se llamaban entre sí «rey» y «preciosa». Estos chats fueron presentados por el abogado Eduardo León. Gabriela Zapata envió una carta al ministro de la Presidencia, Juan Ramón Quintana, diciéndole: «adiós mi Rey», señala además que Juan Ramón Quintana la amenazaba constantemente y que también manipulaba y mentía al presidente Evo Morales.

Juan Ramón Quintana negó haber tenido una relación sentimental con Gabriela Zapata: «No la conozco». Y también negó la conversación por WhatsApp con ella. Quintana pidió públicamente a Eduardo León presentar todas las pruebas, los chats y las evidencias al fiscal para verificar su autenticidad. Ofreció entregar su celular para que se haga el peritaje. Sin embargo, presento un celular que no coincidía con el que reveló Zapata. Quintana dijo que el anterior lo había perdido.

Eduardo León pareció disfrutar su tiempo de *fama*. Señaló que «la expareja del presidente negoció su silencio por su libertad», y que él no se arrepentía de haber sido abogado de Gabriela Zapata, que su exdefendida no necesitaba un abogado, sino un psicólogo, y que cometió un grave error al confiar en ella.

4.3.9. Las rectificaciones

Gabriela Zapata se retractó y aseguró que su hijo falleció en octubre del 2009. La Fiscalía sostuvo que Zapata, para suplantar al hijo de ella y Morales, ofreció pagar de cinco a quince mil dolares a los padres de un niño de diez años, otorgar terrenos y pensiones hasta que este termine el bachillerato, a condición de presentarlo como si fuera el hijo de Evo Morales. Aparecen más fotos de Gabriela Zapata con fajos de dinero.

Ella dice no conocer a Juan Ramón Quintana y acusa a un asistente del político opositor Doria Medina de armar una estrategia junto con su exabogado Eduardo León. Además revela que pagó 250 000 dólares por el fallo a favor de la CAMC y menciona al exministro Wilfredo Chávez como el autor del cobro, para evitar la ejecución de la boleta de garantía del proyecto Bulo Bulo-Montero. Virginia Crespo, jueza del caso, negó haber recibido ese dinero.

El juez pide a seis medios de comunicación radiales, televisivos y de prensa escrita los nombres de los periodistas que estuvieron involucrados en la entrevista de Gabriela Zapata en el programa *Cabildeo*. La Asociación de Prensa exige respeto al trabajo de los periodistas.

4.3.10. El gran final

Se constata mediante diversos allanamientos que Gabriela Zapata es propietaria de bienes inmuebles, vehículos y cuentas bancarias. Los exabogados de Zapata huyeron a Lima, Perú.

Finalmente una jueza anula la partida de nacimiento del supuesto hijo de Evo Morales y Gabriela Zapata. La ministra de Transparencia, Lenny Valdivia, presenta su libro *La gran estafa del 21F: Caso Zapata*, en el que expone su teoría de que detrás de este escándalo estaba la campaña por el «No» en el referéndum del 21 de febrero. Días después el ministro de Defensa, Reymi Ferreira, presenta su libro *Caso Zapata: la confabulación de la mentira* con la misma hipótesis.

En marzo del 2017 se inició el juicio oral contra Gabriela Zapata por los delitos de enriquecimiento ilícito, uso de instrumento falsificado, falsedad material, asociación delictuosa, contribución ilegítima y legitimación de ganancias. Y en mayo del 2017, catorce meses después de las revelaciones de Carlos Valverde, la condenan a diez años de cárcel por todos los delitos por los que se le acusó.

4.4. Referéndum constitucional 2016

El 21 de febrero se realizó el referéndum constitucional. El objetivo de este era el aprobar o rechazar un proyecto de modificar la Constitución Política del Estado para permitir al presidente y al vicepresidente postularse para ser reelegidos por dos veces consecutivas. En la Constitución vigente se especifica que es posible ser reelecto por una vez consecutiva.

Artículo 168
El periodo de mandato de la Presidenta o del Presidente y de la Vicepresidenta o del Vicepresidente del Estado es de cinco años, y pueden ser reelectas o reelectos por una sola vez de manera continua.

La pregunta del referéndum era:«¿Usted está de acuerdo con la reforma del artículo 168 de la Constitución Política del Estado para que la presidenta o presidente y la vicepresidenta o vicepresidente del Estado puedan ser reelectas o reelectos por dos veces de manera continua?». En la propaganda televisiva del Órgano Electoral se especificaba, además, de manera textual: «De ganar el "**Sí**" el próximo 21 de febrero, el actual presidente, Evo Morales, podrá ser candidato en las presidenciales de 2019[1]».

Hubo campañas bastante sonadas tanto por el «**Sí**» como por el «**No**». Por el «**Si**» estaban el MAS-IPSP, partido en gobierno, las organizaciones que lo apoyaban; algunas personalidades, como los exfutbolistas Marco Etcheverry y Erwin Sánchez y el alcalde de Santa Cruz de la Sierra, Percy Fernández. Por el «**No**» hacían campaña todos los partidos políticos de oposición y agrupaciones ciudadanas que nacieron con ese objetivo. Entre los personajes que rechazaban el cambio constitucional destacaban el expresidente Carlos Mesa; el alcalde de La Paz, Luis Revilla; el gobernador de Santa Cruz, Rubén Costas; el gobernador de Tarija, Adrián Oliva; el alcalde de Cochabamba, José María Leyes; el gobernador de La Paz, Félix Patzi y la exministra Cecilia Chacón.

Las encuestas mostraban que el referéndum iba a ser muy peleado, algunas daban victoria al «**Sí**» y otras al «**No**». Se vivía un ambiente electoral.

Un periodista del periódico español *El País* le preguntó al entonces mandatario: «Si, pese a sus logros, pierde este referéndum, ¿se sentiría muy decepcionado?», y el presidente Evo Morales contestó: «No, porque yo estoy preparado. Con semejante récord, me voy feliz y contento a mi chaco. Jamás

[1]Vea el video en https://youtu.be/CzAxuZZSzVY

voy a claudicar en mis principios. Me quedaré apoyando desde abajo. Me encantaría ser dirigente deportivo, me encanta el deporte».

En una conferencia de prensa televisada, incluso en vivo por telesur, Evo Morales dijo: «Casi en todos los departamentos, unanimidad para continuar, y vamos a continuar. Estamos sometidos al pueblo, aunque algunos digan no es democrático, lo mejor es someternos al pueblo; que el pueblo diga. Si el pueblo dice no, ¿qué podemos hacer?, ¿no vamos a hacer un golpe de Estado? Tenemos que callarnos e irnos callados, pero tenemos mucha confianza».

Del mismo modo, el vicepresidente Álvaro García Linera en una conferencia de prensa antes del referéndum dijo que estos se ganan o pierden con un voto, y que ese voto hay que respetarlo.

El resultado del referéndum fue:

Elección	**Votos**	%
No	2 682 517	51,30 %
Sí	2 546 135	48,70 %
En blanco	68 845	
Nulos	193 422	
Total	5 490 919	84,45 %
Registrados	6 502 069	

Tabla 4.2: Referéndum constitucional 2016

Unos días después, el expresidente Evo Morales dijo: «Respetamos los resultados, es parte de la democracia»; Carlos D. Mesa mediante Twitter dijo: «El triunfo del No retrata la conciencia de un país que sabe que el respeto a la Constitución limita el poder absoluto de los gobernantes».

4.5. Bolivia dijo «No»

Si bien Evo Morales aceptó originalmente su derrota, no tardó mucho tiempo antes de cambiar de opinión. Álvaro García Linera fue el primero en interpretar de manera diferente el resultado del referéndum. La noche misma del 21F, cuando se conocía por los resultados del conteo rápido que el «**No**» había ganado, dijo que este mostraba un «empate técnico». Esa misma opinión tenía el ministro Carlos Romero. Sin embargo, García Linera ya estaba preparando lo que luego sería la postura del MAS-IPSP: «El resultado del empate se debe a la mentira, a la infamia, que han desplegado las fuerzas de la derecha».

No pasó mucho tiempo antes de que se culpe a «la oposición», a «la derecha» y hasta al «imperio» por lo que llegaron a llamar «día de la mentira». Se dijo que el llamado «caso Zapata» (ver sección 4.3) fue una diabólica campaña de desprestigio para promover el «**No**» en el referéndum constitucional. Debo decir aquí que esta es otra muestra del carácter antidemocrático del MAS-IPSP, no saben perder. Piensan que su opinión es la opinión del *pueblo* incluso cuando el *pueblo* les dice que no.

En diciembre del mismo año, apenas unos meses después del referéndum, en el congreso del MAS-IPSP en Montero proponen a Evo Morales y García Linera como candidatos a las elecciones del 2019. Tienen cuatro propuestas para habilitarlo a pesar de la derrota del 21F.

1. Reformar el artículo 168 de la Constitución de Bolivia mediante una «iniciativa ciudadana», esto es recolectar al menos el 20 % de firmas del padrón electoral.
2. Que los dos tercios de los miembros de la Asamblea Legislativa, controlada por el oficialismo, apruebe la modificación parcial de la Constitución.
3. Que Morales renuncie unos seis meses antes de que termine el mandato. Ello lo habilitaría para presentarse en los comicios nacionales del 2019. En su lugar asumiría el vicepresidente Álvaro García Linera.
4. Pedir al Tribunal Constitucional Plurinacional que realice una interpretación de la Constitución Política del Estado (CPE) para respetar el derecho de los ciudadanos a elegir al gobernante que prefieran sin importar los límites de la ley.

Los casos 1 y 2 requieren un nuevo referéndum, y es posible que no sea bien visto que se haga uno nuevo con la misma pregunta del referéndum del 21F. Sería como preguntar lo mismo hasta obtener la respuesta que quieres.

Al clausurar el congreso, Evo Morales dijo: «Si el pueblo dice "vamos con Evo", ningún problema. Vamos a seguir derrotando a la derecha, vamos a seguir ganando a la derecha. Tantas veces le hemos ganado a la derecha. Tengo mucha confianza en nuestros movimientos sociales».

4.6. El prevaricato

En septiembre del 2017 los parlamentarios oficialistas recurrieron al Tribunal Constitucional Plurinacional para que declaren como inaplicables o ilegales los artículos de la Constitución y de la ley de régimen electoral que impiden la reelección de Evo Morales.

Realmente es difícil ver algo de lógica o de al menos sentido común en lo que implica esta petición: están pidiendo al Tribunal, cuya labor es la de ejercer control de la constitucionalidad y de precautelar el respeto y la vigencia de los derechos y las garantías constitucionales, que declare inconstitucional la Constitución.

Por ello dolió en el alma cuando ese tribunal, yendo en contra de todo sentido común, dio una insólita y rebuscada explicación del porqué el artículo 168 de la Constitución Política del Estado es inconstitucional. Esta decisión ha sido objetada por varios juristas por ser una «aberración jurídica». El Tribunal Constitucional no está interpretando, sino que está cambiando la Constitución, sustituyendo las vías que la misma establece para poder ser modificada, que son todas electorales.

Veamos, primero toman un artículo de la Constitución Política del Estado y lo colocan en una situación que no parece que tenga mucho que ver con lo que hacen:

> **Artículo 13**
>
> ...
>
> IV Los tratados y convenios internacionales ratificados por la Asamblea Legislativa Plurinacional, que reconocen los derechos humanos y que prohíben su limitación en los Estados de Excepción prevalecen en el orden interno. Los derechos y deberes consagrados en esta Constitución se interpretarán de conformidad con los Tratados internacionales de derechos humanos ratificados por Bolivia.

Lo que dice este artículo es que en «estados de excepción» no se pueden limitar derechos humanos, y que estos se interpretan conforme los tratados internacionales que Bolivia ha firmado. Es decir, no aplica en nada en este caso, pues no se trata de algún «estado de excepción».

Y luego cogen un artículo de la Convención Americana sobre Derechos Humanos, conocida como el Pacto de San José, que firmó Bolivia:

Artículo 23. Derechos Políticos

1. Todos los ciudadanos deben gozar de los siguientes derechos y oportunidades:
   a) de participar en la dirección de los asuntos públicos, directamente o por medio de representantes libremente elegidos;
   b) de votar y ser elegidos en elecciones periódicas auténticas, realizadas por sufragio universal e igual y por voto secreto que garantice la libre expresión de la voluntad de los electores, y
   c) de tener acceso, en condiciones generales de igualdad, a las funciones públicas de su país.
2. La ley puede reglamentar el ejercicio de los derechos y oportunidades a que se refiere el inciso anterior, exclusivamente por razones de edad, nacionalidad, residencia, idioma, instrucción, capacidad civil o mental, o condena, por juez competente, en proceso penal.

Si bien es cierto que el párrafo 1.c) dice que es un derecho político el elegir o ser elegido, no habla del derecho inexistente a ser reelegido. Es obvio que Evo Morales ya hizo uso de su derecho a ser elegido.

Esta es una manera torcida de entender las leyes; que la Constitución dé preferencia a los tratados internacionales de derechos humanos y que es un derecho humano participar en las elecciones implica que el artículo 168 es inviable ya, que prohíbe más de dos reelecciones. Esta argumentación tan infantil fue la que dio el Tribunal Constitucional Plurinacional, supuestamente los mejores juristas del país, para realizar el prevaricato más grande de la historia del país.

Cabe mencionar que tres de los jueces: Gualberto Cusi, Rosario Chanez y Ligia Velásquez, se opusieron a la pretensión de Evo Morales y fueron apartados de sus cargos y sometidos a un juicio de responsabilidades, supuestamente, por haber afectado con una resolución la aplicación de la Ley del Notariado. El caso de Gualberto Cusi es especialmente penoso, ya que pasó gran parte del difícil juicio gravemente enfermo, y tuvo que asistir en camilla y con tubos de oxígeno. El ministro de Salud, Juan Carlos Calvimontes, violando su intimidad, reveló a la prensa que el juez padecía de sida. El caso del exjuez Gualberto Cusi es un claro ejemplo de que los indígenas también sufrieron persecución política en el gobierno de Evo Morales.

Quizá ni siquiera se debería mencionar que los seis jurados autores de este prevaricato tan obvio –Macario Lahor Cortez, Oswaldo Valencia, Zenón Bacarreza, Mirtha Camacho, Ruddy Flores y Neldy Andrade– fueron luego premiados con diversos cargos estatales, desde embajadas a gerencias de empresas fiscales.

4.7. La OEA y Luis Almagro

Luis Almagro es un político uruguayo que se dio a conocer como canciller del Gobierno de José Mujica y embajador de Uruguay en China durante el mandato de Tabaré Vázquez. Luego fue elegido secretario general de la Organización de Estados Americanos (OEA) y en ese cargo jugaría un extraño papel en el acontecer político boliviano.

En el papel de secretario general de la OEA, Almagro apareció como un paladín de la democracia en Venezuela, pero en Bolivia nos dio un *shock* cuando apareció dando su apoyo abierto a la candidatura ilegal de Evo Morales, que violentaba la Constitución y la voluntad soberana del pueblo boliviano que dijo «NO» a esa candidatura.

La sorpresa ante este inesperado apoyo se debió a que Almagro, con anterioridad, había mostrado en varias ocasiones una posición que defendía el resultado del 21F y que le restaba legitimidad a la decisión del Tribunal Constitucional que permitió a Evo Morales poder participar de las elecciones del 2019.

Evo Morales y Luis Almagro habían tenido un enfrentamiento verbal mediante la red social Twitter, luego de que el Tribunal Constitucional habilitara a Evo Morales.

Almagro tuiteó:

https://twitter.com/Almagro_OEA2015/status/911243782254931968
Luis Almagro @Almagro_OEA2015 22 sep. 2017
@evoespueblo deberá respetar decisión popular q dijo NO a reelección. Ningún juez puede levantar el dictamen del único soberano: el pueblo

Evo Morales respondió intentando enjuiciar a Almagro en la propia OEA por «injerencia» y mandaba tuits atacando a Almagro:

https://twitter.com/evoespueblo/status/932303811816943616
Evo Morales Ayma @evoespueblo 19 nov. 2017
Luis Almagro, títere del imperio, quiere llevar a Nicolás Maduro a la Corte Penal Internacional acusándolo de violaciones de DDHH. Al que hay que llevar a juicio ante la CPI es @Almagro_OEA2015 por conspirar contra la democracia y la Revolución Bolivariana del pueblo venezolano.

Luis Almagro no se quedó callado, sino que envió un tuit que decía lo que todos estaban callando:

https://twitter.com/Almagro_OEA2015/status/935691307388997632
Luis Almagro @Almagro_OEA2015 29 nov. 2017
En realidad, el Artículo 23 de la Convención Americana de DDHH citado en sentencia del #TCP de #Bolivia no contempla derecho a perpetuarse en el poder. Además, la reelección presidencial fue rechazada en referéndum por voluntad popular en #21F de 2016

En realidad hay una cadena larga de tuits en los que Evo Morales le dice a Almagro toda clase de improperios: «vendepatrias», «lacayo del imperio», etc. Por ejemplo:

https://twitter.com/evoespueblo/status/793788910178594817
Evo Morales Ayma @evoespueblo 2 nov. 2017
Stria. Gral. de la OEA defiende políticas del imperio y no del pueblo. Luis Almagro se entromete en asuntos internos de Bolivia y Venezuela.

Pero lo mejor de Almagro vino en abril del 2018, cuando tuiteó y envió un video en el que decía:

https://twitter.com/Almagro_OEA2015/status/983449867543564288
Luis Almagro @Almagro_OEA2015 9 abril 2018
Tras nuestra solicitud de opinión, @VeniceComm presenta su informe final sobre la reelección: La reelección no es un DDHH, e impedir la reelección no limita los derechos de los candidatos o los votantes @OEA_oficial

http://bit.ly/2Eyw8Tw

Es por eso que cuando Almagro visitó a Evo Morales en mayo del 2019, y directamente brindó su apoyo a la reelección de este, todos quedamos completamente desubicados. En una conferencia de prensa desde la Casa Grande del Pueblo, como llaman al nuevo palacio de Evo Morales, Almagro dijo: «Sobre el tema específico de la reelección hemos dicho con claridad que si el tema se va a resolver hoy en el sistema interamericano y decir que Evo Morales hoy no puede participar, eso sería absolutamente discriminatorio con los otros presidentes que han participado en procesos electorales sobre la base de un fallo judicial, reconociendo la garantía de sus derechos humanos». Luego de este sorprendente cambio de opinión, Almagro participó del inicio de campaña electoral del MAS en el aeropuerto de Chimoré, donde le colocaron una guirnalda de hojas de coca e incluso llegó a bailar una tonada folklórica salay con Margarita Terán, una de las fundadoras del MAS, que supuestamente era «novia de Evo Morales», y que fuera detenida con 147 kilos de cocaína en 2008, y que es también acusada por haber sido participe del asesinato de los esposos Andrade en 2000.

Evo Morales cambió completamente su punto de vista sobre Luis Almagro:

> **https://twitter.com/evoespueblo/status/1129424646837821443**
> **Evo Morales Ayma** @evoespueblo 17 Mayo 2019
>
> Agradecemos las palabras del secretario general de la OEA, @Almagro_OEA2015, que reconoció la legalidad y legitimidad de nuestra candidatura para las elecciones. Ahora es el momento de las propuestas para que en octubre los bolivianos escojan con todas las garantías.

Incluso tuits de apoyo a Almagro de altos representantes del MAS, como de la presidente del Senado:

> **https://twitter.com/Adriana1989sa/status/1129424041788489729**
> **Adriana Salvatierra** @Adriana1989sa 17 Mayo 2019
>
> Somos muy respetuosos de las declaraciones del Secretario General de la #OEA, Luis Almagro, y saludamos que la Organización de Estados Americanos garantice a través de la firma de un acuerdo el envío de observadores para las elecciones presidenciales del 20 de octubre.

La reacción de los políticos de oposición fue dura: «Almagro, vendido, traidor», fue el mensaje que recibió en pancartas de protesta el jefe de la OEA a las puertas del hotel en que iba a reunirse con opositores.

El principal rival en las urnas, según las encuestas, el expresidente Carlos Mesa, lamentó la «contradicción» de quien antes abogaba por el respeto a «la voluntad popular», que en el 21F le dijo no a la reelección a Evo Morales.

4.8. Elecciones judiciales 2017

Ante la habilitación ilegal de Evo Morales como candidato para las elecciones del 2019, surge un nuevo movimiento ciudadano en todo el mundo. No hay lugar ni acto público donde esté presente Evo Morales o Álvaro García Linera en el que no aparezca un grupo de bolivianos que empiecen a gritar «Bolivia dijo NO». A Evo Morales le gritaron «Bolivia dijo NO» en Argentina, en Costa Rica, en Rusia. Su hija Eva Liz se graduó como abogada de la Universidad Católica Boliviana «San Pablo» entre silbidos y gritos de «Bolivia dijo NO». En eventos masivos, por ejemplo, en partidos de fútbol, en el momento menos pensado la gente empieza a gritar «Bolivia dijo NO». Eso irritó bastante a Álvaro García Linera cuando lo hicieron en los Juegos Sudamericanos de Cochabamba, que fueron organizados por el Gobierno: «Viene el borracho de la esquina, se entra a tu casa, te lo patea la comanda y te insulta ...cuando hemos celebrado los juegos Odesur han venido a insultarnos, eso han hecho. Da rabia», aseveró durante un acto que se desarrolló en el coliseo de la Coronilla. Sin embargo, el caso mas emblemático de esta protesta es la de un albañil potosino, Moisés Montero Chambi, que fue detenido y enjuiciado, acusado de haber «atacado al presidente» cuando en realidad lo que hizo, y hay un video que lo muestra, fue gritarle *«Bolivia dijo NO»*.

En ese ambiente es que se realizaron las elecciones judiciales en diciembre del 2017, en las que esta vez hubo una campaña para que la gente anule su voto, y fue la opción ganadora:

Válidos	Blancos	Nulos
34,66 %	15,48 %	49,86 %

Tabla 4.3: Participación elecciones judiciales del 2017

Lo novedoso fue sin duda la manera de anular los votos, una muy popular, escribir «Bolivia dijo NO», pero otras mucho más vistosas y artísticas, con dibujos estampados en la papeleta, votos por personas que no estaban en las listas, como «Harry Potter» y otros personajes ficticios, etc.

Después de este segundo chasco, solo queda constatar que este sistema no funciona, y que se debería cambiar en la Constitución a alguna manera más efectiva de elegir jueces, sobre todo con la tremenda crisis judicial que han traído los últimos diez años de control masista.

Capítulo 5

El fraude

No se puede saber si es que el MAS ha traicionado su ideología original, o si es que esa ideología ha sido simplemente usada para ocultar sus verdaderos objetivos. Mucho antes de cometer el fraude electoral en 2019, ya se tenía evidencias de que el MAS era una organización fraudulenta.

Después del 21F se sentía en Bolivia un ambiente cargado, como la calma que precede a las tormentas. La caída del neoestalinismo se la vislumbraba a la distancia. Si la comparamos con la caída del neoliberalismo, podríamos decir que el 21F, fue su «Guerra del Agua». A pesar de que se veía en la prensa los más alarmantes casos de injusticia en contra de los opositores, que el sistema estaba inclinado a favor del partido gobernante y de sus adeptos, se sentía que la gente empezaba a perder el miedo. Una cosa que me sorprendió cuando visité Bolivia en esta etapa fue que se había incluido un insulto al repertorio popular, en un partido de fútbol, cuando la gente acostumbra vociferar en contra del árbitro, entre los acostumbrados «árbitro bombero, comprado, vendido», se oía un «árbitro masista».

5.1. Ahora es cuando

El 24 de abril del 2012, en un acto realizado en Sucre, Evo Morales dijo: «No puedo entender, por eso estoy muy feliz y muy contento de no haber ido a la universidad». Se refería a unas protestas encabezadas por jóvenes universitarios que rechazaban un decreto que obligaba a los médicos a ocho horas de trabajo. Pero el asunto es que esta fue una de las muchas muestras del desprecio que tenía el Gobierno de Evo Morales a la intelectualidad, a los profesionales. Ese odio posiblemente se debía a que él no tenía formación universitaria, y su vicepresidente, que por muchos años quiso pasar como un «gran intelectual, matemático» resultó que no tenía título.

Lo cierto es que durante el gobierno del MAS-IPSP no era un mérito tener títulos universitarios, todo lo contrario, lo que tenía mérito y fue premiado era la lealtad incondicional al líder. Por eso cuando se licitaban contratos para cualquier tipo de obra, no era precisamente el que tenga mayor experiencia para realizar la obra, ni siquiera quien presentara una oferta más barata el ganador, sino el que era leal al partido. En febrero del 2019 se *filtró* un audio en las redes sociales en el que el ministro Juan Ramón Quintana riñe a algunos militantes del partido, que controlan alguna alcaldía, y lo hace porque contrataron para alguna obra a una empresa que no era de miembros del MAS. El mensaje que da es claro, si no son del MAS, entonces no podemos darles trabajo. La cosa era peor para los opositores, por ejemplo, hubo una campaña abierta para silenciar a periodistas que no doblaron las rodillas ante el jefe. Los ejemplos claros son Carlos Valverde y Amalia Pando; ambos periodistas no tenían posibilidad de trabajar en ningún medio de comunicación escrito, radial o televisivo; si alguien los contrataba, perdía automáticamente sus ingresos por propaganda estatal, que era cuantiosa; no podían acceder a financiarse con otros tipos de propaganda, puesto que si los apoyabas, el Gobierno podía arruinar tu negocio de alguna manera.

Lo contrario también era verdad: si eras leal al líder, entonces te podías enriquecer fácilmente, especialmente si eras dirigente de algunos sectores sociales. Indígenas, colonizadores, mineros, que históricamente han sufrido de pobreza, ahora reciben del Gobierno tremendos regalos, sedes sindicales, movilidades, pero sobre todo posiciones estatales con sueldos enormes, y sin tener ningún merito académico. Se ha visto a un dirigente minero como presidente de la Caja de Salud, a una empleada doméstica como ministra de Justicia. Pero también a otros militantes que no son dirigentes y que consiguen contratos para hacer obras. No importaba si realizaban las obras mal, que a la escuelita se le vuele el techo con el primer viento o que el puente se derrumbe, lo importante era hacerse rico lo más antes posible. Y eso implicaba también algo que muchos de los que aún apoyan por defecto a Evo Morales no quieren aceptar, y es que se abrió el camino para realizar actividades ilícitas, como por ejemplo el narcotráfico, si es que eras leal al líder.

En síntesis, el Gobierno del MAS ha instalado en Bolivia tres cultos:

1. Culto al líder.
2. Culto a la ignorancia.
3. Culto al enriquecimiento rápido.

Los cuales son la interpretación real del «Ahora es cuando», que fue el lema electoral del MAS-IPSP para las elecciones del 2019.

Los festejos patrios del 2018 trajeron una noticia insólita, pero que simbolizaba lo que pasaba en el país. Un militar que estaba encargado de trasladar la banda presidencial la perdió en un prostíbulo. En realidad robaron la banda, que se encontraba en una mochila dentro del automóvil del militar, cuando este estaba parqueado en las puertas del prostíbulo que el militar visitaba. Cuando los ladrones se dieron cuenta de lo que robaron, la devolvieron, dejando ese símbolo patrio en una iglesia.

5.2. Las primarias

El Tribunal Supremo Electoral (TSE) fue uno de los últimos en caer bajo el control del Gobierno de Evo Morales. En realidad, los tribunos más institucionistas, es decir, aquellos que no eran *afines* al MAS, fueron renunciando uno por uno. Primero lo hizo el vicepresidente del TSE, José Luis Exeni, que se apartó de su cargo por «motivos de salud», luego la presidenta del TSE, Katia Uriona, que dio a conocer su dimisión mediante una carta pública dirigida a la Asamblea Legislativa Plurinacional, la que explica los motivos de su renuncia, atribuyéndolas a una «situación de estancamiento en la toma de decisiones referidas a temas fundamentales para el resguardo de la institucionalidad, principios y valores comprometidos por mi persona». Finalmente, la vocal Dunia Sandoval que en su carta de renuncia dirigida al presidente de la Asamblea Legislativa, Álvaro García Linera, dijo que le era «imposible realizar su trabajo en el TSE por el cambio de enfoque en la dirección de este Órgano del Estado».

El tema principal que llevó a Dunia Sandoval a renunciar fue la propuesta de la Ley de Organizaciones Políticas que presentó el TSE a la Asamblea Legislativa. Esta ley, que tiene como objetivo democratizar internamente los partidos políticos, incluía la celebración de elecciones primarias antes de las elecciones generales del 2024. El problema vino cuando la Asamblea Legislativa, con el control del 2/3 del MAS, decidió adelantar esta ley para las elecciones del 2019. Dunia Sandoval también indicó: «Fui también disidente respecto la decisión de la Sala Plena, respecto a la habilitación de dos candidatos, debido a la colisión entre los resultados del Referendo Constitucional (de febrero de 2016) y el Fallo del Tribunal Constitucional Plurinacional (de noviembre de 2017), pero aclaro que, en ningún caso, interpreté las leyes, fuera de las atribuciones del TSE». El único tribuno supuestamente «institucionista» que quedó en el TSE fue el vocal Antonio Costas, que terminó siendo vicepresidente del TSE.

Se puede constatar después de la última renuncia que el MAS había encontrado una nueva manera de detener la creciente oposición a su Gobierno. La Ley de Organizaciones Políticas, que limitaba la participación en la vida política a los partidos políticos, ignoraba completamente a las agrupaciones ciudadanas que habían empezado a multiplicarse rápidamente tras el 21F. Además de que pensaron que si Evo Morales era elegido en elecciones primarias, de alguna manera eso le daría algún tipo de legitimidad. Pero no fue solamente que el TSE claramente tomara partido para cumplir los deseos del régimen, sino que perdió la confianza que el pueblo tenía en su imparcialidad. La Ley de Organizaciones Políticas establecía que cualquier político que deseara participar en los comicios presidenciales debía salir de unas primarias en su formación política.

A los pocos días de que Evo Morales promulgara la Ley de Organizaciones Políticas que implementa las elecciones primarias, su vicepresidente Álvaro García Linera revelaría en una entrevista con el periódico *El Deber* la estrategia que utilizó el Movimiento al Socialismo para que Carlos Mesa adelante su candidatura presidencial y así no se convierta en el articulador de la oposición para las elecciones del 2019, ya que si el candidato de la alianza Comunidad Ciudadana presentaba su candidatura tres meses antes de las elecciones generales de octubre, hubiera sido un problema para la reelección de Evo Morales y por ello se definió aprobar el primer borrador del proyecto de la Ley de Organizaciones Políticas, que incluyó las primarias. Las primarias fueron el pretexto perfecto para que Mesa anticipe su candidatura, pues –según las previsiones del MAS– en más de un año de campaña electoral la imagen de Mesa se desgastaría.

La idea de las primarias era que cada partido tenga elecciones internas. Los habilitados para votar eran los miembros de las agrupaciones políticas y para poder controlar si uno estaba habilitado para votar en las elecciones de algún partido, sacaron la aplicación web «Yo participo», en la que se se accede a la base de datos del padrón electoral ingresando números de carnet de identidad. Lo que pasó después de la publicación de esta aplicación fue que se descubrió que el padrón electoral había sido manipulado. Muchas personas que no militaban en ningún partido aparecían como miembros. Muchos militantes de partidos figuraban como integrantes de otras agrupaciones, incluso ingresando números de carnet de difuntos se descubrió que muchos habían sido habilitados no solo para votar, sino que incluso pertenecían a partidos políticos. El caso más gracioso fue sin duda el del diputado de oposición Rafael Quispe, popularmente conocido como el «Tata» Quispe, que apareció como militante del MAS y que aprovechó esa situación para postularse como candidato para las primarias del MAS, postulación no aceptada por el Órgano Electoral porque no fue presentado por un «representante o delegados acreditados del partido».

Todo esto terminó cuando por fin se llevaron a cabo las elecciones más bizarras e innecesarias de la historia. La nueva ley imponía que los candidatos tenían que ser elegidos en primarias, todo el calendario electoral fue adelantado, los partidos que hubieran tenido al menos ocho meses para elegir sus candidatos y hacer alianzas políticas se vieron obligados a inscribir a la carrera candidatos en muchos casos improvisados. Las conversaciones para conseguir alianzas fueron realizadas con mucho apuro y no se logró gran cosa. Lo absurdo de todo fue que los partidos presentaron solo una candidatura, es decir, las primarias no sirvieron de nada, aparte de brindar un nuevo argumento errado al masismo sobre que Evo estaba habilitado. El sistema electoral boliviano ignora los votos blancos o nulos, así que en cada partido bastaba con un voto legal para que su candidatura sea aprobada. Por ello los partidos hicieron campaña por el absentismo diciendo que solo votarían unos delegados. La excepción a esto fue, desde luego, el MAS.

Fueron elegidos como candidatos habilitados por las primarias para las elecciones del 2019:

- Evo Morales y Álvaro García Linera por el MAS-IPSP. Fueron los candidatos truchos[1].
- Jaime Paz Zamora con Paola Barriga por el Partido Demócrata Cristiano (PDC).
- Carlos Mesa y Gustavo Pedraza por Comunidad Ciudadana (CC), una alianza entre el Frente Revolucionario de Izquierda (FRI) y Soberanía y Libertad (SOL.bo).
- Virginio Lema y Fernando Untoja por el Movimiento Nacionalista Revolucionario (MNR).
- Félix Patzi y Lucila Mendieta Pérez por el Movimiento Tercer Sistema (MTS).
- Ruth Nina y Leopoldo Chui por el Partido de Acción Nacional Boliviano (PAN-BOL).
- Victor Hugo Cárdenas y Humberto Peinado por el partido Unidad Cívica Solidaridad (UCS).
- Óscar Ortiz Antelo y Edwin Rodríguez por el frente Bolivia Dice No, que fue una alianza entre el Movimiento Demócrata Social (Demócratas) y varias agrupaciones ciudadanas y partidos regionales, como el Movimiento Originario Popular (MOP) y Chuquisaca Digna.

5.3. Las renuncias

El 13 de junio, el expresidente Jaime Paz Zamora, que estaba candidateando por el PDC, renunció a su candidatura. Casi un mes después, el 11 de julio, el pleno del Tribunal Supremo Electoral (TSE) decidió rechazar esa renuncia. Eugenia Choque, presidente del TSE, explicó que según la Ley de Organizaciones Políticas no se puede renunciar. La Ley de Organizaciones Políticas dice que los resultados de las primarias son vinculantes y de cumplimiento obligatorio. Lo que trae a la mente que también los resultados del

[1]Trucho significa falso o fraudulento en el castellano boliviano.

referéndum constitucional, el 21F eran vinculantes y de cumplimiento obligatorio. O sea que los binomios salidos de las peculiares elecciones primarias son inamovibles. «Las únicas causas válidas de renuncia», expresó Choque, «son la muerte, o la enfermedad gravísima». Por lo que Jaime Paz Zamora no podía renunciar. Los miembros del PDC empezaron a hacer vigilias de protesta en las puertas del TSE, pues alegaban tener derecho a reemplazar a su candidato renunciante.

Para complicar el caso, el 12 de julio renuncia Edwin Rodríguez, candidato a la vicepresidencia por el frente Bolivia Dice No. Las causas de esta son de tipo político, señala en esencia que las candidaturas de Óscar Ortiz y la suya favorecían la reelección de Evo Morales. Esta renuncia dejaba fuera de juego a Óscar Ortiz. El 18 de julio la sala plena del TSE, mostrando algo de coherencia, rechazó la renuncia de Edwin Rodríguez. Este último caso es algo más grave que el anterior porque, si Óscar Ortiz queda fuera de camino, el grueso de sus votos favorecerían a Carlos Mesa, que era el único que podía hacerle frente a Evo Morales. Por ello cuando Rodríguez presentó su renuncia, el vicepresidente del TSE dio a entender que la aceptarían. Que no lo hicieran fue la sorpresa del momento. Nunca mejor dicho porque luego salieron con una de esas explicaciones jurídicas que son como para no creer.

Había una contradicción entre dos leyes, la Ley de Régimen Electoral y la Ley de Organizaciones Políticas que la Asamblea Legislativa aprobó apresuradamente con el objetivo de realizar las primarias y habilitar de otra manera al candidato del MAS. Pues según la primera ley es posible renunciar a las candidaturas, algo que desde luego es lógico, si uno no quiere candidatear, no se le puede obligar, pero según la segunda ya vimos lo que Eugenia Choque explicó cuando renunció Jaime Paz Zamora. La manera de resolver esa contradicción fue curiosa: se dijo que hasta el 19 de julio duraba la etapa de inscripción de candidatos y que por tanto la Ley de Organizaciones Políticas estaba vigente, y no se podía renunciar, pero que a partir del 20 de julio entraba en vigencia la Ley de Régimen Electoral y ya no valía la Ley de Organizaciones Políticas. Así, de esa manera, dando periodos de vigencia a diferentes leyes solucionaron este caso. Algo que de verdad es gracioso por lo ridículo. O sea, las sonadas renuncias fueron a destiempo, y si volvían a hacerlo en el nuevo periodo estas serían aceptadas.

Cabe mencionar que los partidos reemplazaron a sus candidatos renunciantes, Bolivia Dice No cambió a Edwin Rodríguez con Shirley Franco, pero más sorprendente fue el reemplazo de Jaime Paz Zamora por el pastor surcoreano Chi Hyun Chung. Los mensajes claramente machistas y homofóbicos de Chi Hyun Chung ocasionaron que su candidata a vicepresidenta, la abogada Paola Barriga, renuncie, además de denunciar que Chi había cobrado dinero a los candidatos a diputados y senadores del PDC. Y aunque ahora parezca cómico, el TSE no aceptó la renuncia de Barriga. Arguyeron que tanto Jaime Paz Zamora como Edwin Rodríguez fueron inhabilitados y sustituidos porque no presentaron la documentación exigida por la Constitución, mientras que Barriga habría presentado toda la documentación en los plazos previstos en la elección.

5.4. Acarreo de votos

Este es un tema del que se habló bastante cuando ocurrieron los hechos, pero que casi inmediatamente *se olvidó*. Y es que meses antes de las elecciones, cuando aún se estaba empadronando, se descubrió el fraude en flagrante.

El empadronamiento en Bolivia es biométrico, es decir, toman y digitalizan tus huellas digitales, además de tomarte una fotografía. Teniendo tus huellas digitales, ya no requieres empadronarte en la próxima elección. En otras palabras, solo se empadronan los nuevos votantes, jóvenes que recién alcanzaron la edad para sufragar que es dieciocho años, después de la anterior elección y personas que se cambiaron de domicilio, pues uno está inscrito para votar en determinadas circunscripciones.

Para la elección de asambleístas se presentan varios efectos debido al número de habitantes por cada circunscripción. En realidad significa que los diputados electos en distritos electorales con menos habitantes requieren menos votos que los diputados electos en distritos electorales con mayor población. En Bolivia, por ejemplo, cada departamento tiene asignados cuatro senadores, pero el departamento de Pando tiene 46 267 habitantes y el de Santa Cruz tiene 2 385 588. Un senador de Pando requiere muchos menos votos que uno de Santa Cruz. Eso hace que a veces pueda ser beneficioso trasladar gente de una zona poblada a una con menor población con el objetivo de favorecer a algún partido político. De hecho, antes de las elecciones del 2014 se trasladaron muchas familias del altiplano boliviano al departamento de Pando, donde se les dotó de tierra, fueron empadronados y votaron allí. Después abandonaron el lugar, ya que las condiciones de vida en Pando son muy diferentes a las que ellos estaban acostumbrados, no pudieron habituarse; sin embargo, votaron allí.

El 15 de junio se descubre, por acción ciudadana, una casa en Riveralta donde se estaba empadronando con equipos oficiales del Órgano Electoral, en el registro oficial del Servicio de Registro Cívico (Sereci) de Pando, a ciudadanos de otro departamento. Riveralta pertenece a Beni. Esta acción fue filmada y en la filmación aparecen funcionarios de la alcaldía del municipio de Gonzalo Moreno en Pando, que se iban a favorecer con estos nuevos empadronados. La vivienda donde se realizaba este ilícito era la casa del hermano del alcalde de Gonzalo Moreno. Era el alcalde de ese municipio el que estaba promocionando este registro fraudulento.

Este desde luego que es un delito gravísimo, es fraude electoral al que encontraron en el acto. La principal implicada es la notaria designada por el Sereci de Pando para el registro electoral, Gleizi Nakashima. El Sereci de Pando se desligó del asunto indicando que esa fue una acción individual de la notaria. La funcionaria Gleizi Nakashima vulneró al menos cuatro mandatos del Reglamento de Actualización del Padrón Electoral Biométrico, que establece las tareas que debe cumplir una notaria en el registro biométrico: cambiar de lugar el recinto de registro, utilizar equipos del Sereci con otro fin, manipular documentos y registros fuera de la normativa y datos informáticos que podrían alterar el padrón electoral. Esto tiene una pena de cárcel de uno a cinco años. Este caso fue desatendido tanto por la Fiscalía de Beni, donde se cometió el delito, como la de Pando, de donde venían los infractores. A pesar de que este delito fue descubierto en flagrante, no se detuvo ni a los funcionarios de la alcaldía, ni a los familiares del alcalde, ni a la notaria electoral, la cual fue llamada a dar testimonio como «testigo» doce días después del hecho. Finalmente fue imputada por el delito de «acarreo de personas», que es un delito menor en relación al «registro fraudulento», que era el que de verdad cometió. Ella fue dejada en libertad, es decir, este delito no tuvo consecuencias aparte de que Sereci la despidiera. Luego se dijo que Gleizi Nakashima supuestamente tendría una relación personal con el gobernador de Pando.

El 14 de julio, más o menos un mes después del primer caso, y cuando la prensa ya había olvidado a este, se presenta uno semejante, nuevamente vecinos exponen una vivienda en Riveralta donde se estaba empadronando a ciudadanos por pago para que voten en Pando. Este delito es la prostitución de los votos, pues se les estaba pagando no solo para que vayan a votar a otro municipio de otro departamento, sino para que ese voto sea por el MAS. En esta ocasión los vecinos rodearon la casa del delito y llamaron a la policía, que tardó en llegar, pero llegó y detuvo a treinta y cinco personas y las llevo ante un juez; la Fiscalía imputó a cinco personas. Del total, el juez determinó detención preventiva para tres de ellos y dos saldrían con medidas sustitutivas. Los detenidos Narda Chao Tirina, Dianita Nagayama Ojopi y Wálter Cortés Ayala eran funcionarios del Sereci de Pando. Esta vez los procesan por «registro fraudulento». La casa donde se realizaba este registro fraudulento era propiedad de Favio Durán Méndez, alcalde masista del municipio pandeño de San Pedro, que escapó del lugar y quedó como prófugo de la justicia, fue detenido el 1 de agosto.

Después se llegó a saber que eran cinco los municipios pandinos que estaban registrando votantes de Riveralta: Gonzalo Moreno, San Pedro, Villa Nueva, El Sena y San Lorenzo, actividad realizada con equipos y personal del Sereci de Pando. Se puede ver una estructura institucional, no era el caso de individuos que cometían estos delitos, sino más bien que los empleados y el equipo eran utilizados por la institución para realizar el ilícito. El Sereci es el brazo registrador del Tribunal Electoral Departamental, que a su vez obedece al Tribunal Supremo Electoral, que a su vez obedece a la cúpula del MAS; pues todos sus integrantes son miembros o al menos obedecen al MAS, los alcaldes y gobernadores son del MAS y todos confabulan para realizar este fraude. El colmo de los colmos sucedió luego, cuando el juez que ordenó la detención de los implicados en este segundo caso fue al día siguiente removido de su cargo. Lo que, desde mi punto de vista, demuestra una vez más que el fraude estaba institucionalizado; el caso no fue cerrado, pero quedó ahí congelado.

Se dio un tercer caso de acarreo de votos, esta vez en la localidad de Blanca Flor del municipio de San Lorenzo del departamento de Pando. En este caso el alcalde de esa localidad, Hansy González del MAS, no fue a Riveralta a registrar votantes, sino que dos camionetas con gente fueron llevadas de Riveralta a San Lorenzo para que se inscriban en Blanca Flor para votar en las elecciones. Allí también quedo claro que se estaba pagando a gente de Riveralta para que vayan a votar en Pando. Alicia Melgar, la mujer que divulgó el primer video del registro irregular en Riberalta, explicó que se conoce desde hace años que varios políticos y dirigentes de los municipios pandinos de Gonzalo Moreno, San Pedro, Villa Nueva, El Sena y San Lorenzo tienen la práctica de trasladar personas de Riberalta para registrarlas en las mencionadas alcaldías. Este *acarreo* de personas, a las que generalmente pagan 200, 500 y hasta 1 000 bolivianos, van específicamente a votar a estos municipios, que tienen padrones electorales pequeños.

Esto desde luego que es fraude electoral agravado por la impunidad, pues a pesar de haber sido descubiertos *in fraganti,* no hubieron consecuencias judiciales.

Esto nos señala otro de los problemas generados por el autoritarismo de Evo Morales, y es que el Órgano Judicial está completamente corrupto, hay miles de casos de inocentes llevados a la cárcel acusados falsamente, a veces incluso de crímenes inexistentes, como de lo contrario, criminales puestos en libertad a pesar de una culpabilidad evidente. Pero ese podría ser el tema de otro libro.

5.5. Irregularidades que comprometen al TSE

Antes del desarrollo de las elecciones se denunciaron varias irregularidades que comprometían al Tribunal Supremo Electoral de Bolivia (TSE), lo que quebranta su credibilidad.

1. El crecimiento *inusual* de votantes, la primera irregularidad identificada. Carlos Börth realizó un estudio en setenta y un municipios donde el porcentaje de votantes creció por encima del 20 %. El incremento se da en algunos municipios donde ganó el «**No**» a la reelección. Catorce municipios de la Chiquitanía de Santa Cruz incrementaron entre el 12 % y 42 % su padrón de votantes para las elecciones presidenciales del 20 de octubre, en comparación del registro de los comicios generales de 2014 según datos del TSE. Estos datos generan sospechas y dudas, aseveraron el Comité Cívico del bloque chiquitano y Carlos Börth, experto en temas electorales. El padrón electoral consolidado para las elecciones generales 2019 en el exterior del país creció un 25 % más que en 2014. El crecimiento de la emigración no coincide con la del padrón electoral.

Legisladores de oposición estaban convencidos de que el TSE alista un fraude. «Preparan todo para consumar el fraude electoral para que Evo Morales y Álvaro García Linera ganen las elecciones de octubre en mesa y no en cancha», afirmó la entonces diputada Norma Piérola del PDC.

2. El «acarreo de votos» que se detalló en la sección 5.4. El TSE indicó que excluyó del padrón a los ciudadanos que se inscribieron en los equipos biométricos que fueron utilizados para los casos comprobados de «acarreo». Esos aparatos están en poder del Ministerio Público.
3. Dieciséis mil cédulas repetidas que se detectaron en el padrón; el TSE lo justificó diciendo que «ya se regularizaron».
4. La denuncia de que hay fallecidos habilitados para votar y designados como jurados, aunque se desconoce la cantidad. Sobre este punto, el TSE responsabilizó a los familiares de quienes perdieron la vida porque no tramitaron el certificado de defunción. Este problema se registra en el área rural, indicaron. «Hay muchas denuncias de que personas muertas hace muchos años están habilitadas para votar. Es una muestra más de que este régimen dictatorial está cocinando un fraude», afirmó Pamela Flores, candidata a diputada por Bolivia Dice No (BDN).
5. Las salidas y los retiros de funcionarios del TSE responsables del conteo rápido de Santa Cruz, Cochabamba y La Paz. Se registraron los despidos de algunos funcionarios, varios de ellos, profesionales del área de informática.
6. Las demoras administrativas y de resolución de casos. «Como oposición presentamos denuncias ante el TSE contra el MAS, pero a casi un mes no tenemos respuestas», afirmó el diputado Wilson Santamaría, aliado de BDN.
7. La decisión de los vocales de adelantar los trámites para las elecciones subnacionales, cuando estaba en pleno desarrollo el proceso electoral de los comicios presidenciales. El diputado Santamaría sostuvo que aquello es parte de la «estrategia del TSE para distraer a las organizaciones políticas».

Los partidos y frentes políticos de oposición coincidieron, por separado, que los miembros del Órgano Electoral no son creíbles, ya que habilitaron al binomio del MAS sin respetar la voluntad del votante, que el 21F dijo «**No**» a la reelección.

5.6. Elecciones generales del 2019

Por fin llegó la fecha de la elección, el 20 de octubre del 2019. Como acostumbran ser las elecciones generales en Bolivia, la jornada fue tranquila, y todo parecía ser una fiesta democrática.

Las encuestas realizadas por las empresas autorizadas por el TSE señalaban que el MAS ganaría: una de ellas decía que lo haría en primera vuelta; la otra decía que el MAS sería primero, pero que habría segunda vuelta. La Universidad Mayor de San Andrés (UMSA) y la Fundación Jubileo realizaron juntos una encuesta más grande, pero les prohibieron difundirla por tecnicismos, esta mostraba también que sería necesaria una segunda vuelta.

En el ambiente se percibía esa sensación de tranquilidad antes de la tormenta. Muchos partidos políticos habían diseñado aplicaciones para teléfonos celulares, para que los votantes puedan tomar fotos de las actas de sus mesas electorales, para que de esa manera haya un «control ciudadano». La participación de la ciudadanía durante el conteo de votos fue superior a la de otras elecciones: la idea de que los votantes tienen que hacer respetar su voto había llegado a la amplia mayoría de la población. Es por eso que hubo muchas fotografías de actas electorales de casi todas las mesas del país.

Debemos recordar que, según el artículo 166 de la Constitución Política del Estado, para ganar las elecciones se requiere, o bien haber ganado por más del 50 % de los votos o bien tener mas del 40 % de los votos con una diferencia de al menos 10 % en relación con la segunda candidatura. Si no se cumplen esas condiciones, entonces se realizará una segunda vuelta electoral entre las dos candidaturas más votadas.

A las 19.45, el Tribunal Supremo Electoral hizo público el primer resultado del conteo rápido al 83,76 % de las actas escrutadas, mediante el sistema transmisión de resultados electorales preliminares (TREP), que perfilaba una «segunda vuelta» entre Evo Morales y Carlos Mesa, los dos más votados en las elecciones. Morales obtuvo el 45,71 % de los votos y Mesa el 37,84 %.

La empresa Viaciencia también realizó un conteo rápido en el que al 100 % Morales obtuvo 43,9 % de los votos, mientras que Mesa sacó 39,4 %, lo que dejaba una diferencia de 4,5 puntos. El dato se parece mucho al resultado arrojado por el conteo rápido de Jubileo y la UMSA, que no obtuvo autorización para su difusión. A pesar de esto, la Fundación Jubileo y la UMSA también realizaron el conteo rápido que dio el 44 % a Morales y 38,7 % a Mesa.

De manera sorpresiva, el TSE suspendió el conteo rápido del TREP cuando todavía estaba en el 83,76 %. Esta suspensión es completamente injustificada, pues el conteo rápido recibe las actas de manera digital vía internet, es decir ya se tenían todas las actas. Una prueba de ello es que tanto Viaciencia como Jubileo terminaron el conteo rápido al 100 %.

Lo que de verdad pasó lo sabríamos luego: se había hecho fraude a todo nivel, sin embargo, el fraude no alcanzó. Entonces tuvieron que detener el TREP, porque si el TREP confirmaba los resultados tanto de Viaciencia como de Jubileo no se hubiera podido decir que Evo Morales ganó en primera vuelta.

Capítulo 6

Cronología de la rebelión

La población llegó a estas elecciones con la certeza de que iba a haber fraude a favor de Evo Morales, que constitucionalmente no podía participar, pues ya se había burlado de la opinión de los bolivianos al ignorar completamente el resultado del 21F, y por lo tanto había el riesgo de que se niegue a aceptar cualquier resultado contrario a sus deseos.

El problema comenzó cuando el conteo rápido con el 83,76 % de avance parecía confirmar la segunda vuelta. Cosa que posteriormente fue confirmada por las empresas Viaciencia y la Fundación Jubileo, lo que ocasionó que el candidato por Comunidad Ciudadana (CC), Carlos Mesa, anuncie públicamente que iba a haber segunda vuelta. Sin embargo, cuando detuvieron el conteo rápido, también se supo que algo malo estaba pasando. Tanto Comunidad Ciudadana como la misión de observadores anotaron esa irregularidad.

El fraude era evidente, no solo por el accionar del Órgano Electoral durante toda la campaña, claramente inclinado a favor de Evo Morales, que además estaba participando de manera ilegal, sino que se llegaron a tales extremos como el de obligar a los empleados públicos a fotografíar su voto para demostrar que fue por Evo Morales. Y aunque no lo crean, despidieron a las personas que no mostraron esa foto.

Las denuncias de fraude incrementaron, desde lo más pequeño, que una persona no pudiera votar porque supuestamente ya lo había hecho. En una mesa de Irpavi aparecieron 50 votos extra: eran 250 registrados para votar en esa mesa, pero habían 300 votos en las actas. El MAS ganaba en esa mesa, pero cuando descubrieron eso inmediatamente después del conteo, la gente hizo anular esa mesa.

En Tarija, donde según las encuestas Comunidad Ciudadana tenía amplia mayoría, finalmente ganó, pero con una diferencia mínima. Lo que estaban peleando allí era la composición del Parlamento, y pasó lo inusitado, apareció una mesa inexistente que tenía 4 000 electores y 4 000 votos para el MAS. Debo indicar que en Bolivia la mesa electoral más grande es de 300 votantes. Es decir, no solo se *inventaron* una mesa, sino que la sobrepoblaron.

La difusión de esas noticias, algunas aparecidas en diversos medios de comunicación, radios, canales de televisión, periódicos locales, pero también viralizadas en las redes sociales, dan inicio a «la revolución de las pititas», que empieza con el pedido de una segunda vuelta electoral.

La revolución de las pititas El TREP fue detenido a las veinte horas del día de las elecciones el 20 de octubre del 2019, una decisión que se atribuyó a la vocal electoral designada por Evo Morales, Lucy Cruz. Cuando el TREP se detuvo, la diferencia entre Morales y Mesa era de 7,9 puntos porcentuales al 83,76 % de los votos.

Mientras que Carlos Mesa decía que el resultado era «un triunfo incuestionable» porque permitiría la realización de la segunda vuelta, llamando a la unidad para enfrentar el desafió, Evo Morales salió a declararse ganador en primera vuelta, dice que: «Ganamos una vez más, son cuatro elecciones consecutivas que ganamos, es histórico e inédito», y que «Nuevamente somos mayoría absoluta».

Grupos de ciudadanos realizaron vigilias a las puertas de los centros de cómputo de varios departamentos.

6.1. Veintiuno de octubre del 2019

En los barrios Sopocachi y Miraflores de la ciudad de La Paz, durante la mañana, se encontró material electoral y papeletas marcadas a favor del MAS en manos de personas que no eran funcionarios del Tribunal Electoral. En las redes sociales circularon videos que mostraban a la policía arrojando gases lacrimógenos a los vecinos y protegiendo al material y a los sospechosos.

En la ciudad de Cochabamba se convocó a una marcha que partió desde el centro de la ciudad con dirección al centro de cómputo, ubicado en la zona sur. Un grupo grande de personas se adhirió a la misma al terminar el horario de trabajo, por ello la marcha se masificó en horas de la noche. En el lugar, luego de un diálogo fallido con la policía, se registraron enfrentamientos, dejando como resultado la destrucción del centro de cómputo y varios heridos y detenidos. Es a partir de ello que se declaró *in situ* un paro cívico de carácter indefinido, siendo esta la primera región del país en adoptar una medida de esa naturaleza.

El presidente del Comité pro Santa Cruz, Luis Fernando Camacho, pidió unidad y valentía para defender el voto y hacer cumplir los mandatos del cabildo cruceño, a tiempo de denunciar un inminente fraude electoral del Gobierno.

Las protestas en Sucre se volvieron violentas, y la violencia empeoró hasta el punto de que un incendio estalló en la casa de campaña del MAS y las oficinas de la Federación Única de Trabajadores de los Pueblos Originarios de Chuquisaca (Futpoch) fueron atacadas.

Se incendiaron los tribunales electorales de las ciudades de Sucre y Potosí luego de que se encontrara material electoral en una casa particular. Los manifestantes sospecharon que las actas habrían sido llenadas antes de la votación y estaban a la espera para reemplazar las actas originales a medida que las mismas fuesen llegando a los tribunales electorales departamentales. Esto originó una marcha de protesta del Comité Cívico Potosinista (Comcipo) que terminó con el incendio del tribunal electoral de la ciudad.

Fogatas y vigilias de estudiantes universitarios, simpatizantes de Carlos Mesa y activistas se establecieron en otros centros de conteo, como en el Hotel Presidente, el Hotel Real y el Campo Ferial de Cochabamba.

La policía en Sucre fue enviada a Potosí para reforzar la seguridad y evitar posibles disturbios antes de la vigilia de los ciudadanos a las puertas del Tribunal Electoral Departamental (TED), que denunció irregularidades en el conteo y cómputo de las boletas de votación.

En el Hotel Real tuvo lugar un enfrentamiento entre opositores, simpatizantes de Morales y la policía; grupos de oposición fueron atacados con gases lacrimógenos por las fuerzas del orden. Docenas resultaron heridos, incluido el rector de la Universidad Mayor de San Andrés (UMSA), Waldo Albarracín, quien fue llevado al hospital del seguro universitario.

Posteriormente, el centro de cómputo del Hotel Presidente suspendió el recuento de votos debido a las protestas.

Cuatro tribunales electorales departamentales suspendieron el recuento de votos realizado por el TREP debido a las concentraciones registradas fuera de los centros de cómputo.

El alcalde de Cobija, Luis Gatty Ribeiro, y el gobernador de Pando, Luis Adolfo Flores, sufrieron ataques de un grupo de manifestantes, y Flores fue hospitalizado.

En Oruro, una casa de campaña del MAS y un vehículo del Ministerio Público fueron destruidos.

El TREP se reanuda después de haber estado parado por veintitrés horas. Con el 95,30 % de los votos, Morales tiene ahora 10,54 % de diferencia frente a Mesa, lo que implica que no habría segunda vuelta, y Morales permanecería en el poder por un cuarto mandato.

El jefe de la misión de observación electoral de la OEA, Manuel González, en una conferencia de prensa expresó su «preocupación ante cambios drásticos e inexplicables», explicando que «los cambios en la tendencia del conteo rápido eran difíciles de explicar y no coincidían con las otras medidas disponibles».

6.2. Veintidós de octubre del 2019

En Riveralta la estatua de Hugo Chávez, expresidente de Venezuela, amigo y aliado de Evo Morales, fue derribada y destrozada por manifestantes que luego dejaron la cabeza de la efigie en la puerta de la vivienda del alcalde Omar Núñez Vela Rodríguez.

En Cochabamba, estudiantes de la Universidad Mayor de San Simón (UMSS) protestaron en la plaza de Sucre contra el presunto fraude electoral. La policía intervino con gases lacrimógenos.

Epifanio Ramón Morales, líder de la organización Ponchos Rojos, anunció que celebrarían marchas en apoyo de Morales, sin descartar el bloqueo de carreteras y la formación de cercos en La Paz, y advirtió que responderían a ataques con chicotes y armas.

El Comité pro Santa Cruz, dirigido por Luis Fernando Camacho, y el Comité Nacional de Defensa de la Democracia (Conade) convocaron a un paro indefinido a partir del día siguiente, 23 de octubre, en defensa del voto y en protesta al accionar del Tribunal Supremo Electoral ante sospechas de un fraude. Camacho lo anunció en un cabildo abierto desarrollado en el Cristo Redentor.

Evo Morales, en una conferencia de prensa, afirmó que las controversias sobre los resultados electorales tienen un trasfondo racista y afirma que el paro general «es político y un golpe de Estado».

6.3. Veintitrés de octubre del 2019

En Beni, Chuquisaca, Cochabamba, Santa Cruz y Tarija se inició el primer día del paro indefinido. Alrededor del mediodía, estudiantes universitarios se hicieron con las instalaciones del Comité Cívico de Tarija, ignorando a su liderazgo por su afinidad política con el MAS y acatando la huelga indefinida convocada por el Conade.

El candidato a la presidencia del Movimiento Tercer Sistema (MTS), Félix Patzi, denunció que los votos de ese partido pasaron al MAS en las provincias de Larecaja, Caranavi y Palos Blancos. Por su lado, Carlos Mesa pide ayuda a la comunidad internacional para evitar que Evo Morales «entre en el camino de una dictadura».

6.4. Veinticuatro de octubre del 2019

El Tribunal Electoral Departamental de Chuquisaca comunicó que el conteo de votos se estaba realizando en el salón de reuniones de la Empresa Pública Productiva Envases de Vidrio de Bolivia, en el municipio de Zudáñez, porque sus instalaciones en la ciudad de Sucre fueron incendiadas.

Del mismo modo, el Tribunal Electoral de Potosí terminó el recuento de votos en el municipio de Llallagua sin notificarlo a los delegados de los partidos políticos de oposición.

Fueron gracias al recuento de votos realizados en los municipios de Zudáñez y Llallagua que el partido de gobierno logró obtener más de dos tercios de representación parlamentaria.

Un grupo de simpatizantes del MAS desalojaron violentamente de la plaza 14 de Septiembre, en Cochabamba, a un grupo de opositores que cumplían una huelga minutos antes de que Morales diera un discurso ahí. Los opositores denunciaron haber sufrido insultos y amenazas.

En las últimas horas de la jornada se registraron enfrentamientos en la ciudad de Santa Cruz entre quienes respaldaban a Evo Morales y quienes pedían que se realice una segunda vuelta. Hubo varios heridos producto de pedradas y golpes de palo, sucesos registrados en el municipio de El Torno.

Luis Fernando Camacho, presidente del Comité pro Santa Cruz, volvió a dirigirse a los cruceños reafirmando la convocatoria del paro, y señalando que Bolivia no iría a una segunda vuelta con las mismas autoridades electorales que administraron este proceso, También lamentó la violencia registrada en la zona de ciudad Satélite donde un grupo de masistas provocaron a un grupo de bloqueadores. Camacho llamó a la paz y pidió a la Policía que resguarde la seguridad de todos los bolivianos y no solo a los militantes del MAS.

También en Cochabamba se produjeron enfrentamientos entre estudiantes y simpatizantes del presidente Evo Morales, y la policía los dispersó con gases lacrimógenos. Los militantes del MAS anunciaron que permanecerían en Cochabamba en una vigilia «hasta las últimas consecuencias».

Residentes bolivianos en Madrid, Milán y Berlín se manifestaron, solicitando una segunda vuelta con los candidatos más votados.

A las 7.00 p. m., hora local, el Órgano Electoral Plurinacional publicó el conteo de votos de Bolivia y el exterior al 99,99 % de las actas escrutadas, con la victoria de Morales por 10,56 puntos de diferencia sobre Mesa, aunque aún no era el resultado final. El 0,01 % restante son de actas anuladas en el departamento de Beni, donde se repetirá la votación, lo que no altera el resultado oficial.

La OEA recomendó que se realice la segunda vuelta. Morales denunció que la OEA «está con el golpe de Estado que impulsa la oposición».

Ingeniero Edgar Villegas en Jaque Mate El programa *Jaque Mate* de la Televisión Universitaria en La Paz, es uno de los pocos espacios televisivos del género opinativo informativo, realizado con el fin de fiscalizar e incomodar al poder, que ha sobrevivido a la censura masista. Este programa es dirigido por Ximena Galarza. El programa llega a las principales capitales de departamento, en los sistemas de cable y satélite, y se difunde de lunes a viernes de 21.35 a 23.00 horas.

La noche del jueves 24 de octubre, el ingeniero Edgar Villegas presentó en este programa el resultado de un trabajo de seguimiento al proceso de cómputo de las elecciones, realizado por un grupo de ingenieros de sistemas.

Encontraron más de mil casos que son parte de la prueba material del fraude electoral, mostrando con lujo de detalles la volcada de votos en contra de CC y la manipulación de actas a favor del MAS. Villegas afirmó que «en 1085 actas ha habido alteraciones de uno u otro tipo, pero la mayoría en beneficio del MAS o en contra de Comunidad Ciudadana». Explicó que en algunas actas del TREP, Mesa obtenía un promedio de entre 100 a 120 votos, pero al momento del cómputo oficial, esa cantidad se reducía a entre 20 a 33 votos y en paralelo subía la votación de Evo Morales.

Se mostraron varios ejemplos de las alteraciones. La claridad en la demostración del trabajo despertó tal interés de los seguidores del programa que en poco tiempo pasó de 800 a 12 000 espectadores en vivo a través del Facebook.

La opinión pública encomió la iniciativa de estos jóvenes profesionales que de manera espontánea desarrollaron un trabajo de seguimiento tan detallado que difícilmente podrían refutarlo. Sin embargo, también alertaron que en las afueras del canal universitario ya se había detectado la presencia de algunos policías, por lo que la conductora pidió públicamente garantías para la integridad física y el trabajo de investigación del ingeniero Villegas.

Más de mil actas con valores alterados en un trabajo que solo mostraba la punta del iceberg.

6.5. Veinticinco de octubre del 2019

Evo Morales se declara ganador y desafía a la oposición y a la comunidad internacional a contar «voto por voto» si tienen dudas sobre el resultado. Estados Unidos, Colombia y Argentina se suman formalmente al pedido de la OEA de que se realice la segunda vuelta. Evo Morales, además, se burla de los bloqueos en defensa de la democracia: «Me he sorprendido, ahora dos, tres personas amarrando "pititas", poniendo "llantitas", ¡qué paro es ese!, soy capaz de dar talleres, seminario de cómo se hacen las marchas a ellos, para que aprendan». No era la primera vez que Morales se burlaba de las movilizaciones políticas, sociales y cívicas, ya en otras oportunidades ofreció su asesoramiento para enseñar a desarrollar medidas de presión. Lo novedoso esta vez fue que sin querer le dio nombre al movimiento que lo derrocó.

El Comité Cívico Popular de Cochabamba decidió empezar el paro indefinido con movilizaciones y realizar un cabildo en la tarde, informando que los mercados se abrirían el sábado 26 para el abastecimiento de la población. Los bloqueos de las calles llegaron hasta la zona sur, donde hubo enfrentamientos entre activistas y simpatizantes del MAS que querían circular y exigían que se retire el bloqueo. El cabildo se realizó en la plaza 14 de Septiembre y definió que las medidas de presión continuarían en los días siguientes. Entre muchas de la exigencias se destaca la defensa del litio y las áreas protegidas, la defensa del voto y la expulsión de Evo Morales del poder.

En Potosí, se encendieron fogatas y comenzó una vigilia en el Comité Cívico Potosinista con el objetivo de evitar una probable «invasión» de habitantes de alguno de los municipios vecinos afines al MAS, de quienes se pensaba que tenían la intención de tomar el edificio del Comcipo.

6.6. Veintiséis de octubre del 2019

Las protestas continuaron en diferentes lugares del país. En Cochabamba, Santa Cruz y La Paz se bloquearon las calles, aunque durante la mañana la población pudo acudir a los centros de abasto para comprar alimentos. En Oruro, los estudiantes suspendieron la entrada universitaria folklórica[1].

La Coordinadora Departamental por el Cambio de Cochabamba determinó iniciar el bloqueo de las carreteras permitiendo solo el ingreso de productos de la canasta familiar. Leonardo Loza, dirigente de las Seis Federaciones del Trópico, informó que los cocaleros estaban armados con palos distribuidos la noche anterior.

Un grupo de choferes del transporte libre se trasladaron con palos y piedras desde el centro de Cochabamba hacia el sur de la ciudad para «desbloquear la ciudad». Según información oficial, la policía se movilizó para evitar confrontaciones y destrozos. Por lo que se puede ver en videos grabados por vecinos, la policía solo escoltaba al grupo armado. Los transportistas rompían vidrios de automóviles en su camino. Recrudecen las protestas y los enfrentamientos en las calles.

El presidente Evo Morales declaró en Cochabamba que excluía toda «negociación política» con la oposición para zanjar la crisis electoral: «Más bien en las ciudades dejen de perjudicar con paros, si quieren paro, no hay problema, nosotros vamos a acompañar con cerco a las ciudades, para hacernos respetar, a ver si aguantan». Una amenaza en toda ley que anunciaba un genoci-

[1]Entrada folklórica es la denominación que se le da en Bolivia a celebraciones callejeras estructuradas en grupos que interpretan danzas típicas del país.

dio. Además acusó a Carlos Mesa de buscar que se anulen las elecciones y no querer que se haga una auditoría. «Decían que mi candidatura era ilegal, entonces por qué compitieron con una candidatura ilegal. Si Evo es ilegal, ellos también son ilegales», señaló.

El Gobierno de Brasil anuncia que «de momento» no reconocería la reelección de Morales y apoya una auditoría del proceso electoral, como proponen la oposición y los observadores internacionales.

6.7. Veintisiete de octubre del 2019

La federación de cocaleros Mamoré-Bulo Bulo bloqueó la carretera Cochabamba-Santa Cruz, a la altura del puente Ichilo en la localidad de Bulo Bulo, para manifestar su respaldo a Evo Morales. Los cocaleros anunciaron que no dejarían transitar a ningún motorizado por el sector. Andrónico Rodríguez, vicepresidente de la Coordinadora de las Seis Federaciones del Trópico de Cochabamba, informó a través de Radio Kawsachun Coca que el bloqueo era para defender el voto rural.

La ciudad de Potosí continuó con los bloqueos callejeros y los mercados cerrados. En los otros departamentos cesaron las medidas durante la mañana, hasta el mediodía, para que la gente pueda abastecerse. En Potosí decidieron trasladar la jornada de abastecimiento para el martes.

En Santa Cruz, si bien no hubo bloqueos, sí se cerraron algunas carreteras que conectan la ciudad de Santa Cruz de la Sierra con el resto del departamento.

En el resto de los departamentos anunciaron que las movilizaciones se detendrían hasta el mediodía, y por la tarde seguirían las medidas. Luis Revilla, alcalde de La Paz, pidió que se dé todo el día para el abastecimiento y tomar un descanso, para el lunes iniciar con el paro cívico indefinido con cierre de calles en la urbe paceña. Si bien no hubo bloqueos, se realizó un cabildo en la calle 21 de San Miguel organizado por los vecinos en la zona sur. El mismo contó con la presencia de una gran multitud de gente que llegó en marcha desde sus respectivas zonas. También estuvieron representantes de la Coordinadora de la Defensa de la Democracia: Carlos Mesa, Samuel Doria Medina y Waldo Albarracín. En él resolvieron hacer una nueva concentración al día siguiente en la avenida Costanera, frente al campo ferial Chuquiago Marka, el lugar donde Evo Morales pensaba hacer su celebración por ganar las elecciones. Este había planeando realizar su festejo por ganar las elecciones en la zona sur. Pero cambió de lugar a última hora y lo realizó en El Alto.

Carlos Mesa, candidato a la presidencia por Comunidad Ciudadana (CC), declaró que las amenazas de Evo Morales, de cercar las ciudades donde se realizan paros y bloqueos, no los va a detener. Clarificando que la gente no va a dejar de movilizarse en contra del fraude electoral y en defensa de la democracia.

«No tenemos miedo ni nos dejaremos amedrentar por un Gobierno que pretende acallar las voces ciudadanas que no van a cesar hasta que su voto se respete», subrayó.

Mesa sostuvo que Evo Morales utilizaba una vez más el discurso del miedo al que recurría siempre que se le exige el cumplimiento de la ley, cuando se pone en evidencia sus faltas, y declaró que: «Sus amenazas ya no funcionan porque la gente demanda hoy el respeto a las reglas de la democracia en su más alta expresión que es el voto. Lo que no comprende el presidente es que vamos a defender ese derecho con todo el vigor que nos da la verdad, la razón y el sentido de libertad; valores que tenemos profundamente enraizados desde nuestro nacimiento como nación».

Mesa lamentó que Evo Morales persistiera en su intención de enfrentar a los bolivianos entre sí, alegando a la mentira, a generar miedo y a las acciones violentas de grupos de choque, que han causado enfrentamientos en algunos puntos del bloqueo. «Evo Morales genera, de manera recurrente, un discurso de odio y división entre bolivianos, exteriorizando además su menosprecio hacia los ciudadanos, especialmente a los jóvenes, que se movilizan en todo el país, no solamente en las capitales, sino también en provincias», manifestó.

Refiriéndose al supuesto «golpe de Estado» denunciado por Evo Morales, Mesa dijo: «El único que viola la ley, la Constitución y la voluntad soberana del pueblo es Evo Morales, porque de manera sistemática ha buscado someter a las instituciones y al pueblo a su voluntad».

Desde que Evo Morales anunció el cerco a las ciudades, se desató una cadena de ultimátums contra quienes rechazaban los resultados electorales por el evidente fraude. «Aquí solo falta ver, en este panorama oscuro que se presenta, si las madres, los padres, están dispuestos a tener a sus hijitos en las calles cuando haya enfrentamiento. No sé cuántas madres están dispuestas a sacrificar a sus hijos, llevarse ese dolor tan criminal que es sentir la muerte de tu hijo que no es lo mismo, que la muerte de tus padres. A ver, que se te muera tu hijo de veinte o dieciocho años, quién aguanta ese dolor», dijo Gustavo Torrico, asambleísta departamental del MAS, amenazando de esa manera a los jóvenes movilizados. Torrico, conocido como el Satuco y por liderar un grupo de choque del MAS, «los Satucos», que durante los primeros años de gobierno de Evo Morales se dedicaban a golpear y aterrorizar periodistas, lanzó esa advertencia antes de afirmar que los masistas «defenderán su revolución contra quien sea». «No piensen, se los digo de frente a la cámara, no piensen que nos vamos a quedar con los brazos cruzados, nosotros vamos a defender nuestra revolución contra quien sea», amenazó en el programa gubernamental *El pueblo es noticia* difundido por el canal estatal y por radio Patria Nueva[2].

Pero esta no fue la única amenaza que afines al MAS lanzaron contra el pueblo movilizado. Henry Nina, ejecutivo de la Confederación Sindical de Comunidades Interculturales Originales de Bolivia (CSCIOB), dio un plazo de 48 horas para que se levanten las medidas de presión, de lo contrario, aseguró que cortarían la provisión de agua. «Damos 48 horas para que levanten sus supuestos paros, bloqueos que están en las calles: dos, tres personas con sus pititas perjudicando a la ciudadanía, al desarrollo. Nosotros vamos a cortar el agua que va hacia la ciudad de La Paz», advirtió Nina[3].

6.8. Veintiocho de octubre del 2019

Las principales calles de la ciudad de La Paz amanecieron bloqueadas por vecinos en rechazo al presunto fraude electoral. Habían largas colas en estaciones del Teleférico, la demanda del servicio fue tan masiva que colapsó, el Centro de La Paz y la zona sur quedaron incomunicados. El Magisterio Urbano de La Paz declaró paro de 24 horas en la sede de gobierno, El Alto y en las provincias en rechazo a la cuestionada victoria de Evo Morales; en cambio la Dirección Departamental de Educación informó que las labores

[2]Vea el video en https://youtu.be/qxids3NOTg8
[3]Vea el video en https://bit.ly/2NKhuDy

educativas serían normales y que habría tolerancia a la hora de ingreso. Las terminales de buses de la sede de gobierno, Oruro, Santa Cruz y de Cochabamba suspendieron salidas a distintas regiones del país debido al bloqueo de carretera en distintos puntos.

Esto derivó en ataques violentos de seguidores del presidente contra los vecinos que bloqueaban pacíficamente las calles, denunciando el fraude electoral. Con palos y piedras, personas afines al Movimiento al Socialismo (MAS) y choferes atacaron en la mañana a viviendas en la zona sur de La Paz; los vecinos filmaron esos hechos y los publicaron en redes sociales. El excandidato del MAS, Jesús Vera, llamó a levantar los puntos de bloqueo «a punta de palos».

El sector de los Interculturales anunció que implementarían el cerco contra la ciudad de La Paz para hacer respetar los resultados del Tribunal Electoral y que Evo Morales sea ratificado como presidente, y amenazaron con cortar el suministro de agua para la sede de gobierno si no suspendían el paro.

Durante la mañana se realizó una conferencia de prensa en la que el vicepresidente Álvaro García Linera y la ministra de Salud, Gabriela Montaño, denunciaron violencia y racismo durante las movilizaciones llevadas a cabo en todo el país. El vicepresidente mostró imágenes recientes de las quemas de los Tribunales Electorales Departamental de Santa Cruz, Sucre, Potosí, Pando y Beni. Sin embargo, también proyectó imágenes de las agresiones que se registraron en 2008, tomadas de la película documental *La Derecha no pasará*, que está disponible en Youtube desde el 28 de septiembre de ese año, como si fueran actuales. «Estoy muy dolido por esas imágenes. Estoy muy angustiado, pero tiene un culpable, esta sangre de este maestro tiene un nombre: es Carlos Mesa. Él es el culpable, él es el responsable», dijo García Linera señalando la pantalla, donde se mostraba a un hombre con la cara llena de sangre, posiblemente tras haber recibido un golpe. En la misma rueda de prensa, una periodista hizo notar al vicepresidente durante la ronda de preguntas que ese fragmento en particular era de 2008. Pero la autoridad no aclaró esta situación.

La ministra Montaño publicó en Twitter una captura de pantalla del mismo documental. «Golpean a dos maestros chiquitanos solo por el hecho de ser indígenas y humildes. Exigimos a Fernando Camacho detenga a estas hordas violentas que abusan de los más humildes», escribió junto a la imagen. Tras el reclamo de varios usuarios de las redes sociales, la autoridad eliminó el tuit.

Mineros de Huanuni, y supuestamente de otros centros mineros, llegaron a la ciudad de La Paz para respaldar a Evo Morales en una movilización que se abrió paso con el uso de cachorros de dinamita, infringiendo la Ley 400[4] (parágrafo II del artículo 51)[5] y el Decreto Supremo 2888[6]. Desde El Prado hasta la avenida Arce, casi San Jorge, los uniformados no aparecieron y mientras decenas de mineros amedrentaban con dinamita y golpeaban a los ciudadanos que bloqueaban las calles. Mientras los mineros de Huanuni amedrentaban a los ciudadanos con la explosión de dinamita y los atacaban a golpes, no había ni un policía que pueda intervenir. Los efectivos señalaron que no tenían órdenes para hacerlo. El estruendo de las dinamitas seguía el recorrido por el Prado paceño. «Pedimos disculpas a la población por el ruido de las dinamitas, es parte de nuestras costumbres», dijo el secretario general del Sindicato de Trabajadores Mineros de Huanuni, David Choque. A su lado se encontraba el máximo dirigente de la Central Obrera Boliviana (COB), Juan Carlos Huarachi.

Se mostró que no eran mineros, sino impostores disfrazados. En una fotografía se podía ver a uno de ellos cargando un saco en el que hay varios cascos y junto a él está una persona en actitud de vestirse, en otras fotografías se ve a una *minera* con tacones altos y *mineros* con zapatos de marca. Algunas personas que vieron a los *mineros* ponerse sus disfraces dijeron que algunos tenían acento cubano o venezolano. En un video, que se difundió por las redes sociales, se ve a los *mineros* marchar y junto con ellos camina el hermano del vicepresidente del Estado, Raúl García Linera. La persona que envió el video aseguró que García controlaba el desarrollo de la marcha en la que se gritó frases en defensa de Evo Morales. Mientras los *mineros* llegaban a la plaza Obelisco, los funcionarios públicos se apostaron en el sector para recibirlos con aplausos. Insultaron y agredieron a vecinos y estudiantes de la

[4]Ver la ley en https://bit.ly/34wVSjB
[5]**Artículo 51**
II Está prohibida la tenencia, porte o portación y uso de armas de fuego, municiones, explosivos y otros materiales relacionados, aun teniendo la licencia de autorización, en los siguientes casos:
...
e) Manifestaciones públicas, movilizaciones sociales, marchas, huelgas y mítines.
[6]Ver el decreto en https://bit.ly/3kBFbcp

Facultad de Ingeniería de la Universidad Mayor de San Andrés que bloqueaban el sector. En las redes sociales circularon videos en los que se muestra a policías uniformados repartiendo comida a los mineros. Esta situación fue tan criticada que la ciudadanía empezó a llamar al 110, número de emergencias de la Policía, para ordenar *pollitos* a domicilio. La Policía tuvo unos días más tarde que pedirle al público que deje de llamar a ese número.

En la tarde, con una masiva asistencia ciudadana, se realizó el Cabildo por la Democracia convocado por el Conade. En la avenida Costanera de La Paz se escucharon voces que demandaban la salida de Morales como solución al conflicto social. Luego de la intervención del alcalde paceño Luis Revilla y de Samuel Doria Medina, habló Carlos Mesa: «Me acusan de generar violencia, mintiendo descaradamente. Debo decirles: aquí estoy, ¡o voy preso o voy a la presidencia!». Mesa alegó que no había espacio para retroceder y que estaba decidido a enfrentar el «autoritarismo del Gobierno», al cual acusó de pretender robar una elección por segunda vez. «¡No tenemos miedo, carajo!», proclamó el expresidente. Mesa se refirió a la versión de García Linera que sostenía que estos movimientos eran un golpe de Estado y que lo señalaba como principal responsable: «Esta lucha es pacífica y democrática, lo repito, pacífica y democrática, señores Linera y Morales», sostuvo. Pidió no desistir, agradeció a la juventud por haberse mantenido firmes estos días. «O voy a la cárcel o a la presidencia, no hay opción para el medio, a la cárcel o a la presidencia», reiteró en medio de la ovación.

En Cochabamba, los enfrentamientos entre vecinos de los movimientos cívicos y los transportistas afines al MAS dejaron un saldo de por lo menos cinco personas heridas, entre ellas un policía de la UTOP. En la zona sur (avenidas Panamericana y 6 de Agosto), varios transeúntes resultaron afectados por los gases lacrimógenos de la Policía Boliviana. Miembros de la sociedad civil iniciaron una toma pacífica de las oficinas de Servicios de Impuestos Nacionales (SIN) y Boliviana de Aviación (BOA) resguardados por la policía. Alrededor de las 20.30 se produjeron enfrentamientos entre mineros armados con dinamitas y personas que instalaron un bloqueo en el río Huayculi, en Quillacollo, y horas más tarde llegaron a la ciudad de Cochabamba.

Comienza el cerco a la ciudad de Santa Cruz: los cocaleros afines al MAS intervienen el puente de Yapacaní, carretera Cochabamba-Santa Cruz. Aparecen videos de un hombre que disparó un arma de fuego e hirió a cinco personas durante los enfrentamientos en el Plan 3000 de Santa Cruz. El comandante de la Policía de Santa Cruz, Igor Echegaray, pidió a la población ayudar a identificar al sujeto que fue fotografiado y filmado por la prensa en el momento en que realizaba los disparos y que vestía ropa camuflada con el rostro cubierto. El último reporte brindado por la Gobernación destacó que se atendieron a cerca de 30 personas.

Se difunden en las redes sociales videos que muestran decenas de personas que se enfrentan usando piedras, palos, petardos y bombas molotov en el municipio de Mairana. Un grupo de campesinos, aparentemente afines al MAS de Comarapa, se trasladaron hasta la provincia de Florida para intentar levantar el bloqueo cívico en la zona, sin éxito. Se muestra también a algunas motocicletas mientras son quemadas y se habla de una persona muerta, sin embargo, el comandante Igor Echegaray descartó fallecidos.

En Potosí, los mineros de la mina San Cristóbal, durante la asamblea general, piden que se anulen los resultados de las elecciones generales.

6.9. Veintinueve de octubre del 2019

La zona sur de La Paz amaneció bloqueada en protesta por el fraude electoral. En diversos lugares de la ciudad –la avenida Arce, en la zona de Sopocachi, el Faro Murillo, en la frontera de las ciudades de La Paz y El Alto– efectivos policiales usaron fuerza desmedida, con uso de gases lacrimógenos, para levantar los bloqueos pacíficos y facilitar el tráfico vehicular y retirar a las personas que protestaban.

Con palos y piedras, choferes y militantes afines al MAS atacaron a los vecinos que bloqueaban las calles exigiendo el respeto al voto. Ante la emboscada, muchos vecinos se quedaron para enfrentar a los transportistas. La Policía lanzó gases lacrimógenos para evitar mayores agresiones. Vecinos del macrodistrito paceño de San Antonio que bloqueaban vías en ese lugar llamaron al 110 para pedir apoyo ante la arremetida de choferes, siendo ignorados por la fuerza policial.

Mineros y sectores afines al partido de gobierno llegaron al finalizar la tarde ese martes a la plaza Murillo, donde se quedarían a custodiar la Casa Grande del Pueblo como lo pidió Evo Morales. La llegada de estos grupos fue preparada desde muy temprano, la plaza Murillo de la ciudad de La Paz amaneció con veintiocho letrinas portátiles que fueron instaladas en dos de las cuatro esquinas. Militares descargaron colchonetas de camiones e ingresaron con las mismas al Palacio Quemado, y más tarde los miembros de las Fuerzas Armadas ordenaron a agentes de policía abrir el cerco de la plaza Murillo para que entren los manifestantes. El ministro de Comunicación, Manuel Canelas, dijo: «Las organizaciones sociales van a acompañar en una concentración hoy en la plaza Murillo durante unas horas como expresión pública de apoyo al presidente Evo Morales y de respeto al orden constitucional».

Julio Llanos, una de las víctimas de las dictaduras de los años 70 y 80, fue agredido por miembros de los *ayllus* de La Paz que marcharon en el centro paceño junto con mineros y otros grupos, en defensa del presidente Evo Morales. Los mineros aseguraron que nadie atacó a Llanos. Sin embargo, sus compañeros constataron que fue agredido por personas de *ayllus* de La Paz, que marchaban en el Prado. La víctima fue auxiliada por sus compañeros. Mientras seguía la marcha, los mineros se reían de la situación del herido. Lamentablemente, falleció un mes más tarde en el hospital obrero a causa de las heridas recibidas. Él, junto con varios de sus compañeros articulados alrededor de la Plataforma de los Luchadores Sociales Contra la Impunidad por la Justicia y la Memoria Histórica del Pueblo Boliviano Sobrevivientes de las Dictaduras, hacía más de siete años sostenían una vigilia frente a las instalaciones del Ministerio de Justicia en busca de un resarcimiento económico por parte del Gobierno. Se trató de la manifestación más larga registrada en la historia del país. En el transcurso de esta fallecieron varias víctimas de la dictadura esperando ser reconocidas por su lucha contra los regímenes dictatoriales ocurridos hace más de tres décadas en Bolivia.

En Cochabamba, masistas realizan el debloqueo a punta de machetes y palos. Grupos de choque en defensa de Evo Morales, armados además con piedras y petardos, salieron a las calles por segundo día consecutivo, a desbloquear las vías en la ciudad de Cochabamba.

El punto donde se registraron más enfrentamientos entre cocaleros, activistas y vecinos fue en el puente de la Muyurina, cerca de la avenida Villazón y el puente de Cala Cala, en el río Rocha, al norte de la ciudad. El grupo de los activistas y vecinos pedían la renuncia de Evo Morales denunciando el fraude en las elecciones generales. Mientras que los cocaleros defendían la gestión de Morales y exigían el respeto a su fuente laboral, ya que los bloqueos perjudicaban al aparato productivo.

Durante el enfrentamiento, en el puente de Cala Cala, un petardo cayó sobre un árbol de la Plaza de las Banderas provocando que se incendie como si fuese una antorcha. Fue necesaria la intervención de los bomberos para sofocar las llamas que dejaron en cenizas al árbol centenario. Otro punto de conflicto fue el puente Huayculi en la avenida Blanco Galindo, carretera a Oruro. Los bloqueadores quemaron llantas aguardando la llegaba de los mineros, quienes supuestamente estaban armados con petardos. En ese lugar no hay control ni resguardo policial. En la zona sur, un grupo de transportistas armados con palos se concentraron en el cruce de las avenidas 6 de Agosto y Cabildo y de allí avanzaron para el desbloqueo, reaccionando agresivamente contra cualquier persona que tomara fotos o imágenes. Había dos contingentes de la Policía, pero no actuaron ni los dispersaron.

En la plaza principal 14 de Septiembre, un grupo de campesinos y cocaleros desalojaron violentamente a personas que cumplían el octavo día de huelga de hambre exigiendo la renuncia de los vocales del Tribunal Electoral. Destrozaron carpas y carteles y casi se agarran a golpes con los activistas.

El vicepresidente Álvaro García Linera invitó a Carlos Mesa a sumarse a la auditoría de la OEA, México, Perú, Paraguay y otros países. Mesa aceptó la auditoría con la condición de que sea vinculante. Aun después de las declaraciones de representantes de ambos partidos, el clima del país era incierto, continuaban las manifestaciones, los bloqueos y las marchas pacíficas. La gente en los bloqueos exigían la anulación de las pasadas elecciones.

El ministro de Comunicación, Manuel Canelas, informó que la auditoría al cómputo oficial de votos de la Organización de Estados Americanos (OEA) tendría carácter vinculante, pidiéndole a Carlos Mesa sumarse a este proceso. Canelas enfatizó que de comprobarse un eventual fraude electoral se procedería a efectuar una segunda vuelta en los comicios presidenciales. «El resultado de la auditoría es el nuevo resultado que habrá para saber si se desarrollará una segunda vuelta electoral. Esperemos que la auditoría sea un primer paso para resolver estas dudas», resaltó.

6.10. Treinta de octubre del 2019

El miércoles 30 de octubre se registran las primeras víctimas mortales de los conflictos sucintados en el país a raíz de las sospechas del fraude electoral. Las dos primeras muertes con impactos de bala en las filas de los cívicos de Santa Cruz, en medio de los enfrentamientos contra los afines al MAS que salieron a terminar con el bloqueo ejercido por el ente cívico cruceño.

La violencia se desató en Montero, más específicamente en el Puente de la Amistad, a orillas del río Piraí, luego de que un grupo de simpatizantes de Evo Morales llegara hasta esa ciudad en un camión de carga y ocho buses interprovinciales para enfrentarse a los ciudadanos que denunciaban el fraude electoral. Mario Salvatierra, de 60 años, y Marcelo Terrazas Seleme, de 48, fallecieron durante la noche luego de los enfrentamientos entre masistas y cívicos que defendían el paro. El primero murió en la clínica Cardio Salud y la otra víctima, en la clínica Unimax. Salvatierra recibió dos disparos, uno en el costado y el otro en el pecho y no pudo resistir cuando se aprestaba a ser trasladado hasta Santa Cruz. Su deceso se dio tras el enfrentamiento registrado en el barrio Cofadena desde las primeras horas de la tarde. Terrazas, que pertenecía a la Unión Juvenil Cruceñista, también fue herido de bala cuando se encontraba en el mismo barrio. Hasta las 21.00 se habían atendido siete casos de gravedad, dos personas tenían golpes en la cabeza y cinco fueron heridas con balines.

Los enfrentamientos continuaron en Montero hasta tarde, durante la noche, y los ánimos se caldearon aún más tras el fallecimiento de los dos ciudadanos. El Ministerio de Gobierno emitió un comunicado y responsabilizó al Comité Cívico de Montero de instigar a la violencia. También dio un listado de las personas que se encontraban heridas y dijo que la Fiscalía investigaba el caso. «Estos muertos del pueblo lo responsabilizamos a la dirigencia cívica y al señor Carlos Mesa, porque hemos venido diciendo insistentemente que estaban queriendo muertos, muy bien, hoy día lograron sus muertos y esto lo vamos a denunciar ante los organismos internacionales», expresó el ministro de Gobierno, Carlos Romero, en el canal de televisión PAT.

El representante del partido opositor Comunidad Ciudadana, Carlos Mesa, emitió un comunicado en el que se rechazaba el acuerdo pactado entre la OEA y el Gobierno para realizar la auditoría a las elecciones del 20 de octubre. «La auditoría acordada entre la OEA y el candidato del MAS no ha consultado ni al país, ni nuestras condiciones, principalmente las de desconocer los resultados del cómputo realizado por el TSE y la necesaria participación de representantes de la sociedad civil en el proceso. Nosotros no aceptamos la auditoría en los actuales términos, pactados unilateralmente», afirmó.

El secretario de la OEA, Luis Almagro, informó a través de su cuenta de Twitter que los resultados de la auditoría electoral que el Estado solicitaba demoraría entre diez y doce días.

En La Paz, los vecinos de Alto Seguencoma denunciaron el paso violento de una de las marchas de personas afines al MAS, quienes causaron destrozos en los automóviles que se encontraban parqueados en este barrio de la zona sur de la ciudad. Se escucharon amenazas por el altoparlante: «Si siguen bloqueando los vecinos, vamos a destrozar sus casas de fin de semana en Río Abajo. Nosotros perdemos plata por no poder sacar nuestros productos, a ellos que les cueste arreglar sus casas». La Paz amaneció cercada por grupos de choque del MAS. Los militantes del partido de gobierno tomaron el Centro con dinamitazos, golpearon con palos y chicotes a varios transeúntes, además dispararon piedras con ondas a la gente que estaba en las calles. «Hoy salimos a las calles para que se vea la expresión de la población que respalda al presidente Evo Morales», dijo Juan Carlos Huarachi, secretario ejecutivo de la COB, que lideraba la marcha de los masistas que descendió desde El Alto. Los manifestantes paralizaron el centro paceño y durante todo su recorrido atemorizaban con dinamitazos, mostraban los explosivos y correteaban a los transeúntes, gritaban insultos, amenazas y disparates. Entre la calle Colombia y la avenida Mariscal Santa Cruz, los campesinos de los *ayllus* de Potosí agarraron a chicotazos y golpearon con palos a varios transeúntes y tiraron piedras a algunos vehículos que pasaban por el lugar.

En Potosí, las bases de la Federación de Cooperativas Mineras del Departamento de Potosí (Fedecomin) exigieron en una asamblea la convocatoria a nuevas elecciones generales, desconociendo las del 20 de octubre.

Mediante un manifiesto enviado a los trabajadores, exdirigentes de la Central Obrera Boliviana (COB) convocaron al desacato sindical a quienes la dirigían en ese momento, considerándolos como seguidores del partido de gobierno.

En Santa Cruz de la Sierra, el colectivo Ríos de Pie realizó desde horas de la madrugada una «sentada» en las puertas del canal estatal Bolivia TV, acompañado con carteles, con la leyenda «clausura ciudadana», exigiendo mayor responsabilidad informativa a este medio. Además, crearon una cuenta en Facebook denominada «Bolivia TV Ciudadana», con un logo similar al canal estatal, donde compartirían información.

En Cochabamba, cientos de personas se reunieron en distintos sectores de la ciudad. Una de las concentraciones se realizó en la Plaza de las Banderas, pidiendo la renuncia del comandante de la Policía de Cochabamba, Raúl Grady, y la realización de nuevas elecciones generales. Otra reunión se realizó en las avenida 6 de agosto e Independencia, zona sur de la ciudad, donde desconocían los resultados de las elecciones y exigían también la realización de nuevos comicios. Asimismo, pidieron a los vecinos de la zona sur sacar sus autos para bloquear las calles.

Con explosiones de dinamita y piedras, un grupo de mineros intentaron por segunda vez desbloquear el punto de manifestación en Quillacollo, bajo el resguardo de ciudadanos que no permitían el paso hacia Cochabamba. «Hemos estado en este frente (en Quillacollo) y vamos a seguir defendiendo con toda esta gente. No tenemos miedo, hemos resistido dos veces el ataque criminal de estos mineros que han venido a dinamitar nuestro Quillacollo y vamos a seguir resistiendo. No vamos a bajar, nosotros no tenemos miedo», señaló uno de los ciudadanos que resguardaba dicho bloqueo.

El senador Yerko Núñez reveló con documentación en mano que la presidenta del TSE ordenó que se frene la transmisión de las actas de cómputo mediante el sistema TREP a las 20.15 del domingo 20 de octubre. La presidenta del Tribunal Supremo Electoral, María Eugenia Choque, en conferencia de prensa, admitió que realizó una llamada a la empresa Neotec «en función de la información que tenían» y aseguró que todas sus «actuaciones fueron enmarcadas en decisiones de la Sala Plena». «Respecto a la denuncia del senador Yerko Núñez, sobre una llamada, esto ocurrió en presencia de los vocales y se hizo en función de la información que hemos tenido, lo cual también será aclarada, y en respeto a la población será aclarada en la auditoría de la OEA», señaló también. La denuncia de Núñez realizada ese miércoles por la mañana dice: «El día domingo 20 de octubre, Marcel Guzmán de Rojas (gerente de la empresa Neotec) recibió una llamada a horas 20.15 ordenando suspender el TREP y convocando a una reunión en San Jorge. ¿Quién llamó a Marcel? Nada más ni nada menos que María Eugenia Choque, quien en el altavoz del teléfono dijo que estaba en presencia de todos los vocales, a excepción de Antonio Costas. Para asegurarse que el gerente general de Neotec cumpla la orden de Choque, le cortaron el internet, pero no solamente esto, sino la luz y el teléfono». La presidenta del TSE indicó que «el fantasma del fraude no existió» y por lo tanto, estaban dispuestos a someterse a cualquier auditoría.

El Ministerio de Gobierno licitó la compra bajo la modalidad de excepción para agentes químicos, desde gases lacrimógenos hasta cartuchos con pólvora, todo por 40 millones de bolivianos. Cinco mil proyectiles de largo alcance de gas lacrimógeno, 5000 proyectiles de corto alcance de gas lacrimógeno, 11 500 granadas de cuádruple acción, 11 500 granadas de triple acción, 12 000 botes de gas aerosol en espray, 11 500 cartuchos de perdigones de goma y 69 647 cartuchos de pólvora (impulsores). Todos los agentes requeridos sumaban 40 067 998 de bolivianos.

6.11. Treinta y uno de octubre del 2019

Los vecinos de la ciudad de La Paz, a pesar de una pequeña llovizna a primera hora de la mañana, retornaron muy temprano al bloqueo de las calles principales: en los puentes Trillizos, las plazas Uyuni y Triangular, la Curva de Holguín, el ingreso a Alto Obrajes, Bolognia, la calle 17 de Obrajes, el ingreso a Alto Sengüencoma, las calles 8 y 21 de Calacoto, además de la calle 29 de Achumani, donde nuevamente colocaron banderas tricolores, contenedores y pitas para impedir que los motorizados circulen en protesta por el fraude electoral realizado por el cuestionado Órgano Electoral que dio como ganador en primera vuelta a Evo Morales. En los puntos de bloqueo el comentario generalizado era la muerte de dos personas en enfrentamientos en la población de Montero.

Por divergencias con el Tribunal Supremo Electoral (TSE) y el mecanismo de conteo de votos, el día anterior Sandra Kettels presentó su renuncia como vocal y presidenta del Tribunal Electoral Departamental de Santa Cruz. También dimitió María Teresa Becerra al cargo de directora nacional económica financiera del TSE. Con ambas dimisiones, sumaban seis las renuncias que se registraron tras los comicios del 20 de octubre, en medio de la ola de protestas por el presunto fraude.

Por otra parte, personas e instituciones desconfiaban de la auditoría de la OEA al proceso electoral. La Federación de Juntas Vecinales (Fejuve) Contestataria de El Alto, la Asociación de Productores de Coca de los Yungas de La Paz (Adepcoca), organizaciones de la sociedad civil de Santa Cruz vinculadas a la defensa de los derechos humanos y de la naturaleza en Bolivia, monseñor Eugenio Scarpellini, Marco Antonio Pumari, presidente del Comité Cívico Potosinista (Comcipo), frentes políticos como Comunidad Ciudadana, Partido Demócrata Cristiano y Unidad Cívica Nacional, de diferentes maneras, hicieron conocer su desconfianza en la OEA, coincidiendo en que Luis Almagro no era una persona de fiar.

Evo Morales pidió en La Paz a sus seguidores y a la oposición a que cese la violencia a la espera de que la OEA investigue las denuncias de fraude electoral: «Pido a quienes están en paro y bloqueo levantar (la medida) y dar cuarto intermedio en sus movilizaciones hasta que la OEA y delegados de tres países (México, Paraguay y España) den su informe correspondiente»; «¿Cómo con paro y bloqueos vamos a esperar a las almas?»; «dos semanas sin partidos de fútbol, somos futboleros»; con esos argumentos el presidente Evo Morales pidió a los manifestantes un cuarto intermedio en su movilización hasta que la OEA presente los resultados de la auditoría. Insistió en que era víctima de un «golpe de Estado» promovido por racistas que no aceptaban su victoria en las elecciones del 20 de octubre. «Digan lo que digan, el pueblo ganó las elecciones, no se gana en mesa», desafió a puertas de una auditoría del cómputo oficial de votos y agradeció a sus seguidores por el apoyo expresado a su reelección. «Muchas gracias por movilizarse, hermanos. Lamento mucho lo que está pasando, ganamos y empiezan las agresiones», dijo y repasó los ataques a los tribunales electorales departamentales y las casas de campaña del MAS, también hizo referencia a las «pateaduras a hermanas de pollera». «Vuelve el racismo, tratan de anular las elecciones», denunció. Pidió entonces al Ministerio Público que investigue las muertes y agresiones ocurridas en los últimos días «caiga quien caiga».

El ministro de Gobierno, Carlos Romero, culpó a Carlos Mesa de ser el directo responsable de los hechos violentos registrados en los últimos días en diferentes regiones, especialmente en Santa Cruz. «Quiero responsabilizar de manera directa al señor Carlos Mesa, es una de las personas que mandó a disparar contra los policías en febrero de 2003...; usted es responsable directo de la masacre de alteños, que no quiso entregar al genocida Carlos Sánchez Berzaín», indicó Romero en una «conferencia de prensa», de la que luego de dar su informe se fue sin responder pregunta alguna. Romero se refirió a una persona herida con arma de fuego hospitalizada en Santa Cruz, indicando que agotaría todos los recursos logísticos para esclarecer el hecho y dar con los responsables. «Vamos a dar con los responsables intelectuales que han instruido que se dispare contra los pobres, gremialistas y collas en Santa Cruz», señaló.

El representante de Comunidad Ciudadana (CC), Carlos Mesa, criticó la violencia de los ataques que propiciaron los militantes del MAS en los puntos del bloqueo pacífico. Pidió a Morales el repliegue de sus militantes. «Que se replieguen y que cesen estos actos, es imprescindible que se investigue quiénes son los autores de estas muertes, pero no creemos en el Ministerio Publico masista y pedimos que haya una investigación imparcial e independiente», solicitó.

El Comité Cívico cruceño determinó declarar una tregua para que la ciudadanía pueda acudir a los cementerios a visitar a sus difuntos los días 1 y 2 de noviembre. Luis Fernando Camacho, presidente del Comité, exhortó a que Morales responda por estas acciones. «Esta tragedia es responsabilidad del presidente Morales y deberá responder por sus acciones. Mi solidaridad y mis oraciones están con las familias de estos mártires de la democracia. Ruego que nuestro Creador les dé consuelo ante tan irreparable pérdida», escribió en su cuenta de Twitter. «Evo Morales dijo que iba a cercar las ciudades, ese cerco inició la situación en la que nos encontramos hoy los bolivianos. Dijo que cuando su gobierno tenga un muerto renunciaría. El hombre (Morales) tiene la historia más grande de gobernabilidad y no cumplió su compromiso de no generar muertes. Ahora tiene el cinismo de lamentar lo que sucedió», explicó en conferencia de prensa. «No podemos ir para atrás. No seguiremos esperando a que el señor Morales siga al mando del pueblo con un cuchillo bajo el brazo y un fusil en el otro. Instar a Morales que renuncie porque tiene un compromiso que cumplir, no solo tiene muertos, sino que los ocasionó él», expresó.

Óscar Ortiz, representante de Bolivia Dijo No, expresó que este hecho se traducía en «Un dolor grande que embarga al pueblo boliviano. Condeno la estrategia del Gobierno de enviar a civiles a enfrentar a los paros pacíficos. Cuando el Gobierno promueve esas marchas lo que hace es promover la confrontación», lamentó. Recordó que, hace unos días, «Evo Morales declaró que iba a movilizar a su gente, paralizar con cercos a las ciudades y luego vemos que manda a su gente para hacer confrontaciones, obviamente se confronta», manifestó. Denunció que el día anterior el Gobierno invirtió la información: «Ayer escuchaba al viceministro de Gobierno invirtiendo, diciendo que los fallecidos habían sido atacados por ser masistas y muestra cómo hasta en las circunstancias más tristes se siguen politizando los temas y no se realiza una investigación».

Rubén Costas, gobernador de Santa Cruz, responsabilizó al Gobierno por estas muertes. «Responsabilizo al Gobierno de Evo Morales por los ataques de las huestes enviadas contra los habitantes que llevaban una protesta pacífica hasta hace ocho días», publicó en un comunicado.

A primeras horas de la noche se realizaron varios cabildos en diferentes ciudades de Bolivia para definir el nuevo curso de las movilizaciones en defensa del voto y la tendencia era que exigirían nuevas elecciones generales. En la avenida Montes, a la altura de la Cervecería Boliviana Nacional, se congregaron miles de personas, quienes corearon «¡Evo asesino!», «¡Evo asesino!». Lo mismo ocurrió en el Cristo Redentor de Santa Cruz, donde miles de personas gritaban «¡Evo asesino!», «¡Evo asesino!» exigiendo la renuncia de Evo Morales a la presidencia del Estado Plurinacional.

En el cabildo paceño, Walter Albarracín, rector de la UMSA, dijo: «Acuso como asesino de las muertes en Montero al delincuente Evo Morales Ayma»; y de inmediato la multitud gritó «¡Evo asesino!»; y lo repitió varias veces. «Y lo vuelvo a repetir a nombre de la UMSA, acuso como asesino al sujeto delincuente Evo Morales Ayma por el asesinato de nuestros compatriotas», manifestó Albarracín, señalando como «actores materiales» a sicarios francotiradores que dispararon a dos ciudadanos que un día antes perdieron la vida en Montero después del ataque de seguidores del presidente, quien ordenó el cerco a las ciudades y la movilización de sus bases para defender su victoria en primera vuelta. «A partir de ahora, Evo Morales no es presidente, es un delincuente» dijo Albarracín.

El representante de la empresa Neotec Ltda., encargada del soporte técnico del TREP, Marcel Guzmán de Rojas, confirmó que la presidenta del TSE, María Eugenia Choque, le llamó para interrumpir el sistema de conteo rápido la noche del 20 de octubre, día de las elecciones generales. «A las ocho de la noche, recibo una llamada de la presidenta del TSE, que me informa que está en altavoz con los demás vocales y ella me dice que se debe suspender el TREP y que debo ir a una reunión de emergencia en otras oficinas del TSE que están en San Jorge de La Paz», desveló Guzmán de Rojas, entrevistado en CNN por el periodista Fernando del Rincón.

6.12. Primero de noviembre del 2019

En acto deslucido, el Tribunal Supremo Electoral formalizó la firma del resultado de las elecciones del 20 de octubre con la victoria de Morales sin necesidad de segunda vuelta. Por su lado, la ciudadanía continuaba con las medidas de presión del bloqueo de calles y el paro indefinido pese a la declaratoria de pausa. Fernando Camacho promueve en Santa Cruz la realización de cabildos todas la noches a las 19.00 horas.

Juan Ramón Quintana, ministro de la Presidencia y estratega político de Evo Morales, pintó el escenario respecto a lo que pasaría en el país en las próximas semanas. Bolivia se convertiría en un «campo de batalla, un Vietnam». En una entrevista con la agencia rusa Sputnik, dijo que «lo que estamos viendo es la ruta del golpe que se está desencadenando de manera intensa y a distintas velocidades en todo el territorio nacional» y que las organizaciones que respaldaban a Morales saldrían a defenderlo por lo que preveía que «Bolivia se va a convertir en un gran campo de batalla, un Vietnam moderno, porque aquí las organizaciones sociales han encontrado un horizonte para reafirmar su autonomía, soberanía, identidad».

El diputado opositor Rafael Quispe señaló que si Bolivia se convertía en un «Vietnam moderno», como dijo Juan Ramón Quintana, él se convertiría en el «Rambo de la democracia». «Si el ministro Juan Ramón Quintana piensa que este puede ser el Vietnam moderno, con lo que intenta perpetuarse en el poder, Rafael Quispe Flores va a ser el Rambo de la democracia, el Rambo que va a liberar de la dictadura de Evo Morales», dijo Quispe.

Al mediodía se denunció que material electoral utilizado en el proceso del 20 de octubre fue descartado en un contenedor de basura cercano al mercado Yungas. Carteles con apellidos y números de mesa, hojas de trabajo para el escrutinio que fueron encontrados pertenecerían a recintos de votación ubicados en el macrodistrito de Mallasa. «Estas son unas hojas de trabajo electoral que tienen incluso huellas de los delegados de las mesas que se encontraban el día de la elección. Entendemos que la auditoría que realiza la Organización de los Estados Americanos tiene que tomar en cuenta todos los elementos que tienen que ver con el día de la elección», manifestó Julio Sanjinés, representante de Control Social del Distrito 17 de San Antonio. En videos difundidos por las redes sociales se puede observar a una mujer que traslada el material electoral en una bolsa de yute azul. Ella saca los papeles y los rompe antes de botarlos en el contenedor de residuos. «No es la forma en la que se tiene que desechar este material. Esto aumenta la duda de que existe un fraude», señalaron los presentes. Los vecinos sacaron el material electoral desechado, unieron los papeles que estaban rotos y los pegaron a la reja de una puerta. Indignados protestaron, gritando: «Anulación».

La fiesta de Todos los Santos no frenó los bloqueos de las calles de La Paz. Los ciudadanos anunciaron que no habría tregua en las movilizaciones el fin de semana. Ante los ataques de grupos de choque, los vecinos se replegaron. Levantaron los bloqueos para dar paso a las marchas afines al partido de gobierno y retomaron las protestas después de que estos pasaron. La situación se repitió varias veces en distintas zonas. Boris Céspedes, encargado de relaciones internacionales de la Facultad de Humanidades y Ciencias de la Educación de la UMSA, afirmó que trataban de evitar la confrontación: «Hacemos manifestaciones pacíficas y evitamos conflictos o disputas. No podemos ser inconsecuentes con nuestros actos. Defendemos la democracia», declaró. Acusó a los movimientos que defendían al presidente Evo Morales de incitar a la violencia. Informó que hacía un par de días una universitaria recibió una pedrada de los mineros y fue trasladada al hospital. «Ellos son los que provocan a los vecinos lanzando piedras», concluyó.

6.13. Dos de noviembre del 2019

En la mañana, Evo Morales aseguró que no eran todos los jóvenes que participan en las protestas cívicas en Santa Cruz, sino solo algunos grupos, que sumaban entre 1000 y 2000, que sostienen el paro. «No son todos los jóvenes, no son todos los hermanos de la ciudad, algunos grupos, si fuera toda la ciudad, Santa Cruz tiene más de un millón de habitantes solo la ciudad, nos informan que mil, dos mil personas están sosteniendo los paros», aseveró. Luis Fernando Camacho le respondió inmediatamente mediante su cuenta de Twitter: «Evo dice que somos 1000 o 2000 ¿será que el Presidente fue compañero de curso de Linera? Siguen subestimando la inteligencia del pueblo boliviano y burlándose del sacrificio, honor y grandeza de todos, por eso, ¡no vamos a parar hasta que renuncien!».

Tras las revelaciones de Marcel Guzmán de Rojas, director de Neotec, en una entrevista con CNN, sobre la interrupción de la Transmisión de Resultados Electorales Preliminares (TREP), líderes políticos, legisladores de oposición y representantes de otros sectores, entre ellos Luis Fernando Camacho, líder cívico cruceño, el cívico cochabambino Juan Flores, el alcalde de La Paz Luis Revilla, el escritor Alfonso Gumucio, el periodista Tuffí Aré y muchos más exigieron la renuncia de los vocales del Tribunal Supremo Electoral (TSE). Por su parte, la presidenta del TSE, María Eugenia Choque, dijo que la Asamblea Legislativa designó a los vocales electorales y que sería ese ente quien tome la última palabra sobre su futuro.

Carlos Mesa, candidato a la presidencia por Comunidad Ciudadana (CC), convocó a una asamblea extraordinaria para asumir «una línea estratégica concertada» en torno a la crisis política. «Debido a la grave crisis política por la que atraviesa el país y vista la necesidad de asumir, de manera participativa y amplia, una línea estratégica concertada, la Coordinación Política de Comunidad Ciudadana, por instrucciones de la Presidencia de la Alianza, convoca a una asamblea extraordinaria», indicaba el comunicado.

Pese al feriado de Todos los Santos y al inicio del fin de semana, en La Paz se instalaron al menos doce puntos de bloqueo vecinal en demanda de la anulación de las elecciones generales por considerar que hubo fraude. La mayoría se instaló en la zona sur. «No, no, no. No me da la gana, vivir en dictadura como la venezolana», ese era uno de los estribillos que gritaban los bloqueadores desde tempranas horas. «Ni por ser Todos Santos vamos a hacer tregua», decían, afirmando que se mantendrían en la lucha «hasta que se anulen las elecciones fraudulentas del 20 de octubre». «Déjenme pasar pues, necesito trabajar», así gritaba una mujer que intentaba traspasar la barrera del bloqueo ubicado en la calle 8 de Calacoto con su vehículo. Debido a ello, hubo golpes y patadas de ambos bandos, pero unos segundos después todo volvió a la normalidad. Ese amague de enfrentamiento lo reflejó la Red ATB, mientras, los jóvenes gritaban «sin violencia, sin violencia».

El Gobierno decidió abrogar el Decreto Supremo 3738, que establecía una alianza con la empresa alemana ACI Systems para la fabricación de baterías de litio para el mercado regional e internacional por setenta años, lo que provocó descontento en la población potosina. El gobernador de Potosí, Juan Carlos Cejas, informó que el Decreto Supremo 3738, que creaba la empresa pública YLB-ACISA, para la industrialización y explotación de litio en el Salar de Uyuni, fue abrogado mediante el Decreto Supremo 4070. «Hemos recibido el DS 4070, por el cual se dispone la abrogación del DS 3738 del 7 de diciembre del 2018. Lamentablemente hemos llegado a esta situación, seguramente el tiempo dirá quiénes han actuado de verdad pensando en Potosí y quiénes también han agitado, han azuzado para perjudicar a Potosí», dijo la autoridad departamental. Potosí cumplió un paro de veintiséis días pidiendo de la anulación de este decreto que permitía la alianza entre la empresa estatal Yacimientos de Litio Boliviano (YLB) y ACI Systems Alemania (ACISA). Este decreto fue cuestionado por la dirigencia del Comité Cívico Potosinista (Comcipo), que calificó el Decreto Supremo 3738 como entreguista e ilegal.

La Fiscalía capturó a seis hombres en Santa Cruz inculpados de matar a los dos cívicos durante los enfrentamientos registrados el miércoles en la población de Montero. Dos de ellos estaban armados y fueron filmados. Tres de ellos fueron retenidos por ciudadanos mientras intentaban escapar en el poblado de Okinawa I. Fueron identificados como Juan Elías Nina Peñaloza, presidente de Juventudes del MAS; Iván Cala Ventura, dirigente del mismo movimiento, y David Peñaloza López. «Los tres tenían cohetes, armas blancas, dinamitas y otros explosivos», indicó el fiscal Salguero. El cuarto aprehendido fue Alberto Fuentes Urquizu, quien fue sorprendido en Montero. Al revisar su celular se encontraron conversaciones sobre la toma del Puente de La Amistad y sobre dónde se iban a entregar armas. Wilson Rodríguez Peralta fue detenido en Yapacaní, era la persona que fue filmada con un arma larga, con una chamarra camuflada y con el rostro semicubierto. Era uno de los sospechosos principales de haber matado a Mario Salvatierra y Marcelo Terrazas. Cayó también Óscar Cinko Yapu, quien estaba junto con Rodríguez y a quien se ve en las filmaciones. La Fuerza Especial de Lucha Contra el Crimen (Felcc) informó que había un séptimo sospechoso, identificado como Vismark Choque Arne.

En el cabildo abierto del sábado 2 de noviembre, los dirigentes de comités cívicos de ocho de los nueve departamentos bolivianos le dieron un ultimátum de 48 horas a Morales para que renuncie a su cargo, hasta las 19 horas del lunes 4 de noviembre, y llamaron a las Fuerzas Armadas a unirse a su reclamo. El líder del Comité pro Santa Cruz, Luis Camacho, se convirtió en una de las caras más radicalizadas de la oposición. «De que el día lunes se va a ir, se va a ir, se los garantizo», fueron sus palabras en su intervención en el cabildo realizado a los pies del Cristo Redentor en la ciudad de Santa Cruz, refiriéndose a que el presidente Evo Morales tenía hasta el lunes para renunciar. «Decirle al tirano que tiene 48 horas para renunciar», expresó el líder cívico a tiempo de informar que los bloqueos y movilizaciones se mantendrían con mayor fuerza.

6.14. Tres de noviembre del 2019

Vecinos del centro paceño marcharon con globos y banderas blancas demandando paz y exigiendo que se respete la democracia en el país. «Estamos marchando con globos y banderas blancas porque queremos paz en nuestra ciudad y en el país», dijo Marian Roca, vecina de San Pedro, y aseguró que «todos buscan que ya no exista tanta crueldad, tanto maltrato y que se solucionen los conflictos». Eso sí, aclaró que también demandaban que se respete la democracia y que las autoridades nacionales declinen sus actitudes y accedan al pedido de la población boliviana.

Marco Antonio Pumari, presidente del Comité Cívico Potosinista (Comcipo), informó que, aunque el Gobierno dio curso a la abrogación del Decreto Supremo 3738, las movilizaciones en ese departamento continuarían en demanda de nuevas elecciones. «Potosí sigue en pie de lucha», expresó Pumari. «El Gobierno ha abrogado el Decreto Supremo 3738, la abrogación de este decreto era una de las peticiones del departamento de Potosí, eso es resultado de la presión por parte la población. Felicitar a toda la población potosina respecto a esta situación, pero eso no cambia en nada las movilizaciones de departamento de Potosí», aseveró. «A partir de la anulación de estas elecciones se está pidiendo elecciones nuevas, un nuevo TSE que nos garantice unas elecciones limpias y transparentes, no con quienes nos han arrastrado hasta este momento, ahí no solamente entra Evo Morales, que es el enemigo de todos los bolivianos, ni solamente Mesa, ahí está el señor Ortiz, ahí está el señor Chi, un aparecido de la noche a la mañana que ha fracturado el voto del pueblo boliviano, son varios actores políticos», dijo.

Se cambió al comandante de Policia de Montero. Donato Herrera reemplazaría a Rockely Romero. La nueva autoridad anunció que trabajaría en beneficio de los pobladores y, para ello, pidió respeto mutuo. «Mi llegada a la institución es para trabajar en beneficio de todos los pobladores de Montero», comentó Herrera. Los pobladores de la ciudad denunciaron que ese día los policías «vieron de palco» la llegada de los buses y camiones de los masistas, quienes entraron con palos y piedras. También aseguraron que la marcha en defensa del presidente Evo Morales fue «escoltada» por los policías, quienes tardaron al menos seis horas para detener el conflicto que terminó con dos fallecidos y medio centenar de heridos.

La Policía identificó a Deisy Judith Choque Arnez como la presunta autora intelectual de las muertes de dos cívicos en la población cruceña de Montero, registradas la noche del miércoles. La mujer era diputada electa de esa región por el MAS. Su hermano, Vismark Choque Arnez, fue señalado como el autor material de ambos decesos. «Personal policial se constituyó a la zona Barrio Nuevo Amanecer de Montero a objeto de verificar el domicilio de los señores Vismark Choque Arnez y Deisy Judith Choque Arnez, ya que los mismos habrían sido identificados como autores materiales e intelectuales, respectivamente, de los disparos con arma de fuego en el transcurso de la noche en el barrio Guadalupe Cofadena», señaló el reporte. En la vivienda se encontró un uniforme camuflado: «blusa, pantalón, parca, correa de color verde y un kepi», además de «equipo táctico como rodilleras y coderas de color caqui», una wiphala y doce petardos, «motivo por el cual se procedió a la colección de los indicios materiales y el secuestro de todo lo que se encontró en la habitación de la señora Deisy Choque».

Carlos Romero, ministro de Gobierno, afirmó que, según un informe de inteligencia de la Policía, se estaría planificando una estrategia de golpe de Estado para el lunes, que tenía como fin ingresar a la plaza Murillo y que estaría siendo organizado por los comités cívicos. «Está en curso una estrategia golpista, una estrategia de golpe blando en su formato inicial que se convierte en golpe duro en su fase confrontacional, en el caso de Bolivia, la estrategia golpista está devalada a partir del pronunciamiento del presidente del Comité Cívico de Santa Cruz anoche, que en términos jurídicos diríamos es una confesión porque le da un ultimátum al Gobierno nacional para abandonar la Casa Grande del Pueblo», sostuvo Romero durante una entrevista en la televisora estatal Bolivia TV.

El canciller Diego Pary, durante una entrevista en la televisora estatal Bolivia TV, reveló que el TSE pidió gestionar una auditoría paralela a la de la OEA. «Adicionalmente, el Tribunal Supremo Electoral ha solicitado a la Cancillería que podamos hacer gestiones para que el Consejo de Expertos Electorales de Latinoamérica (Ceela), una institución muy reconocida compuesta por exautoridades electorales y exfuncionarios de órganos electorales, pueda hacer una auditoría paralela», informó. El Ceela certificó catorce años las elecciones generales en Venezuela y todas las calificó de buenas. Este organismo certificó los comicios cuestionados en 2018 y que ratificaron la continuidad de Maduro, que entonces recibió el apoyo de Bolivia, China, Rusia e Irán.

Carlos Mesa, a nombre de la alianza Comunidad Ciudadana, emitió un pronunciamiento en el que demandaba la realización de nuevas elecciones, la renuncia de los miembros del TSE y de los tribunales electorales departamentales. «Creemos, por lo tanto, que la mejor solución a esta crisis, en las actuales circunstancias, es una nueva elección, administrada por un nuevo OEP imparcial y con la observación rigurosa de la comunidad internacional. Por consiguiente, exigimos la renuncia de los miembros del TSE y los TDEs», citó Mesa durante la lectura de su pronunciamiento. Tras dar a conocer estas determinaciones, el candidato presidencial anunció que iniciaría las medidas legales para el procesamiento de dichas autoridades del Órgano Electoral.

Evo Morales convocó a una reunión de «emergencia» de dirigentes sindicales, nacionales, de la COB y Conalcam, organizaciones afines al Gobierno, para «planificar» la defensa, porque ahora, dijo, no piden elecciones, sino «fuera, Evo».

6.15. Cuatro de noviembre del 2019

El lunes 4 de noviembre Morales no presentó su renuncia, como pretendía el ultimátum de los cívicos, e instó a las fuerzas de seguridad a seguir respaldando al Gobierno. Continuaron las protestas y los enfrentamientos en las calles.

Durante el acto de entrega de la carretera Caracollo-Colquiri, el presidente advirtió: «Solo hay paz cuando hay justicia social y ahí queremos decirles que no vengan provocando al pueblo boliviano, a los distintos sectores sociales». «Quienes estamos aquí somos los nacionalizadores y los que están buscando un golpe de Estado son los privatizadores», afirmó. Más tarde el helicóptero presidencial sufrió un percance durante su despegue, la Fuerza Aérea Boliviana reportó una falla mecánica que sufrió en el rotor de la cola. Corrió el rumor de que se abría tratado de un «atentado», aunque también hubieron versiones que negaban que el mandatario estuviese en el helicóptero y que el artefacto que aparecía en los videos y las fotos no correspondía al que viajó a Colquiri para buscarlo. «Hermanos, hoy, luego de inaugurar el camino en Colquiri, tuvimos un incidente con el helicóptero que será debidamente investigado. Gracias a Dios, a la Pachamama y a nuestros achachilas nos encontramos bien y nadie resultó lastimado. Agradecemos las numerosas muestras de solidaridad», publicó Morales en su cuenta de Twitter unas horas después de la eventualidad.

Choferes armados con palos rompieron todos los puntos de bloqueo en la avenida principal de Irpavi en la ciudad de La Paz, pero esa «operación» estuvo acompañada de violencia y ataques que llegaron hasta la estación verde del teleférico. Los choferes bajaron desde Irpavi con palos, piedras y chicotes para romper los puntos de bloqueo. Videos que circularon en las redes sociales muestran a personas armadas con palos gritando consignas contra Carlos Mesa. Con el argumento de que quieren trabajar, rompieron las pitas, persiguieron y golpearon a los bloqueadores. En una de las grabaciones se observa a cinco personas con palos increpando a los pasajeros que hacen fila para abordar el teleférico. Los agresores gritan a los pasajeros que «gracias al indio Evo hay este teleférico».

Yerko Núñez, senador opositor, solicitó al Ministerio Público que inicie una investigación a los vocales del Tribunal Supremo Electoral por la paralización del TREP. Núñez planteó al Fiscal General del Estado, Juan Lanchipa, que «de inmediato instruya la investigación exhaustiva por el supuesto delito de manipulación informática». La indagación debería estar dirigida a los vocales del TSE María Eugenia Choque, Lucy Cruz, Lidia Iriarte, Idelfonso

Mamani y Édgar Gonzales, por la suspensión del sistema de transmisión de datos el día de las elecciones generales. Núñez detalló, con base en la información de la empresa Neotec, que se presentaron irregularidades en la suspensión del mismo. «Le estamos haciendo llegar esta carta para que el fiscal general abra una investigación de oficio en contra de estos vocales por el delito de manipulación informática. Estamos mandando toda la documentación», sostuvo el legislador.

Luis Fernando Camacho es bloqueado en el aeropuerto Luis Fernando Camacho, presidente del Comité pro Santa Cruz, arribó a al aeropuerto de El Alto al promediar las 22.00 con el objetivo de entregar al presidente Evo Morales su carta de renuncia, como lo había advertido en el cabildo cruceño; sin embargo, lo esperaban grupos de choque vinculados al MAS. Inicialmente Camacho iba a salir por una puerta trasera escoltado por militares, pero un funcionario del aeropuerto, de nombre Ivar Aguilar, alertó a quienes lo esperaban para que rodeen todas las puertas de salida de la terminal de El Alto, de modo que este no tuviera escapatoria. Los pasajeros de los vuelos, principalmente del exterior, que llegan en las primeras horas de la madrugada a La Paz, tuvieron que salir entre piedras y fogatas del aeropuerto, pues los alrededores estaban bloqueados por la turba que esperaba a Camacho. En el retén de ingreso a la terminal de El Alto eran revisados los vehículos que salían para impedir que en alguno de ellos se escondiera al líder cruceño. Camacho denunció, vía Twitter, inicialmente y con imágenes, al funcionario Aguilar, luego sostuvo que «el ministro Romero instruyó que cierren todo El Alto para dejar la vía expedita a los masistas para que no podamos salir».

6.16. Cinco de noviembre del 2019

Fernando Camacho, presidente del Comité pro Santa Cruz, pasó la noche en el aeropuerto internacional de El Alto cercado por seguidores de Evo Morales, que impedían que el líder cívico salga. Jerjes Justiniano, el abogado que acompañaba al dirigente cívico, relató que Camacho «tuvo una larga noche porque no se sabía si la gente entraba o no al aeropuerto, había una desinformación total y no nos decían cuántas personas habían, fue una situación de mucha tensión». Camacho no pudo salir del aeropuerto porque la terminal fue cercada por adherentes al MAS que lo amenazaban con lincharlo por haber pedido la renuncia de Evo Morales en 48 horas.

El Ministerio de Gobierno, mediante un comunicado, señaló que ante la llegada de Camacho al aeropuerto de El Alto «se dispuso la movilización de efectivos policiales para garantizar y resguardar la vida e integridad física del mismo». En el mismo comunicado también se informaba que el líder cívico «se encuentra en un área segura del aeropuerto»; no obstante, según el abogado Justiniano, la administración de la terminal aérea puso a Camacho y a sus acompañantes en el área más fría del lugar. Los seguidores de Evo Morales también se quedaron en las afueras del aeropuerto, encendieron fogatas y gritaron consignas contra Camacho, y según indicaron, aplicarían «justicia comunitaria».

Los cantos y las plegarias a Dios en el cabildo de Santa Cruz no fueron escuchados ni pudieron ayudar al dirigente a salir del Aeropuerto Internacional de El Alto. «Nos tuvieron como 45 minutos afuera, en la plataforma, con un frío impresionante, para decirnos que había mucha gente», denunció Jerjes Justianiano. Como si de rehenes se tratase, Camacho y su comitiva no tuvieron salida sino hasta la mañana, cuando un avión chárter levantó vuelo a las 8.00 del Aeropuerto Internacional de El Alto, evacuando a la comitiva cruceña. En una sola noche Fernando Camacho vivió en carne propia la polarización que atravesaba el país, bajó de un pedestal en el que la multitud lo halagaba y apoyaba, a otra que lo insultaba y lo agobiaba. «Me sacaron con mentiras, que íbamos a ir otro lugar a aterrizar. Cuando subimos al avión nos dijeron que volvíamos a Santa Cruz», informó Camacho según el diario El Deber. «No volví por voluntad, nos sacaron con mentiras de que la gente estaba entrando al aeropuerto», señaló, además de confirmar que estaría en el cabildo que se realizaría en La Paz al día siguiente. Manifestó que no fue el pueblo de la ciudad de El Alto quien le impidió salir del aeropuerto, sino un grupo de militantes del MAS; no obstante, anticipó que ese miércoles a las 14.30, en un vuelo de la empresa Boliviana de Aviación, retornará a La Paz. «A las 14.30 yo retorno a La Paz y así será todos los días hasta que llegue a entrar a Palacio de Gobierno para que entregue la carta», sostuvo Camacho al referirse a la misiva de renuncia que pretendía hacer firmar a Evo Morales. Acotó que su objetivo era entrar a la Casa Grande del Pueblo para que Cristo ingresara a través de la Biblia, pero que haberlo mantenido toda la noche en el aeropuerto solo demuestra que el «presidente tiene una preocupación de que se llegue a Palacio, le dije que solo llevaba mi fe, mi esperanza, mi Biblia y la carta de renuncia».

Carlos Romero, ministro de Gobierno, confirmó el regreso del líder cívico al aeropuerto cruceño Viru Viru. Aseguró que las personas que realizaban la vigilia rebasaron a la policía que resguardaba el lugar. «Aproximadamente a las ocho de la mañana, la policía fue rebasada. Gente ingresó a la terminal del aeropuerto y pese a que horas antes se le había comunicado al señor Camacho que la situación era de riesgo. Nosotros teníamos que garantizar su seguridad, habíamos dispuesto un vuelo chárter para que traslade a su comitiva de retorno a la ciudad de Santa Cruz, que eso era lo más aconsejable por razones de seguridad», explicó la autoridad.

Bono lealtad Desde cabos hasta coroneles, cada uno de los más de 36 000 policías del país recibieron del Gobierno 3000 bolivianos sin ningún argumento oficial, sin embargo, los oficiales lo denominaron el «bono lealtad», para que los efectivos no se den la vuelta en contra de Evo Morales.

En las dos semanas de conflicto que vivía el país, tras las elecciones generales del 20 de octubre, los policías, tanto oficiales como de bajo rango, expresaron su descontento por el trato que recibieron desde el día en que los trasladaron a otras regiones. Muchos de ellos denunciaron maltratos y falta de servicios básicos, incluso de lugares en donde dormir.

Carlos Romero, ministro de Gobierno, dijo que el bono «es una complementación alimenticia por el esfuerzo que vienen haciendo».

Tras enterarse de la bonificación de 3000 bolivianos a los efectivos policiales, las esposas de los suboficiales y sargentos de las Fuerzas Armadas aseguraron que a ellos no se les depositó nada y denunciaron discriminación.

«Las esposas de los militares estamos muy molestas. Queremos saber cuál es el motivo para que a los policías les hayan pagado ese bono, cuál es el trato que se les da a los policías. Nuestros esposos están acuartelados, trabajan las veinticuatro horas de los siete días de la semana y solo les depositaron los sueldos. Esto es discriminación del Gobierno», aseguró Janet Yujra, quien las representaba. Afirmó que las esposas de los militares de las tres fuerzas estaban en emergencia tras el abono policial y que anunciarían medidas de presión.

Discriminación racial Nuevamente afloraron conductas discriminatorias y de intolerancia étnica, regional y política, aunque esta vez en sentido contrario. La fuerzas de seguridad del Estado, llamadas por ley a defender a la sociedad, pasaron a ser fantasmas armados sin ninguna autoridad en el Aeropuerto Internacional de El Alto porque los seguidores de Evo Morales tomaron en sus manos la seguridad de esta terminal de categoría internacional. Los masistas cercaron el aeropuerto para impedir la llegada de Fernando Camacho, presidente del Comité pro Santa Cruz, a la ciudad de La Paz para entregar una carta de renuncia en borrador al presidente Evo Morales. Los manifestantes que rodeaban el aeropuerto pedían cédulas de identidad a los pasajeros que salían del recinto, revisaban las maleteras de los taxis, revisaban maletas, y a los ciudadanos que habían nacido en Santa Cruz no los dejaron salir de la terminal o eran obligados a arrodillarse para atravesar el cerco masista.

La gente que puso resistencia fue golpeada y maltratada ante la mirada paciente de los policías, que no intervenían. Una de las víctimas contó en televisión que ella llegó durante la noche en un vuelo de Santa Cruz y que no la dejaron pasar el cerco pese a la parálisis cerebral que su hija padecía. Abrieron la maletera del vehículo que la transportaba, requisaron su equipaje y la cuestionaron por tener el pelo claro, llamándola «racista». Le pidieron su carnet de identidad, que indicaba que nació en Cochabamba, pero su residencia era la zona sur de La Paz, entonces la gritaron «jailona[7]». La víctima lloró de impotencia y lamentó el ataque racista.

Algunos pasajeros que llegaban de la ciudad de Santa Cruz tuvieron que esconder sus carnets de identidad en sus zapatos para evitar ser ultrajados por su origen. Otro pasajero afectado por el cerco masista se quejó de que fue obligado a decir de dónde era. «Dos policía que estaban ahí me dijeron colabore con la gente si no quería tener problemas, ¡por Dios en qué país estamos», protestó.

Una mujer que reconoció la presencia de funcionarios fue golpeada y le arrebataron el celular porque supuestamente filmaba los abusos cometidos por los seguidores de Evo Morales. Entre militantes y funcionarios controlaban a todas las personas que ingresaban o salían del aeropuerto, a las personas nacidas en Santa Cruz se les obligaba a arrodillarse porque tenían entendido que en ese departamento habrían hecho arrodillar también a los «collas».

[7] Jailón y jailona es un modismo boliviano para denominar a personas con mucho dinero.

Los turistas y visitantes del exterior fueron obligados a mostrar sus pasaportes y tuvieron que entregar sus maletas para que sean requisadas. Los periodistas también sufrieron agresiones, seis reporteros tuvieron que salir escoltados del aeropuerto.

Reacciones frente al cerco a Camacho en el Aeropuerto de El Alto Los líderes políticos opositores Carlos Mesa, Óscar Ortiz, Rubén Costas y Samuel Doria Medina condenaron que militantes y afines al MAS hubieran cercado durante toda la noche el Aeropuerto Internacional de El Alto para evitar que el presidente del Comité pro Santa Cruz, Luis Fernando Camacho, abandone las instalaciones y cumpla su objetivo de entregar una carta al presidente Evo Morales.

«El gobierno debe ordenar inmediatamente que los masistas dejen circular a Camacho con libertad por La Paz y El Alto. Él es boliviano y en el fondo, representa el sentir de muchos bolivianos», señaló el presidente de Unidad Nacional, Samuel Doria Medina, en su cuenta de Twitter.

Rubén Costas, gobernador de Santa Cruz, reprochó a las autoridades gubernamentales por organizar a «estas hordas, esto es una organicidad tipo dictadura». Del mismo modo, afirmó que si Camacho sufría algún atropello sería de absoluta responsabilidad del Gobierno entre ellos, del presidente Evo Morales y el ministro de Gobierno, Carlos Romero, y otros.

Óscar Ortiz, excandidato a la presidencia por Bolivia Dice No y senador cruceño, responsabilizó al Gobierno por las agresiones y demandó garantizar la seguridad y libertad de Camacho. «El aeropuerto de El Alto no está bloqueado, quien está bloqueado es el presidente del Comité Cívico Cruceño, Luis Fernando Camacho. Enviar desde el Gobierno a grupos masistas contra ciudadanos particulares no es un derecho ciudadano, es el uso de grupos organizados propios de las dictaduras», alegó.

«Exigimos al Gobierno que retire inmediatamente a sus grupos de choque del aeropuerto de El Alto y nos solidarizamos con Luis Fernando Camacho, que es víctima de vejámenes y agresiones injustificables. Evo Morales debe entender que su tiempo como gobernante se acabó», afirmó Carlos Mesa, expresidente y candidato presidencial por Comunidad Ciudadana. «¿Cómo es posible que personas militantes se hayan arremolinado en el aeropuerto para impedir el ingreso libre, que impiden a compatriotas y de origen cruceño», denunció.

Carlos Mesa respondió a Evo Morales, quien dijo que la concentración de ciudadanos que impidió la salida de Fernando Camacho, líder cívico de Santa Cruz, fue espontánea. «Quiero establecer con absoluta claridad que no hay posibilidad de confundirse, esa no fue una acción aislada, no fue un hecho espontáneo de los ciudadanos que en ese momento estaban en el aeropuerto, esta acción fue decidida por el MAS», denunció Mesa en una conferencia de prensa.

En una concentración de las organizaciones sociales afines a Evo Morales en la plaza San Francisco de La Paz, Morales felicitó la «espontaneidad» de sus adherentes que salieron a defender «al mismo pueblo».

Para Mesa había una contradicción en el discurso del presidente porque desde hace días venía indiciando que buscaba la pacificación de Bolivia, la hermandad entre bolivianos, y que peleaba contra el racismo, pero sus acciones eran diferentes porque alentaban el enfrentamiento entre connacionales. «Los militantes del MAS generan acciones de violencia, hemos llegado a una acción que no puede ser posible, cómo es posible que personas militantes se hayan arremolinado en el aeropuerto para impedir el ingreso libre, que impiden a compatriotas de origen cruceño», señaló.

La Paz: Heridos y aprehendidos en enfrentamientos Médicos y universitarios marcharon por el centro de La Paz y se aproximaron a la plaza Murillo, que estaba fuertemente resguardada por seguidores de Evo Morales y policías. Durante su recorrido, pegaron fotocopias de la carta que pretendía ser entregada por Luis Fernando Camacho, presidente del Comité pro Santa Cruz. Las hojas fueron pegadas en el Ministerio de Trabajo y otras dependencias del Estado.

La marcha de médicos y universitarios llegó a la esquina de las calles Mercado y Yanacocha, donde se ubicaba uno de los cordones que impedían el paso hacia la Casa Grande del Pueblo, allí se enfrentaron con comunarios[8] del norte de Potosí que estaban resguardando esa esquina armados con palos,

[8]Con impropiedad en Bolivia se dice «comunarios» a los miembros de las comunidades indígenas y es que en lengua castellana no existe ese vocablo, por lo cual no lo incluyen los dicciona-

chicotes, hondas y piedras. Después del enfrentamiento se replegaron, pero se sumó al conflicto personal policial equipado con cascos, escudos y gases. Quienes lanzaron agentes químicos contra los universitarios y galenos, por lo que los movilizados prendieron fogatas, quemando basura y otros elementos. El contingente policial no pudo retomar el control de las calles, ya que los jóvenes se volvían a agrupar y arremetían con disparos de petardos.

La fuerza policial arrestó a seis universitarios que hicieron explotar petardos. En cambio, los comunarios potosinos gozaron de la protección policial. Sectores sociales de la provincia Omasuyus anunciaron que resguardarían el «kilometro cero» y mantendrían una vigilia. Al menos ocho personas fueron heridas de gravedad en diferentes partes del cuerpo. «Tenemos una paciente que la trajeron con traumatismo facial, le llegó un golpe, una pedrada en la cara, en la parte derecha, los otros son cinco jóvenes que han llegado, uno con traumatismo craneoencefálico, que es estudiante de la Universidad Mayor de San Andrés. Otro estudiante también llegó con una contusión craneal, otro paciente con traumatismo en la rodilla derecha, en estas dos horas hemos atendido a seis pacientes», reportó un médico del Seguro Social Universitario. De la misma manera, se reportó que dos médicos fueron heridos en la cabeza.

Aumentan los sectores en contra del Gobierno La Cámara Departamental de Transporte en La Paz (Cadetran), la Asociación de Transporte Pesado de El Alto y otras asociaciones que representan al servicio de transporte de toda la carga nacional e internacional de La Paz promovieron el cierre de frontera de Tambo Quemado y Desaguadero, desde el jueves 7 de octubre, en rechazo a los resultados electorales. En Cochabamba, los sindicatos de transporte masivo también decidieron entrar en paro indefinido desde las cero horas del miércoles 6 de octubre y bloquear así diferentes vías de la ciudad valluna. En Chuquisaca, vehículos de alto tonelaje y de transporte público bloquearon algunas calles y avenidas de la capital.

Evo no quiere renunciar Evo Morales manifestó que la denuncia de fraude electoral ocurrido en las elecciones del 20 de octubre es el verdadero fraude y que la oposición no quiere aceptar que los movimientos sociales hayan administrado de «mejor» forma el Estado. «Nosotros humildemente dijimos:

rios. Quienes pertenecen a una comunidad cualquiera o a una comunidad indígena deberían ser llamados comuneros.

"entonces que vengan organismos internacionales para hacer una auditoría electoral, no tenemos nada que ocultar, que vengan"».

Sobre el pedido de que Morales presente su renuncia en aras de la pacificación del país, este descartó esa posibilidad y dijo que se haría respetar la Constitución Política del Estado. «No tienen ninguna prueba para presentar, quieren nuevas elecciones, golpe, "Evo que renuncie"», manifestó y exclamó «¡qué renuncia!, aquí se debe respetar la Constitución Política del Estado, hacer respetar el voto del movimiento indígena campesino».

6.17. Seis de noviembre del 2019

El centro de la ciudad de Oruro fue escenario de enfrentamientos entre sectores afines al MAS y universitarios que apoyaban a quienes bloqueaban diferentes calles de la ciudad. Los partidarios del MAS usaban dinamitas a su paso según el reporte de medios locales y testigos en el lugar. La policía utilizó gas para dispersar a las personas. Tras el enfrentamiento, los sectores afines al MAS se dirigieron a la plaza 10 de Febrero. Los hechos ocurrieron cerca del mediodía, cuando los escolares salían de clases. Los cívicos orureños pedían nuevas elecciones generales con otro Tribunal Supremo Electoral.

A las ocho horas de la noche del miércoles, en la ciudad de El Alto, luego de que el presidente del Comité pro Santa Cruz, Fernando Camacho, arribara. Grupos que apoyaban al MAS se enfrentaron con los que fueron a resguardar la llegada del cívico. Después de la intervención policial, con el uso de agentes químicos y del Neptuno[9], lograron dispersar a los manifestantes masistas, quienes se armaron de calaminas como escudos y de piedras.

Enfrentamientos en Cochabamba y Quillacollo El Transporte Urbano, el Sindicato Mixto de Micros, Buses y Taxitrufis, además del transporte interprovincial, determinaron iniciar desde las cero horas del miércoles un paro indefinido con bloqueo de calles y avenidas, exigiendo otras elecciones y nuevos vocales en el Tribunal Supremo Electoral. El primer enfrentamiento ocurrió en la plazuela Busch frente a la sede de la Federación del Trópico de Cochabamba. Las «bartolinas», que respaldaban a Evo Morales ingresaron masivamente a la ciudad armadas con palos, piedras y ondas, pero a dos cuadras

[9]Neptuno: tanqueta antidisturbios con capacidad de echar agua y filmar a manifestantes.

de la plaza principal, un grupo de jóvenes y fabriles montaron una barricada en las avenidas Ayacucho y Heroínas, zona central de la ciudad.

Una marcha de militantes del MAS llegó desde los municipios de Sipe Sipe, Bolívar y Tapacarí con dirección a Quillacollo y con el objetivo de desbloquear los puntos de bloqueo, como el río Huayculi, que estuvieron cerrados por catorce días. Rebasaron a la fila de policías que se interponía entre los dos bandos. Se reportaron decenas de personas afectadas con heridas en la cabeza, la cara, contusiones y otro tipo de lesiones. «Se tiene más de cincuenta, tenemos pacientes con golpes en la cabeza y pacientes graves que se han referido al hospital Viedma», informó el administrador del hospital Benigno Sánchez, Armando Reyes.

Un joven de veinte años, identificado como Limbert Guzmán Vásquez, perdió la vida producto de una brutal golpiza durante los enfrentamientos registrados ayer entre masistas y activistas en Quillacollo, por las inmediaciones del puente Huayculi. «El paciente Limbert Guzmán, con diagnóstico de traumatismo craneoencefálico grave, fractura de base de cráneo y muerte cerebral, presentó un paro cardiorrespiratorio, que inmediatamente fue reanimado por más de veinte minutos y los esfuerzos fueron vanos falleciendo el paciente a horas 20.45», se lee en el informe médico. En un inicio fue llevado al hospital de Colcapirhua, luego a una clínica privada de la ciudad y finalmente al Viedma. Durante la noche falleció. La consternación derivó en que manifestantes opositores incendiaron el edificio municipal en Vinto, y Patricia Arce, alcaldesa del MAS, fue obligada a caminar descalza por el pueblo, donde le rociaron con pintura roja y le cortaron el pelo, hasta que fue rescatada por la Policía. Limbert fue el primer fallecido en Cochabamba, pero el tercero en el ámbito nacional; los dos primeros, en Montero, Santa Cruz. «Él salió de la casa temprano. Fue a bloquear a lado de Quillacollo, pero no sabía exactamente en qué lugar estaba. Luego me dijeron que estaba en el río Huayculi. Como todo un boliviano, él estuvo apoyando los bloqueos», contó Aida, su hermana. «Papi, estoy bien», fueron las últimas palabras de Limbert a su padre, José, por celular. «Como a un perro me lo han matado», se lamentó José; mientras que Aida aseguró que «gente pagada me lo mató», a tiempo de descartar que su hermano haya sido contratado para participar de las movilizaciones, como inicialmente se informó. «Como todo boliviano, fue a bloquear. Quería ayudar», añadió.

Tras los violentos enfrentamientos registrados en el municipio de Quillacollo, el hospital público Benigno Sánchez informó que recibió más de sesenta heridos, la mayoría por contusiones. Sin embargo, remarcó que no hubo ningún fallecido, producto de la confrontación, en ese centro.

Edgar Villegas presentó pruebas del fraude electoral ante la OEA Edgar Villegas, el informático que denunció el fraude de las elecciones nacionales del 20 de octubre en Televisión Universitaria, entregó un informe a la OEA sobre las irregularidades encontradas en los comicios. Mediante su cuenta de Twitter, Villegas anunció que se mandaron los informes al grupo auditor del proceso electoral y expresó que «hubiera sido ideal tener más días para refinar y ampliar». Adelantó que dicho informe enviado a la OEA estaría disponible para el público. A partir de un análisis y comparación de los datos de la TREP y los resultados del cómputo oficial, el estudio encontró doce casos diferentes que se repiten en las diversas irregularidades.

Camacho llega a La Paz Luis Fernando Camacho, presidente del Comité pro Santa Cruz, llegó al Aeropuerto Internacional de El Alto en un vuelo de la aerolínea Amaszonas, descendió del avión después de todos sus acompañantes y equipos de seguridad, y rápidamente ingresó y atravesó la terminal aérea escoltado por policías, no habló con los periodistas que le hicieron preguntas, subió rápidamente a una vagoneta que lo sacó del lugar resguardado por patrullas policiales y vagonetas con vidrios raybanizados.

Los expresidentes Carlos Mesa y Jorge Tuto Quiroga, que esperaban a Camacho, se quedaron al interior del aeropuerto. El cívico habría salido por la puerta del aeropuerto militar.

Camacho comunicó que ya se encontraba en la ciudad de La Paz mediante la red social Twitter. «¡Linda #LaPaz!. Ahora si, te veo y te saludo con mucha satisfacción. Gracias a todos los que me acompañan en este viaje hacia la libertad! #MovamosBolivia #AhoraONunca», tuiteó.

En la Casa Grande del Pueblo había un fuerte movimiento de periodistas y policías porque se creía que Camacho llegaría en cualquier momento al nuevo palacio para entregar la misiva en una ventanilla de recepción.

En las gradas que llevan a las puertas del gigante edificio se observaban «hombres de negro» de la seguridad presidencial y decenas de periodistas, camarógrafos y fotógrafos que esperaban la llegada de Camacho. Se sentía en el ambiente que la tensión aumentaba.

Las calles aledañas a la plaza Murillo se estaban llenando de adherentes al presidente Evo Morales y había decenas de policías, e incluso se observó un carro Neptuno en la plaza Murillo.

Atacan la alcaldía de El Alto El ataque ocurrió luego de los enfrenamientos que se registraron en el Aeropuerto Internacional de El Alto, donde los afines al MAS intentaron bloquear el ingreso de Luis Fernando Camacho. Rodearon además a unos 500 jóvenes que se trasladaron a la terminal aérea desde La Paz para apoyar a este líder.

Henry Contreras, secretario municipal de Gobernanza, dijo que una parte de la turba se dirigió al concejo, donde destrozaron un vehículo de la Dirección de Cultura e intentaron ingresar al teatro Raúl Salmón.

Otro grupo se trasladó al Centro de Convenciones, donde se encontraba el despacho de Soledad Chapetón, alcaldesa de El Alto. Allí destrozaron vidrios, la vivienda de la cuidadora e intentaron prender fuego.

Vidrios rotos y muebles destrozados son algunos de los daños que los militantes del MAS causaron a las instalaciones de la alcaldía de El Alto. La comuna denunció que los incitadores eran miembros del MAS y pidió garantías. Chapetón las exigió también para los funcionarios. Recordó el ataque en 2016 y dijo «que no son alteños quienes están en las calles pateando y agrediendo a las personas».

Mineros atacan a estudiantes Una hora duró el ataque con dinamita de los mineros afines a Evo Morales contra los cívicos y universitarios, en la calle Loayza, en el centro de la ciudad de La Paz. La policía esperó a que los mineros se queden sin explosivos para luego reprimir solo a los cívicos. Hubo al menos diez heridos y un minero retenido. «El caso más grave que atendimos es a una persona que tenía la desviación de tabique que comprometió la vía respiratoria, la cual fue asistida y trasladada al centro más cercano», explicó un funcionario de la Cruz Azul, que señaló que otros cuatro casos por intoxicación de gas fueron atendidos.

A solo dos cuadras, Javier Zavaleta, ministro de Defensa, en medio de estallidos de dinamita que fueron lanzados por supuestos mineros que defendían al presidente Evo Morales, justificó el uso de explosivos y advirtió con más violencia: «Ustedes, como periodistas, tienen que ubicarse en el escenario en el que estamos, hay una escalada de violencia», recriminó a los reporteros que cuestionaron por qué no hacía cumplir la prohibición del uso de explosivos. Zavaleta también advirtió que «estamos a un paso de contar muertos por docenas» y culpó de ese escenario a Luis Fernando Camacho, presidente del Comité pro Santa Cruz[10].

Horas antes, vecinos denunciaron cómo funcionarios del Ministerio de Salud atacaron desde el techo del edificio con explosiones de petardos a médicos que protestaban en las puertas. Tras las agresiones, estudiantes rompieron ventanas y arrojaron pintura. Varios funcionarios huyeron por el techo.

6.18. Siete de noviembre del 2019

Para no perder la costumbre de llamar a la prensa para decir mentiras, el exvicepresidente Álvaro García Linera en «conferencia de prensa» denunció que Limbert Guzmán Vásquez habría recibido dinero de Comunidad Ciudadana y sido víctima de un disparo de bazuca de su propio bando. Dijo que él fue contratado «para bloquear por Comunidad Ciudadana y habría manipulado mal unas bazucas que estaban utilizando para enfrentar a las mujeres campesinas, y la explosión le provocó el golpe en la cabeza y posteriormente la muerte». «Ese joven, por declaraciones de sus familiares, fue contratado días atrás, había plata, textualmente no lo digo yo, no tengo pruebas, de Comunidad Ciudadana, hubiera dado plata para bloquear, supongo que debe ser parte de los diez millones de dólares que Carlos Mesa dijo que tenía en la campaña, no sé si tienen otros diez millones de dólares para disponer para este tipo de contrataciones, como en el caso de Limbert ... Lo peor es otra denuncia que hace otro familiar del joven Limbert, es que él hubiera muerto a raíz de que él estaba apoyando una bazuca, ustedes han visto esas imágenes de los tubos de acero que los han adaptado ese grupo de paramilitares que se mueven en moto en Cochabamba y que el joven Limbert estaba apoyando las bazucas y habría explotado, en véz de salir el proyectil hacia afuera,

[10]Vea el video en https://youtu.be/EYPYucRsHO0

el proyectil habría explotado ahí, y fruto de esto se habría provocado este problema en la cabeza y luego en la muerte», dijo.

Es este tipo de declaraciones las que nos hacen dar cuenta que el entorno palaciego de Evo Morales estaba metido hasta el fondo en campañas de desinformación para crear una imagen falsa de lo que era su gobierno, cosa que lamentablemente tuvo mucho éxito. Sobre todo como en este caso, cuando el mismo día la familia de Limbert sostuvo que murió como un héroe, en defensa de la democracia.

García Linera y la Biblia Álvaro García Linera quiso burlarse de las creencias de Luis Fernando Camacho, presidente del Comité pro Santa Cruz, leyendo dos versículos de la Biblia. El primero del Antiguo Testamento: «A él y a su gente le respondo con la Santa Biblia. Levítico 19:12; "No aborrezcas a tu hermano en tu corazón"». El problema fue que la cita mencionada en realidad dice: «Y no jurareis falsamente por mi nombre, profanando así el nombre de tu Dios. Yo Jehová»[11]. En realidad se equivocó al identificar la cita que leyó, que era Levítico 19:17.

Pero lo que realmente fue gracioso, en muchos aspectos, pues no solo demuestra que Álvaro García Linera no leyó nunca la Biblia, sino que tiene dificultades de lectura: «...con una palabra de los Tesaloniences tres punto cinco: "Y el señor encamine vuestros corazones al amor de Dios y a la paciencia de Cristo"». Y es que el nombre del libro es «2 Tesalonicenses», no «Tesaloniences», y es «2 Tesalonicenses» porque hay dos cartas a esa población. Y encima de todo eso, para hacerse el gran intelectual, terminó criticando la ortografía de la carta de renuncia para Evo Morales redactada por el líder cívico cruceño.

El Gobierno paga a militantes para movilizarlos Ciro Zabala, senador oficialista, confirmó en una entrevista en radio Compañera el «pago» de 50 bolivianos a personas afines al MAS para que participen en movilizaciones en defensa de Evo Morales. El parlamentario oficialista calificó ese «pago» como «estipendio» para la alimentación de los militantes, aunque no aclaró la procedencia de los recursos para cubrir ese «estipendio» a miles de militantes del MAS.

[11]Usando la biblia Reina Valera"(protestante), que es la que usó Álvaro García Linera.

Zabala, además de confirmar el pago de 3000 bolivianos a los efectivos de la Policía Nacional y justificar esa cancelación «por el trabajo que realizan los policías», acusó a la oposición de pagar 100 dólares para movilizar a los ciudadanos para los bloqueos y movilizaciones de rechazo al «supuesto fraude electoral».

La violencia volvió a las calles del país En La Paz, seguidores del Movimiento al Socialismo y universitarios se enfrentaron, y la policía tuvo que intervenir usando gases lacrimógenos.

En la ciudad de Cochabamba y los municipios de Quillacollo y Vinto se registraron fuertes enfrentamientos entre campesinos y cocaleros masistas y miembros de la denominada Resistencia Juvenil Cochala.

Trinidad vivió una jornada de violencia luego de que un conductor no identificado atropelló a tres mujeres que bloqueaban el tránsito en el barrio Pompeya de esa ciudad. Vecinos enardecidos quemaron el vehículo que arrolló a esas tres personas según datos preliminares. Los manifestantes lograron encontrar la casa del conductor e incendiar el auto. Tras el hecho, los mototaxistas fueron tras el chofer, que se refugió en su domicilio. La policía detuvo al sujeto y posteriormente lo encarcelaron.

6.19. Ocho de noviembre del 2019

Evo Morales declara en la localidad fronteriza de Desaguadero que no va renunciar a la presidencia de Bolivia y llamó a los «patriotas» a defender el llamado «proceso de cambio». «Están pidiendo mi renuncia, yo digo no voy a renunciar, vamos a defender nuestro proceso de cambio», dijo. «La derecha qué dice, y quiero sepan ustedes presentes y oyentes, Evo tiene que renunciar. Quiero decirles, hermanas y hermanos, a ustedes, a toda Bolivia, el mundo: no voy a renunciar, somos electos con el pueblo, respetamos la Constitución, vamos a defender nuestro proceso», sostuvo Morales.

La empresa Ethical Hacking, la cual fue contratada por el Tribunal Supremo Electoral de Bolivia, presentó un informe en el que concluían que los comicios se encontraban «viciados».

Amenazas a Camacho Después de que Luis Fernando Camacho dijera que no se iría de La Paz hasta entregar la carta de renuncia al presidente Evo

Morales, Jesús Vera, dirigente vecinal y candidato a diputado del MAS, lo amenazó con ponerlo «en regla» por su «mal comportamiento». «No queremos racismo y discriminación, señor Camacho, o se comporta o lo ponemos en regla nosotros», advirtió Vera, conocido por acciones violentas contra los bloqueadores que demandaban nuevas elecciones generales. Cuando terminó su amenaza, sus seguidores corearon: «¡Camacho golpista fuera de La Paz!», «¡Camacho golpista fuera de La Paz!», «¡Camacho golpista fuera de La Paz!».

Cierran válvulas de una represa de agua en Cochabamba Comunarios afines al MAS tomaron durante la mañana el control de las válvulas de agua de la represa de Escalerani, que suministra agua a los distritos 1 y 2 de Cochabamba, reportó Luis Prudencio, gerente comercial del Servicio Municipal de Agua Potable y Alcantarillado Sanitario (Semapa). Prudencio explicó que Semapa estaba tomando previsiones para evitar escasez de agua potable en la ciudad y anunció que se ejecutaría un plan de redistribución de este importante recurso en Cercado.

Motín policial En la tarde empezaron a circular imágenes y audios en las redes sociales sobre un movimiento inusual en el patio principal de la Unidad Táctica de Operaciones Policiales (UTOP) de Cochabamba, tercer departamento más importante del país y bastión masista. Allí dentro, algo se gestaba.

A las 17.00 la noticia se confirmó. Los policías de bajo rango se habían amotinado. Las puertas de la UTOP fueron cerradas y un grupo de agentes encapuchados, desde la azotea de la institución, detonaron petardos y gritaron a toda fuerza: «¡Motín policial!». A los pocos minutos, cientos de personas se congregaron en el lugar como muestra de apoyo por unirse a las demandas «del pueblo».

Las causas del amotinamiento fueron las siguientes:

- El proteccionismo y servilismo del entonces comandante de la Policía de Cochabamba, Raúl Grandy, hacia los cocaleros del Chapare en las movilizaciones y enfrentamientos que intentaban romper el paro indefinido. Grandy había sido filmado mientras hablaba con un grupo de cocaleros, a quienes prometía escolta policial y les pedía mantener la calma. Esta actitud fue duramente criticada tanto por los policías de base como por la ciudadanía.

- La represión parcializada que ordenó Grandy a los activistas que denunciaban el fraude electoral y exigían nuevas elecciones. «Había bastante represión contra el pueblo, contra la gente que estaba contra Evo Morales», dijo uno de los líderes del motín. «No podemos sobrepasar el alto mando. Siempre estamos sujetos a las órdenes», añadió en referencia a la parcialización de Grandy al comandar a las fuerzas policiales.
- Durante uno de los enfrentamientos, un joven resultó herido en la cabeza por gente relacionada al MAS. Un jefe policial lo auxilió, pero esta acción enfureció a Grandy, quien, no conforme con llamarle la atención, lo amenazó con cambiarlo de destino. Los subalternos del entonces comandante tenían instrucciones de usar agentes químicos y la fuerza para reprimir solo a los grupos opositores.
- El descontento y rechazo social no solo a las actitudes parcializadas de Grandy, sino a toda la Policía, que fue calificada de obedecer y servir a los intereses del Gobierno de Evo Morales. En las redes se viralizaron memes con imágenes de policías atendiendo pedidos de comida y otros servicios personalizados en alusión al servilismo que demostró Grandy con los cocaleros del Chapare. «Ya estábamos cansados de que la Policía sea vista mal por la sociedad porque tuvimos jefes vendidos y con afinidad a un partido político», afirmó uno de los uniformados.

El motín policial trascendió las expectativas de los amotinados al recibir apoyo de los grupos de resistencia, de los activistas, las plataformas y de la sociedad opositora a Evo Morales. En las horas siguientes los policías de los demás departamentos también se amotinaron y en conjunto exigieron la renuncia del entonces presidente.

El motín se expandió inicialmente a los comandos de la Policía de Sucre, la capital de Bolivia, de Tarija y de Santa Cruz. Durante la noche, entre el viernes y el sábado, la rebelión policial se extendió a los nueve departamentos.

Después del motín en la UTOP de Cochabamba, los efectivos policiales en Chuquisaca se replegaron para sumarse al amotinamiento. Las instalaciones de la Policía Departamental en Sucre fue rodeada por ciudadanos que exigían el motín policial.

Pocos minutos antes el suboficial Édgar Ticona en representación de los clases[12] de la Policía en Sucre, dijo: «Estamos a la espera de las resoluciones a nivel nacional». Mientras hacía estas declaraciones, apoyado por un megáfono, la ciudadanía gritaba «*¡motín policial, motín policial!*». Por su parte, el comandante de la Policía Departamental, Alberto Paniagua, aseguró que sus actos estaban enmarcados en la Constitución Política del Estado: «Siempre vamos a cumplir la ley», manifestó.

Los policías de Tarija también se amotinaron, el coronel Aníbal Rivas, quien salió a hablar con la gente, en el momento menos pensado agarró un altavoz y dijo: «a ver si no tengo consecuencias, pero quiero decir "¿quién se rinde?"»; y la multitud respondió: «¡Nadie se rinde!». Antes de aquella reacción varias personas llegaron hasta el lugar, donde les manifestaron su apoyo a los uniformados.

Con un letrero en el que se leía «Motín Policial», los efectivos del Comando Departamental de Santa Cruz confirmaron su amotinamiento, después de que a las 19.00 horas hicieran flamear las banderas bolivianas, a las 20.30, en medio de los aplausos de las personas. De este modo, Santa Cruz se convertía en la cuarta región del país que tomó esta decisión.

Situaciones similares ocurrieron en las instalaciones policiales de Potosí, Beni, Pando y Oruro. Luego del motín en Cochabamba, le siguieron Sucre, Santa Cruz, Potosí, Oruro, Beni y Pando. Al terminar el día, en todas las regiones existían motines policiales excepto en La Paz donde aún no se conocía oficialmente si había o no.

Negación de lo evidente Yuri Calderón, entonces comandante general de la Policía Boliviana, aseguró que los policías del país no estaban amotinados, sino acuartelados, aunque en algunas comisarías hayan aparecido carteles confirmando el «Motín Policial».

Calderón declaró a los medios en La Paz que en la ciudad de Cochabamba, donde surgió la primera protesta policial, no existía motín, sino un «malestar» de los uniformados, y que el jefe policial de esa región fue relevado por un nuevo comandante debido a motivos médicos. «El resto del país está re-

[12] Se llaman «clases» en la policía a los agentes de bajo rango: alumnos, policías, cabos, sargentos y suboficiales. A diferencia de los oficiales.

vistiendo normalidad», añadió para señalar que ni en Sucre, la capital constitucional de Bolivia, ni en los otros departamentos existía un motín, sino un acuartelamiento.

6.20. Nueve de noviembre del 2019

Los policías de La Paz se sumaron al amotinamiento con la reivindicación de mejoras laborales, entre ellas pedían las mismas condiciones salariales y de jubilación que los militares. Se replegaron a la sede de la Unidad Táctica de Operaciones Policiales (UTOP), cercana a la plaza Murillo, donde se encuentran las sedes del Gobierno y el Legislativo bolivianos, en cuya puerta fue colocada la bandera del país, dejando sin custodia a la población en las calles de las principales ciudades. Jóvenes de la autodefensa levantaron barricadas en todos los ingresos a la plaza Murillo para custodiar el centro político y apoyar a los policías.

El presidente Evo Morales convoca a un «diálogo abierto» con los partidos de la oposición. Carlos Mesa lo rechaza y responde: «No tengo nada que negociar con Evo Morales y su Gobierno».

El Ejército se pronuncia por primera vez desde las elecciones presidenciales y advierte que no se enfrentarán al pueblo boliviano pidiendo una solución en el ámbito político.

Las caravanas por la democracia Delegaciones de Potosí y Sucre partieron a La Paz con el objetivo de fortalecer las movilizaciones que exigían la renuncia del presidente Evo Morales. En diferentes puntos de su trayecto, no obstante, defensores del MAS instalaron bloqueos para evitar que lleguen hasta la sede gubernamental.

«El Gobierno está intentando bloquearnos a través de sus funcionarios, que están moviendo todo el aparato que tienen. Están trayendo piedras con volquetas, están trayendo tierra, pero estamos logrando pasar. Nosotros estamos yendo a La Paz», señaló Rodrigo Echalar, presidente del Comité Cívico de Defensa de los Intereses de Chuquisaca (Codeinca).

Echalar informó que la delegación estaba integrada principalmente por estudiantes universitarios y representantes del magisterio. Cuando la comitiva chuquisaqueña llegó a Potosí, junto con una comitiva del Comité Cívico Potosinista (Comcipo), partieron rumbo a La Paz.

«Creemos que no podemos desviar la lucha, ni prolongar más el tema de que el Gobierno continúe en el poder», manifestó el representante del Codeinca. Señaló que en su arribo a Oruro esperaban sumar también a una delegación de esa región.

Decenas de personas se congregaron con tricolores y banderas potosinas para despedir a los representantes, que se trasladaron en más de una decena de buses. «Vamos a ir a La Paz donde está el Parlamento para pedir la renuncia de Evo Morales y Álvaro García Linera», manifestó Juan Carlos Manuel, vicepresidente del Comcipo.

La población potosina también expresó su apoyo a los chuquisaqueños que acompañaban a la delegación de su región entregándoles piezas de pan.

El presidente del Codeinca denunció que en varios sectores de la carretera Potosí-Oruro se encontraron con bloqueos instalados por personas afines al oficialismo que pretendían evitar su paso. «En el trayecto a Oruro logramos pasar más de seis puntos de bloqueo. Con los compañeros de Potosí formamos un bloque para hacer frente a las intenciones de ataque que había en el camino», indicó Echalar.

Orureños reunieron alimentos para recibir a las comitivas. Además, medios orureños reportaron cortes de vía en los sectores de Machacamarquita y Sora. Por su parte, afines al Gobierno trasladaron tierra y piedras para impedir el paso. Mientras que en el Casco Viejo de Oruro la población impidió que camiones cargados con escombros salgan de la ciudad. Denunciaron que se pretendía bloquear las carreteras con este material y que la gente los obligó a descargarlo. Los vecinos reunieron víveres, agua y gaseosas para esperar a las delegaciones de Potosí y Chuquisaca.

La emboscada de Vila Vila A la altura de Vila Vila, a 55 km de la ciudad de Oruro, un grupo de partidarios del MAS atacó y emboscó a los universitarios y miembros de otros sectores que viajaban en buses y otros motorizados que recorrían en caravana la carretera. Los agresores lanzaron piedras, gases lacrimógenos y cachorros de dinamita contra quienes se movilizaban.

Los afectados expresaron que fueron sorprendidos por dinamitazos y piedras que destruyeron los once buses en los que se trasladaban.

En medio de lágrimas, una de las estudiantes relató cómo se realizó la emboscada a la caravana que se encontraba en Vila Vila y que se dirigía a La Paz, y reveló que los obligaron a desvestirse y fueron apaleados. Además, denunció un intento de abuso sexual a sus compañeras y que dos de ellas fueron secuestradas. Añadió que el ataque presuntamente fue planificado por el gobernador de Oruro, Víctor Hugo Vásquez.

Treinta y dos personas resultaron heridas y la caravana se replegó hasta Oruro para reorganizarse. La estudiante que relató los vejamenes a los medios consideraba que el propósito era que la caravana no llegara a La Paz. «Al retornar por Oruro igual nos iba arrebatar, pero estaba la resistencia», contó.

Una segunda caravana de 2500 mineros de Potosí avanzaba para reforzar las manifestaciones. Por lo que se reporta un saldo de al menos ocho heridos y daños materiales en las flotas.

En opinión de Echalar, la entrega de la carta por parte de Luis Fernando Camacho no tendría efecto, como sucedió con el plazo de 48 horas que dieron al jefe de Estado para que renuncie. Por ello, el dirigente dijo que lo que buscarían sería cercar el Palacio de Gobierno como hicieron con varias entidades, en varios departamentos.

La región de Oruro registró una ola de violencia con más de treinta heridos en enfrentamientos entre simpatizantes y contrarios a Morales. Una multitud de personas incendió la casa del gobernador del MAS, Víctor Hugo Vásquez, y exigió su renuncia. La autoridad fue acusada de organizar la emboscada a la caravana de delegaciones de Chuquisaca y Potosí que se dirigía a La Paz.

El presidente Evo Morales denunció que opositores habrían incendiado la casa de su hermana y la de dos gobernadores, de Oruro y Chuquisaca.

6.21. Diez de noviembre del 2019

Informe de la OEA La Organización de Estados Americanos hace público el informe preliminar del Grupo de Auditores Proceso Electoral en Bolivia, en el que se identificaron diversas irregularidades.

La Secretaría General de la OEA emitió un comunicado en el que consideraba que el proceso electoral debía comenzar nuevamente. Señaló también que aún faltaba el informe final:

«Desde la Secretaría General de la OEA reiteramos la disposición para cooperar en la búsqueda de las soluciones democráticas para el país, es por ello que en virtud de la gravedad de las denuncias y análisis respecto al proceso electoral que me ha trasladado el equipo de auditores nos cabe manifestar que la primera ronda de las elecciones celebrada el 20 de octubre pasado debe ser anulada y el proceso electoral debe comenzar nuevamente, efectuándose la primera ronda tan pronto existan nuevas condiciones que den nuevas garantías para su celebración, entre ellas una nueva composición del órgano electoral. Por supuesto, aún resta el detallado informe final al respecto que se tramitará conforme los supuestos establecidos».

Esta auditoría fue solicitada unilateralmente por Evo Morales y su Gobierno. En el informe se destacaban los problemas técnicos del sistema de transmisión de resultados electorales, varios casos de falsificación de firmas y actas e irregularidades en la cantidad de votos recibidos por Morales en el último 5 % de estos.

La emboscada de Playa Verde En la carretera Potosí-Oruro, en el sector de Playa Verde, una delegación minera que se dirigía a La Paz fue emboscada y cinco mineros resultaron heridos por armas de fuego. Los heridos fueron trasladados al Hospital San Juan de Dios de Challapata.

Las imágenes presentadas en redes sociales muestran como los cooperativistas recorren el camino trotando al lado de los buses. En otras se puede observar a los mineros, pecho a tierra, mientras les disparan. Niños y mujeres usaban ondas para lanzarles piedras a ellos y a los buses, entretanto, los disparos eran permanentes desde lejos. Así es como cooperativistas mineros heridos durante la emboscada relataron que se usaron como anzuelos a manifestantes en la primera línea y, mientras, los francotiradores hacían disparos persistentes.

«Sabíamos que tenían armamento, pero máuser es a corto alcance. Estaban camuflados en la pampa, se veía gente en el cerro movilizándose, pero para mí era como un anzuelo, los francotiradores estaban alrededores, porque la bala que me llegó no es de arriba, es de frente», contó Javier Gutiérrez, de 42 años, herido de bala en la clavícula.

Las cooperativas mineras de Potosí conformaban uno de los sectores que se movilizó en demanda del respeto a su voto exigiendo la renuncia de Evo Morales, que en una caravana salieron de esa región rumbo a La Paz para sumarse a la protesta ciudadana. Al enterarse de esto, pobladores de regiones aledañas entre la carretera Potosí-Oruro-La Paz y manifestantes afines al Movimiento al Socialismo fueron a interceptar a esta caravana para bloquear su ingreso.

El ataque se registró por la mañana en las cercanías de Challapata, en el sector de Playa Verde.

«En las entrevistas se dice que han usado a niños y mujeres para que vayan en primera fila, entre los campesinos, para que así puedan distraer a la caravana que pretendía ir a dialogar pacíficamente para que puedan pasar por el bloqueo. Mientras los niños y mujeres estaban con ondas lanzando piedras y destrozando los buses se daba el ataque con balas», detalló Lirio Fuertes Mamani, comunicadora potosina que levantó el testimonio de lo ocurrido con la finalidad de que sea un antecedente para concretar las denuncias formales ante organismos internacionales.

Los mineros heridos en la emboscada de Playa Verde:

- Dario Willian Cuiza Navarro. 23 años. Herida de bala en la cadera.
- Mijael Medina Uvaldez. 30 años. Herida de bala en los dos hombros.
- Javier Gutiérrez Fuertes. 42 años. Herida de bala en la clavícula.
- Franz Álvaro Soraide Viscarra. 25 años. Herida de bala en el pulmón.
- Rafael Moscoso. Herida de bala en las costillas.

Convocatoria a nuevas elecciones Evo Morales anuncia desde la base aérea militar, en la ciudad de El Alto, que va a convocar a nuevas elecciones. También destituyó de sus cargos a los integrantes del Tribunal Supremo Electoral. En ese momento quedó claro que el sistema neoestalinista había caído. Vemos que Evo Morales, como si fuera un emperador, convoca a nuevas elecciones: según la constitución es el Órgano Electoral el encargado de convocarlas, no el presidente. Además, siguiendo con esa misma actitud, destituye de sus cargos al TSE. Según la Constitución es la Asamblea Legislativa Plurinacional la que puede destituir miembros del Órgano Electoral, no el presidente. Abiertamente, estaba atribuyéndose prerrogativas que no tenía, para tratar de detener el proceso que el informe vinculante de la OEA, que de manera directa lo acusaba de haber realizado el fraude electoral, iniciaba. De hecho, el anuncio de Evo Morales no bajó la tensión social en Bolivia y, por el contrario, se incrementaron los pedidos para que renuncie.

Las renuncias Luis Alberto Sánchez - ministro de Hidrocarburos, César Navarro - ministro de Minería, Tito Rolando Montaño - ministro de Deportes, Carmen Almendras - vicecanciller, Víctor Borda - presidente de la Cámara de Diputados, Alex Ferrier - gobernador del Beni, Iván Canelas - gobernador de Cochabamba, Juan Carlos Cejas - gobernador del departamento de Potosí, Gonzalo Durán - embajador de Bolivia en Francia, Williams Cervantes - alcalde de la ciudad de Potosí, Iván Arciénega - alcalde de la ciudad de Sucre y Marcelo Arze - viceministro de Turismo presentaron sus renuncias.

La Central Obrera Boliviana se distancia del Gobierno y le pide a Evo Morales que asuma «la responsabilidad de renunciar para pacificar al país». Aseguran que «no serán cómplice del derramamiento de sangre».

Las Fuerzas Armadas también le piden su renuncia. «Sugerimos al presidente del Estado que renuncie a su mandato presidencial», dijo el comandante en jefe Williams Kaliman. Afirmaron que la solicitud respondía a la necesidad de velar por la seguridad nacional.

En la tarde del domingo 10, se observa movimiento en el aeropuerto de El Alto y parte el avión presidencial rumbo al aeropuerto de Chimoré, en Chapare, bastión de Evo Morales, desde donde junto a su vicepresidente, Álvaro García Linera, presentan sus renuncias a los cargos que ocupaban.

Evo Morales anunció su renuncia tras casi catorce años en el poder en Bolivia. Expresó que su renuncia fue «por el bien del país» tras tres semanas de enfrentamientos entre sus partidarios y sus detractores, los que dejaron al menos tres muertos y cientos de heridos. También renunciaron varios personeros de su Gobierno, y otros solicitaron asilo en distintas embajadas, como en la de México.

Arresto de la presidenta del Tribunal Supremo Electoral En un operativo realizado por el Departamento de Análisis Criminal e Inteligencia (DACI) de la Policía Boliviana en La Paz se capturó a la ahora exlideresa del Tribunal Supremo Electoral (TSE), dentro de las órdenes que había contra los miembros de ese tribunal por el manejo que se le dio a las elecciones del 20 de octubre.

María Eugenia Choque Quispe –quien después de haber conocido el resultado de la auditoría de la OEA había renunciado de manera «irrevocable» a la presidencia del TSE: «He tomado conocimiento del informe de hallazgos preliminares y en ese contexto presento mi renuncia irrevocable», expresaba la entonces presidenta del TSE, con «el fin de someterme a cualquier investigación que sea necesaria para aclarar este hecho con la firme convicción que no he realizado ninguna acción para alterar la voluntad soberana del pueblo boliviano», concluyó en su carta de renuncia– fue detenida en medio de las manifestaciones que se registraron en el país tras la dimisión del jefe de Estado de Bolivia, Evo Morales.

Capítulo 7

Desenlace

Contrario a lo que se ha informado en el exterior tras la renuncia de Evo Morales, el conflicto que se desató entre octubre y noviembre del 2019 comenzó al menos tres años antes, el 21 de febrero del 2016, cuando ganó el «**No**» a la modificación de la Constitución Política del Estado para que Evo Morales y Álvaro García Linera vuelvan a repostularse. El hecho de que se burlen del resultado vinculante del referéndum hizo que el sentir de sus oponentes se amplifique, pero también que muchos de sus antiguos seguidores los abandonen. Los incendios forestales en Bolivia entre fines de julio y septiembre del 2019, que afectaron gravemente a la Chiquitanía y otras áreas naturales, afectaron también la intención de voto a favor del MAS. La suspensión del conteo rápido ocasionó la reacción de la gente, que no quería que nuevamente se burlen del resultado de la consulta. El informe preliminar de la auditoría de la OEA fue lo que ocasionó la renuncia masiva de la cúpula masista en el poder, en ese momento hasta la Central Obrera Boliviana pidió la dimisión de Evo Morales. Esos fueron los verdaderos motivos de esa renuncia, el mentado «golpe de Estado» con el que posteriormente justifican la huida de los altos dirigentes del partido a las embajadas de México, Venezuela y Argentina, sencillamente no existió.

El desenlace de esta historia fue completamente sorpresivo e inesperado. Debo admitir que esperaba un final muy diferente.

7.1. Las renuncias

Luego de que la OEA presentase su informe preliminar, que evidenciaba el fraude cometido en las elecciones del 2019, la suerte estaba echada. Al menos dos de los órganos del Estado, el Ejecutivo y el Electoral, habrían incurrido en graves delitos. Más que los órganos estatales, el que habría desarrollado esta tremenda burla a la democracia boliviana era el partido, el MAS-IPSP, y ello comprometía también al Órgano Legislativo donde el MAS-IPSP tenía control absoluto con 2/3 de mayoría. Habíamos entrado en una situación bastante compleja que podía terminar de manera violenta.

Evo Morales había intentado por todos los medios comunicarse con Luis Almagro antes de la presentación del informe preliminar. Quería pedirle que no lo hiciera, que espere tres días. No se sabe qué pensaba hacer Evo Morales en esos tres días. Cuando el informe de la OEA era ya público, empezó a dar golpes de ciego, destituyó al Órgano Electoral, llamó a nuevas elecciones, pero la suerte estaba echada y no le quedó más que huir, se fue al Trópico de Cochabamba, zona en la que el MAS-IPSP tenía control absoluto. Eso de «control absoluto» no se refiere solo a preferencia de voto, sino más bien es un control férreo, casi militar. En esta zona, en las elecciones, no era que tuvieses que demostrar con una foto que votaste por el MAS, sino que había un miembro del sindicato que en vivo y directo controlaba que todos voten por el MAS. La policía sindical en el Chapare tenía más poder que la policía del Estado. Cuando oí la noticia de que Evo volaba a Chimoré, me imaginé que desde allí se iniciaría la guerra civil, parecía que la cosa terminaría de manera violenta.

7.1.1. Evo Morales

Para sorpresa mía, y en realidad de toda la población boliviana, Evo Morales presentó su renuncia desde el Chapare. En cierto sentido, fue un alivio que

Evo Morales haya escogido una salida pacífica. «A las hermanas y hermanos de Bolivia, a todo el mundo entero, quiero informarles desde Laucaeña, junto al hermano vicepresidente y a la hermana ministra de Salud, que he decidido, escuchando a mis compañeros de Conalcam, de la Central Obrera Boliviana, también escuchando a la Iglesia católica, renunciar a mi cargo de presidente», empezó, sin embargo, tanto el resto de su anuncio como su carta de renuncia estaban plagadas de mentiras. Su carta de renuncia empieza englobando alrededor de su persona a los humildes, los trabajadores, los aimaras, quechuas e indígenas de tierras bajas; de entre los cuales, en la realidad, al momento de escribir esa carta lo apoyaban parcialmente. Luego caracterizaba su gobierno como «gobierno indígena», cuando en la realidad en su gobierno, desde hacía ya una década que los representantes de los pueblos indígenas eran muy pocos y al momento de su renuncia no había un solo ministro indígena. Evo Morales había vendido al mundo durante mucho tiempo que él era indígena, cuando en verdad eso es falso. Ser indígena implica pertenecer a una cultura originaria. Evo Morales no pertenece a la cultura aimara, ni siquiera habla el idioma. El que haya nacido dentro de una comunidad aimara no lo hace automáticamente indígena, pues el ha sido occidentalizado.

Empieza a crear el falso discurso de que su renuncia ha sido obligada por un golpe de Estado. Para este momento los bolivianos ya estábamos acostumbrados a la forma distorsionada de entender la realidad que tiene Evo Morales, muchos pensaban que su camarilla era quien se la distorsionaba, cosa que quedó desmentida cuando Evo perdió el poder y, estando alejado de su camarilla, continuó con su distorsionada manera de entender la realidad. No es que Evo Morales sea paranoico, todo lo contrario, esta manera de alienación tiene que ver con la creación de un discurso a largo plazo, en el que quiere aparecer como un héroe víctima de racismo. Más que un paranoico que inventa una historia paralela, es un psicópata tratando de ganar apoyo internacional con el objetivo de recuperar el poder político que acababa de perder. Morales manifestó que su decisión fue tomada «para que Mesa y Camacho no sigan persiguiendo a mis hermanos, dirigentes sindicales», refiriéndose a ataques sufridos por sus seguidores e instando a los líderes opositores a reducir la violencia que azotaba a gran parte del territorio nacional. Desde luego, no mencionó la violencia en contra de opositores realizada por sus seguidores, más bien, llamaba a estos a la «resistencia».

Desde luego que los verdaderos motivos de la renuncia de Evo Morales están descritos al detalle en este libro, el rechazo de la mayoría del pueblo boliviano a su autoritarismo y a su intento de eternizarse en el poder. Un rechazo tan fuerte que en realidad Evo Morales estaba cercado de protestas. El informe devastador de la OEA que demostraba el fraude fue la gota que colmó el vaso. Pero para alimentar la construcción del discurso de un golpe, esperó a que Williams Kaliman, comandante general de las Fuerzas Armadas, le solicite que dé un paso al costado para desactivar la crisis política y social. Ese es el pretexto perfecto para decir que fue golpe de Estado. Williams Kaliman estaba «comprometido con el proceso de cambio», como acostumbraban llamar a los que apoyaban al Gobierno, pero su papel como comandante de las Fuerzas Armadas lo hacía perfecto para que, ante los ojos del mundo, se convierta en uno de los «golpistas». El hecho de que Juan Carlos Huarachi, ejecutivo de la Central Obrera Boliviana, le haya solicitado exactamente lo mismo que Kaliman, por obvias razones, es completamente ignorado por aquellos que aceptan el invento del «golpe de Estado».

7.1.2. Álvaro García Linera

La carta de renuncia de Evo Morales estaba dirigida a Álvaro García Linera en su calidad de presidente de la Asamblea Legislativa Plurinacional, pero inmediatamente, tras presentar su renuncia, este también presento la suya.

A pesar de que en el tema de este libro Álvaro García Linera aparece como un personaje secundario, en realidad fue uno de los protagonistas. García Linera aporto teóricamente con directrices ideológicas al Movimiento al Socialismo, con la colaboración de su agrupación Comuna. A su ideología se la podría resumir como una mezcla de la teoría del katarismo indianista y el marxismo. Ideología que en el MAS-IPSP pasó a reemplazar al troskismo de Filemón Escobar. Muchos creían que Evo Morales era simplemente un títere y quien tenía el poder era Álvaro García Linera.

Este personaje tiene internacionalmente la «fama» de ser un académico de renombre, sin embargo, su historia es más bien la de un embustero: en 1981, inició en México la carrera de Matemáticas mientras trabajaba para pagar sus estudios, regresó a Bolivia tres años después sin concluir la carrera y dictó clases en universidades bolivianas. Se hizo pasar por licenciado, firmó como tal y presentó documentos ilícitos, pero no terminó su licenciatura, de hecho, la Universidad Nacional Autónoma de México (UNAM) certificó que García Linera solo avanzó el 54 % de la carrera de Matemáticas.

Una vez en Bolivia, se alió con el líder indigenista Felipe Quispe, el Mallcu, con el que formaron el Ejército Guerrillero Túpac Katari (EGTK). En 1992 fue detenido tras haber sido atrapado cuando destruía torres del tendido eléctrico en una zona rural cercana a la ciudad de La Paz. Ya en esa época el sistema judicial boliviano era pésimo, por lo que Álvaro García Linera fue liberado tras haber estado en prisión preventiva sin sentencia durante cinco años. Supuestamente, durante su tiempo en prisión estudió por su cuenta Sociología, y a pesar de no obtener ningún título una vez libre, fue designado como profesor de esa carrera en la Universidad Mayor de San Andrés. Es también entonces que junto con Luis Tapia, Raúl Prada y Raquel Gutiérrez forman el grupo Comuna. Cabe mencionar que Felipe Quispe, el Mallcu, l acusó públicamente de haber robado al EGTK 400 000 dólares, en un asalto armado, a la Universidad Mayor de San Simón (UMSS) de Cochabamba en octubre de 1991. Las investigaciones policiales establecieron que los autores del atraco fueron los hermanos Raúl y Álvaro García Linera, la esposa del primero, Silvia Alarcón, entre otros, y que parte del dinero iba a ser empleado en la compra de armas. Álvaro García Linera, en 2005, cuando era candidato a la vicepresidencia de la República por el MAS, dijo a la prensa: «No soy autor del robo», en cambio, Felipe Quispe, el Mallcu, dijo que «posiblemente (el dinero del robo) lo tenga Álvaro García Linera».

Durante los catorce años de neoestalinismo, se le ha visto en muchas ocasiones predicando odio en las comunidades indígenas. Su discurso racista es muy parecido al de los fundamentalistas tanto cristianos como islámicos. Hablaba de manera despectiva, con un tono de voz casi paternal, para decirles a los indígenas que «los racistas colonialistas», los «*q'aras* (personas de tez blanca)», «el enemigo», «los vendepatrias», «les quieren hacer daño», «les quieren quitar sus tierras», «no quieren que puedan pasear por las plazas de las ciudades», «odian que un indígena sea presidente».

«A estos racistas, colonialistas, no les tenemos miedo, que nos insulten, que nos escupan, los vamos a derrotar organizados porque venimos de la pelea. Somos mayoría, a unos cuantos *q'arizos* (personas que no tienen nada que ofrecer) les vamos a derrotar, ellos no son mayoría».

«Quieren acabar con las organizaciones sociales, quieren castigar, quieren que regresen los gringos, los vendepatrias. Se avergüenzan de las polleras, del poncho, del color de la piel. Quieren sacar al presidente, sacarlos a ustedes».

«Papá, mamá, no lo abandones al presidente Evo, no lo dejes solo. No lo abandonen, el presidente Evo, si tiene apoyo, construye colegios, si no tiene apoyo, regresarán los gringos, regresarán los vendepatrias, regresarán los asesinos y a las *wawas* (niños) les van a quitar todo y no va a haber destino. Va a haber llanto y el sol se va a esconder, la luna se va a escapar y todo va a ser tristeza para nosotros, no se olviden».

Estos son fragmentos de algunos discursos de Álvaro García Linera, solo para ilustrar sus prédicas de odio y de arrogancia ante un público indígena. Así el matemático que no sabe mucho de matemáticas, el académico sociólogo de renombre que tiene dificultades al pronunciar palabras poco usuales, en su carta de renuncia, reitera el falso discurso de «golpe de Estado» difundido por Evo Morales, agregando algo de su familiar discurso de odio «El odio y resentimiento de los golpistas nunca será el futuro de nuestra patria», teniendo, más pronto que tarde, la sinvergüenzura de plagiar frases del mensaje de despedida de Salvador Allende.

7.2. Vacío de poder

Las renuncias de Morales y García Linera dejaron una incógnita sobre quién asumiría el mando del Ejecutivo. La Constitución Política del Estado prevé este tipo de situaciones, lo que correspondía era:

1. Una reunión extraordinaria de la Asamblea Legislativa Plurinacional en la que se considere la carta de renuncia del presidente y del vicepresidente.
2. En caso de que se acepte las renuncias, deberá asumir el cargo de presidente la presidenta del Senado.
3. La Fiscalía del Estado debería iniciar una investigación de oficio sobre el fraude electoral y posiblemente detener tanto a los responsables de su ejecución como a los autores materiales, entre ellos, sin duda, a Evo Morales.

Casi inmediatamente después de la sorpresiva renuncia de Evo Morales, uno se dio cuenta de que esta podía ser simplemente una maniobra política. Lo más seguro era que la Asamblea Legislativa Plurinacional no aceptaría las renuncias, teniendo en cuenta que el MAS-IPSP tenía una mayoría de 2/3.

Poco después de las dimisiones de Evo Morales y Álvaro García Linera, Adriana Salvatierra, presidenta del Senado, en una entrevista telefónica con Unitel, renunció públicamente a su cargo. El que seguía en la línea de sucesión era Víctor Borda, presidente de la Cámara de Diputados, que ya había presentado su renuncia en la mañana. Según la nueva Constitución, allí termina la linea de sucesión, por lo que no se repetiría la figura legal que llevó a Rodríguez Veltzé a la presidencia en 2005. Una situación incierta, ya que se requería una reunión extraordinaria de la Asamblea Legislativa para considerar la renuncia del presidente. Pero era el vicepresidente quien debía llamar a esa reunión, pero este también había renunciado, y así, al igual que en la línea de sucesión, todos los que podían llamar a esa reunión habían renunciado.

Los ciudadanos que pedían la renuncia de Evo Morales recibieron la noticia con grandes demostraciones de alegría, en un multitudinario abrazo. La plaza Murillo, centro político del país, quedó atestada de gente que celebraba la trascendencia de este hecho. La gente ocupó las principales plazas de la ciudad en un mar de banderas tricolores bolivianas. Gritos de «Viva Bolivia» reemplazaron a los de «¿Quién se cansa?, nadie se cansa, ¿Quién se rinde?, nadie se rinde», que se escuchaban en las barricadas durante los días de asedio a Morales.

Los festejos no se produjeron en todo el país, en lugares donde el MAS-IPSP tenían fuerte apoyo, como por ejemplo en la ciudad de El Alto, se registraban enfrentamientos y la policía disparaba gases lacrimógenos. En Chimoré, Chapare, donde Morales y García Linera presentaron sus respectivas renuncias, los cocaleros las rechazaron y salieron a quemar puestos policiales, y el Comando del trópico de Cochabamba, de donde extrajeron documentos de investigaciones sobre narcotráfico, hicieron un llamado a la guerra civil. Además dejaron en cenizas el hotel Victoria Resort, de propiedad del senador Arturo Murillo; la familia del legislador, que se encontraba en el lugar, tuvo que escapar para refugiarse en el monte. Mario Fuentes Terán, rector de la Unibol Quechua Casimiro Huanca, llamó a los estudiantes a armarse como guerrilla. Mientras tanto, les instruyó a salir de sus casas con palos que llevasen clavos en la punta. La consigna ese día era no aceptar la renuncia y organizar una resistencia que conduzca a una guerra civil. El dirigente Leonardo Loza, en los puntos de bloqueo, exigía ser intransigentes con quien no fuera cocalero. Los ánimos se mostraban enardecidos. Ya entonces no se hablaba del fraude electoral, la razón fundamental de la renuncia de Morales, sino del ficticio golpe de Estado que mencionaba este en su renuncia.

Apenas un día antes hubiera sido imposible el que opositores lleguen al centro de La Paz. Sin embargo, Morales había perdido no solo apoyo, sino autoridad. Tanto la policía como los militares acabaron custodiando a los grupos opositores a Morales. Carlos Mesa, líder opositor boliviano, celebró «el fin de la tiranía» con un mensaje en Twitter: «A Bolivia, a su pueblo, a los jóvenes, a las mujeres, al heroísmo de la resistencia pacífica. Nunca olvidaré este día único. El fin de la tiranía. Agradecido como boliviano por esta lección histórica. Viva Bolivia!!!!!», publicó.

México ofreció dar asilo a Evo Morales: «México, de conformidad a su tradición de asilo y no intervención ha recibido a 20 personalidades del Ejecutivo y Legislativo de Bolivia en la residencia oficial en La Paz, de así decidirlo ofreceríamos asilo también a Evo Morales», escribió en Twitter Marcelo Ebrard, canciller mexicano.

La oposición política, encabezada por el candidato Carlos Mesa, trabajó intensamente para lograr reunir a la Asamblea, explorando diferentes opciones para darle una salida legal a la crisis. Parlamentarios de todo el país viajaron hacia La Paz para poder reunir a la Asamblea Legislativa, el órgano que debería aceptar o rechazar la renuncia del expresidente y elegir a un mandatario interino. Mesa compareció ante la prensa para pedir que no se hostigara a los parlamentarios del MAS, puesto que su presencia en la Asamblea debía dar una «salida democrática al país». También señaló que lo ocurrido en estos días en Bolivia «no constituye un golpe de Estado, como dicen los medios internacionales. Morales dejó el Gobierno porque ya no podía conducir el país, porque la población le había negado su apoyo. Los militares se limitaron a no enfrentarse con el pueblo».

La situación se complicó cuando Evo Morales aceptó el asilo político en México. Marcelo Ebrard, canciller mexicano, informó haber recibido una llamada de Morales aceptando la invitación. «Hace unos momentos recibí una llamada del presidente Evo Morales, mediante la cual respondió nuestra invitación y solicitó verbal y formalmente asilo político en nuestro país. Por razones humanitarias y en virtud de la situación de urgencia que se enfrenta en Bolivia, donde su vida e integridad corren riesgo», indicó Ebrard en conferencia de prensa. Poco después Evo Morales confirmó que partía de Bolivia rumbo a México. Lo hizo a través de Twitter: «Hermanas y hermanos, parto rumbo a México, agradecido por el desprendimiento del gobierno de ese pueblo hermano que nos brindó asilo para cuidar nuestra vida. Me duele abandonar el país por razones políticas, pero siempre estaré pendiente. Pronto volveré con más fuerza y energía».

Evo Morales, acompañado por Álvaro García Linera y Gabriela Montaño, partió el lunes en la noche rumbo a México. Lo recogió del Aeropuerto de Chimoré un avión de la Fuerza Aérea Mexicana. Antes de partir, envió vía Twitter una foto en la que muestra cómo supuestamente durmió en el suelo la primera noche después de renunciar a la presidencia. «Así fue mi primera noche después de dejar la presidencia forzado por el golpe de Mesa y Camacho con ayuda de la Policía. Así recordé tiempos de dirigente», tuiteó, mintiendo descaradamente.

Apenas Morales abandonó el país, entramos en un vacío de poder, pues el artículo 169 dice:

Artículo 169

I. En caso de impedimento o ausencia definitiva de la Presidenta o del Presidente del Estado, será reemplazada o reemplazado en el cargo por la Vicepresidenta o el Vicepresidente y, a falta de ésta o éste, por la Presidenta o el Presidente del Senado, y a falta de ésta o éste por la Presidente o el Presidente de la Cámara de Diputados. En este último caso, se convocarán nuevas elecciones en el plazo máximo de noventa días.

II. En caso de ausencia temporal, asumirá la Presidencia del Estado quien ejerza la Vicepresidencia, por un periodo que no podrá exceder los noventa días.

Mientras Evo Morales estaba en el país, era el presidente en funciones. A pesar de haber renunciado, se esperaba que la Asamblea Legislativa Plurinacional acepte o rechace su renuncia, hasta entonces, aún estaba en funciones. Al ausentarse del país estaba abandonando sus funciones, y ya que todos los puestos que deberían asumir la presidencia estaban también vacantes, se creó el vacío de poder.

7.3. El terror

A pesar de que la movilización popular de protesta en contra del fraude había sido pacífica, fue reprimida violentamente, tanto por las fuerzas policiales, en un principio, como por los grupos de choque del Movimiento al Socialismo. Como la violencia genera violencia, en algunas ocasiones el pueblo que protestaba también recurrió a la violencia.

La Policía se amotinó y el Ejercito anunció que «nunca se enfrentarán con el pueblo». Ante el vacío de poder creado por las renuncias de la cúpula masista, el grupo violento incrementó su agresividad, iniciando una época de terror en lo que parecía el comienzo de la guerra civil. Cabe mencionar que William Kaliman, comandante en jefe de las Fuerzas Armadas, que usualmente anunciaba su apoyo incondicional al presidente Evo Morales y al proceso de cambio, se desmarcó de cualquier discurso político para afirmar que «los actuales problemas generados en el ámbito político deben ser solucionados en el marco de los más altos intereses de la patria, antes de llegar a momentos irreversibles».

La renuncia de Evo Morales derivó en hechos de violencia, saqueos, ataques a civiles y atentados contra la propiedad privada en varias ciudades de Bolivia. Las ciudades más golpeadas por la ola de terror impulsada por sectores afines al MAS que comenzaron a atacar empresas, luego a casas particulares, fueron La Paz y El Alto.

En El Alto atacaron a la empresa avícola Sofía, luego tomaron las estaciones del teleférico y atacaron barrios enteros, como Villa Adela, Pacajes, Distrito 8 y otros. Atacaron dependencias de la alcaldía alteña, la casa de la alcaldesa Soledad Chapetón, la vivienda del padre de la burgomaestra y viviendas particulares.

El representante de la empresa Sofía denunció que saquearon y causaron destrozos en sus instalaciones ubicadas en la zona de Senkata. Partidarios del Movimiento al Socialismo prendieron fuego al local de la empresa arguyendo que esta pertenecía al líder cívico cruceño Luis Fernando Camacho, algo que era falso.

Hubieron saqueos en la Feria 16 de Julio, además de la toma de las instalaciones de la Fuerza Especial de Lucha Contra el Crimen (FELCC), ubicada en plena Ceja de El Alto. La violencia de esos hechos quedó registrada en un video que se viralizó en las redes sociales, en el que se puede ver el linchamiento de un policía. El oficial falleció seis días después a causa de los golpes recibidos. Juan José Alcón Parra, sargento primero, se encontraba en el Comando Regional del Alto, cuando el edificio fue asaltado y saqueado. El agente fue sacado a la calle, donde fue vejado y golpeado hasta quedar malherido. En las imágenes de la agresión se puede ver que los manifestantes le gritan frases como «¿quién te ha ordenado?», «vas a morir quemado» y «besa la wiphala».

Alcón tuvo que ser ingresado en el Hospital Obrero de La Paz y murió días después a causa del linchamiento. Cabe mencionar que Alcón, de 43 años, era vecino de la urbanización Villa Pacajes de la ciudad de El Alto, un policía muy comprometido con su comunidad, que fue responsable de las brigadas escolares y de su proceso de capacitación en los distritos D-1, D-2, D-8, D-10. Hizo posible que muchos colegios alteños cuenten con sus brigadas escolares.

La noche entre el 10 y 11 de noviembre del 2019 será recordada por muchos paceños como una de las noches más terroríficas que tuvieron que vivir, por las calles se escuchaban a los grupos de choque del MAS gritando, «Ahora sí, guerra civil», golpeando las puertas con palos, rompiendo vidrios, destrozando las movilidades que algunos habrían dejado parqueadas en la calle. Por lo que el Consejo Nacional de la Democracia (Conade), en una conferencia de prensa el lunes 11, llamó a la gente a formar en sus barrios comités de defensa para ayudar a la Policía a cumplir sus tareas de seguridad ante la ola de ataques y saqueos de grupos de masistas en las diferentes zonas de la ciudad de La Paz y de toda Bolivia.

En la ciudad de La Paz los grupos de choque del MAS quemaron las viviendas de Waldo Albarracín, rector de la Universidad Mayor de San Andres (UMSA) y miembro del Conade, y de Casimira Lema, presentadora de televisión. Saquearon negocios, como las sucursales de Farmacorp, y mantuvieron aterrorizados a los vecinos durante toda la noche.

En una arremetida violenta, los grupos masistas que sembraban el terror atacaron los parqueos de buses PumaKatari tanto de Chasquipampa como de Achumani, incendiando sesenta y cuatro buses que se encontraban parqueados, causando una pérdida aproximada de 12 millones de dólares.

«La Paz vivió una noche de terror protagonizada por algunos dirigentes, militantes, delincuentes, vándalos que han dañado propiedad privada, viviendas particulares y han destruido sesenta y cuatro buses que son de propiedad de todos los paceños», declaró la mañana del 11 de noviembre Luis Revilla, alcalde de La Paz.

Cabe explicar que los buses PumaKatari, de propiedad de la alcaldía paceña, son un moderno sistema de transporte urbano municipal que recién se iniciaba, y que tenía fuerte oposición de los sindicatos de transporte urbano privados, que apoyaban al MAS y estaban en contra de la movilización de los 21 días, en las que actuaron atacando violentamente a los bloqueadores. Ellos mismos, ya en Agosto, cuando se inauguró la ruta hacia Achumani, la última en ser inaugurada, apedrearon dos PumaKataris causando varios destrozos.

Se habría identificado a los que dirigían la turba, entre los que se menciona a Jesús Vera, expresidente de la Federación de Juntas Vecinales de La Paz (Fejuve), además de excandidato a diputado por el MAS. Se tenía certeza que las mismas personas que incendiaron los buses bajaron por Cota Cota causando varios destrozos y saqueos, llegando a la casa del rector Waldo Albarracín para incendiarla. No hubo ningún imputado y la Fiscalía sencillamente ignoró todos esos hechos.

Antes del mediodía, en las redes sociales y los medios de comunicación comenzaron a circular imágenes de la turba de ponchos rojos que avanzaba con rapidez por la ciudad de El Alto, con whipalas. Más tarde la turba violenta de hombres y mujeres, que al grito de «Ahora sí, guerra civil», llegaron al centro de la ciudad de La Paz. La policía tuvo que evacuar a los legisladores que llegaron a la Asamblea Legislativa Plurinacional, a la cabeza de la entonces segunda vicepresidenta del Senado, Jeanine Áñez, después del mediodía, con el objetivo de preparar la sucesión constitucional.

Turbas enardecidas quemaron y destruyeron al menos ocho estaciones de Policía en las ciudades de El Alto y La Paz. Los reportes en las redes sociales y medios de comunicación alertaron sobre los hechos que ocurrieron el lunes 11 de noviembre en diferentes partes de las dos urbes.

Los hechos más relevantes sucedieron en la ciudad de El Alto, donde se quemaron las instalaciones de Tránsito y de la Fuerza Especial de Lucha Contra el Crimen (FELCC). Ambos inmuebles quedaron totalmente inservibles.

Cerca al mediodía, un grupo de manifestantes que exigían respeto a la bandera multicolor wiphala quemó las instalaciones de Tránsito de la ciudad de El Alto. Los efectivos policiales no pudieron controlar a la turba que, por la fuerza, ingresó a las instalaciones. Allí dentro saqueó e incendió el lugar. El fuego consumió totalmente el inmueble, que después de arder por varias horas dejó todo en cenizas.

Al promediar las 17.00 horas, el grupo de movilizados que llegaron de los Distritos 7 y 14 de la urbe alteña logró rebasar a los uniformados que custodiaban las instalaciones de la FELCC. Los manifestantes, enojados, ingresaron al interior de la institución policial, donde iniciaron con la quema tanto de los pisos de arriba como los de abajo. Las llamas amenazaron con afectar a las casas aledañas y, en un trabajo común de vecinos, intentaron evitar que ocurrieran más tragedias. Cuando inició el fuego, los efectivos policiales huyeron por donde pudieron. Algunos fueron obligados a besar de rodillas la bandera wiphala.

Otro de los casos que resaltaron la jornada fue el saqueo y la quema del inmueble del Comando Regional de la Policía Nacional de El Alto, que está ubicado en la carretera a Oruro. Otra turba enardecida se acercó a las instalaciones. Allí saqueó quintales de arroz, azúcar y otro tipo de alimentos. Además, quemaron una movilidad y algunos cuartos de la planta baja.

La estación policial EPI 5 de la zona de Ventilla, en El Alto también sufrió graves daños a pesar de que los efectivos policiales trataron de controlar a la masa. En un video publicado en redes sociales, se ve gritando a un efectivo policial, alertando que una multitud se acercaba para destruir las instalaciones. Según reportes de testigos, los movilizados habrían logrado ingresar al interior para destruirlo. Con la misma suerte corrieron los recintos de la Estación Policial EPI 5, el edificio de la Policía de la zona de San Roque de El Alto y las EPI de Chasquipampa y de Alto Lima de La Paz. Sin embargo, en esta última estación, los vecinos no permitieron que la turba destruya el inmueble, pero los policías fueron obligados a poner una wiphala en la puerta.

El repudio hacia los policías en El Alto inició después de que la wiphala fuera retirada de algunas instituciones públicas y de la insignia de los efectivos policiales. A esto acompañó el motín policial en todo el país que apoyó a los que exigían la renuncia del presidente Evo Morales. Alteños llegaron en una multitudinaria marcha cargada de wiphalas y palos para pedir la reivindicación de la bandera del movimiento indígena. Cruzaron el centro paceño e intentaron instalar una concentración en la plaza mayor de San Francisco. Al ver el resguardo policial en todo el centro se vivieron momentos de tensión. Los manifestantes reclamaron a los efectivos del verde olivo el haber quitado la whipala de sus uniformes y de las instituciones públicas.

El comandante de la Policía de La Paz, José Antonio Barrenechea, aseguró que los policías fueron rebasados por la ola de violencia y llamó al comandante de las Fuerzas Armadas, Williams Kaliman, a disponer la intervención de los militares para «no permitir muertes ni sangre». «Hemos estado realizando el análisis correspondiente , es insostenible», indicó Barrenechea. El comandante se dirigió a la plaza Murillo junto con sus camaradas para dar lectura a una carta dirigida a Kaliman. En la misma, la Policía detalla que fue rebasada y que requiere de la intervención de las Fuerzas Armadas en las calles para contener la situación.

Barrenechea tuvo el apoyo de la entonces presidenta del Senado, Jeanine Añez, que mediante un video convocó a las Fuerzas Armadas a apoyar a la Policía. Añez se dirigió a Kaliman diciendo: «General Kaliman; el comandante de la Policía, me ha enviado una nota, solicitándole a usted que envié a sus funcionarios a las calles para que lo colaboren. Usted está en la potestad constitucional, conforme el artículo 244 y el artículo 6 inciso e y g de la ley orgánica de las Fuerzas Armadas. Lo convocamos, lo exhortamos a coordinar con la Policía, no queremos muertos en este país, si hay alguna persona que cae después de esta solicitud escrita que he recibido el comandante de la Policía, es de su entera responsabilidad, porque usted desde esta mañana se están negando a coordinar con la Policía nacional, que desde la mañana está diciendo de que sus funcionarios, su personal en la calle, están siendo rebasado por las hordas delincuenciales que están en la calle destruyendo toda La Paz. Le ruego, como boliviano, cumpla con su labor, no queremos derramamiento de sangre. Usted va a ser el responsable de todo lo que suceda en este país si después de este pedido y después del pedido que yo le hago como presidenta del Senado, no coordina con la Policía para acabar con esta delincuencia que está ahora en la calle».

«¡Compatriotas, primero la patria y siempre la patria!». El entonces comandante de las Fuerzas Armadas, Williams Kaliman, anunciaba de esa forma que las tropas saldrían a resguardar a la población ante las amenazas de grupos violentos afines a Evo Morales. Eran las 21.00 del lunes 11 de noviembre cuando los ciudadanos vivían momentos de extrema zozobra. Kaliman, fiel a Evo Morales hasta el final, y aunque el país estuviese convulsionado, no daba señales y la población vivía momentos de terror. Williams Kaliman fue el militar más apegado al Gobierno de Evo Morales, desde que era comandante del Ejército hasta sus últimas horas como comandante de las Fuerzas Armadas. «Solo un hombre con alta visión de futuro y que vistió nuestro sagrado uniforme sabe cómo ser un verdadero patriota y sabe cómo querer a nuestro glorioso Ejército», dijo refiriéndose a Evo Morales en noviembre de 2018. Kaliman se declaró «un soldado del proceso de cambio» al asumir como comandante de las Fuerzas Armadas. En todos sus discursos llamaba a Evo Morales «hermano».

7.4. La sucesión constitucional

Cuando Evo Morales abandonó el país creó el vacío de poder, muchos de los que conocían su megalomanía pensaban que crearon esta situación para hacer que luego la Asamblea Legislativa le pidiese regresar a su cargo. El vacío de poder se dio porque no había quien tome automáticamente el cargo, el vicepresidente García Linera acompañaba a Morales, la presidenta de la Cámara Alta, Adriana Salvatierra, y el presidente de la Cámara Baja, Víctor Borda, habían renunciado. Esto, a su vez creó un clima caótico que empezó uno de los periodos más terroríficos que a vivido Bolivia.

En el medio del caos originado por el vacío de poder, las fuerzas democráticas buscaban una salida constitucional a la crisis. ¿Quién puede llamar a la reunión de la Asamblea Legislativa y quedar a cargo del Ejecutivo en el periodo de transición? Rubén Medinacelli, primer vicepresidente del Senado, y Susana Rivero, primera vicepresidenta de la Cámara de Diputados, también habían renunciado en esa gigantesca ola de renuncias de la cúpula del MAS. Ante ese escenario, correspondía por prelación que la segunda vicepresidencia de senadores asuma la titularidad de la Cámara de acuerdo con lo que establece el artículo 41 del reglamento general interno, que señala: «Son atribuciones de la Segunda Vicepresidenta o Segundo Vicepresidente: Reemplazar a la Presidenta o Presidente y a la Primera Vicepresidenta o Primer Vicepresidente, cuando ambos se hallen ausentes por cualquier impedimento». La segunda vicepresidenta del Senado era Jeanine Añez Chávez, que representaba al departamento de Beni.

La salida constitucional fue casi ritual y desconcertante, sobre todo para los asambleístas del MAS, que trataron de boicotear esta salida, buscando alargar el incierto vacío de poder. La senadora Jeanine Añez llamó a sesión extraordinaria del Senado ante el abandono, tanto de la presidenta como del primer vicepresidente. Ella pasó a dirigir el Senado y esa sesión no pudo realizarse por falta de *quorum*: los senadores del MAS no asistieron. Luego, ante la ausencia del vicepresidente del Estado, pudo llamar a sesión extraordinaria de la Asamblea Legislativa Plurinacional. Esta sesión tampoco pudo efectuarse por falta de *quorum*. Entonces, el haber llamado legalmente a estas dos reuniones la convirtió en presidenta del Senado y, ante la ausencia del presidente y el vicepresidente, en la nueva presidenta constitucional del Estado.

Lo que no entendieron los legisladores del MAS es que no se estaba llamando a esas reuniones para aceptar la carta de renuncia de Evo Morales, que Evo Morales y García Linera, al momento de abandonar el país, se habían despojado de sus cargos, que ese abandono de funciones hacía de sus cartas de renuncia innecesarias. El artículo 170 de la Constitución Política del Estado define las causas por las que el presidente puede cesar su mandato, en el caso de Evo Morales fue por ausencia definitiva, se estaba yendo a vivir a otro país.

Artículo 170

La Presidenta o el Presidente del Estado cesará en su mandato por muerte; por renuncia presentada ante la Asamblea Legislativa Plurinacional; por ausencia o impedimento definitivo; por sentencia condenatoria ejecutoriada en materia penal; y por revocatoria del mandato.

Es por eso que Jeanine Añez Chávez no requirió ser nombrada por la Asamblea Legislativa. Algunos masistas no lograron entender esta cadena de eventos y empezaron a llamar a la presidenta «autoproclamada», algo que lamentablemente fue imitado por varios periodistas extranjeros. Hoy en día el nuevo Gobierno masista, con una frecuencia alarmante, llama al Gobierno de Añez «Gobierno de facto», tratando de falsificar la historia reciente. Cuando Añez asumió la presidencia era para una mayoría de bolivianos una desconocida. Yo la conocía por dos cosas, su paso como constituyente, que no fue muy «notable», y cuando como senadora atribuyó la frase «todo lo que sube, baja» a Albert Einstein.

«Aquí se está ante una sucesión constitucional originada en la vacancia de la presidencia del Estado ante la ausencia definitiva del presidente y vicepresidente, lo que significa que conforme al texto de la Constitución, como presidenta de la Cámara de Senadores, asumo de inmediato como presidenta del Estado, disposición prevista en el orden constitucional y me comprometo a asumir todas las medidas necesarias para pacificar el país», alegó al asumir el cargo.

La presidenta transitoria Jeanine Añez convocó a una transición pácifica y democrática «para cambiar el régimen que convirtió a Bolivia en un en país totalitario». Resaltó la labor de las Fuerzas Armadas y de la Policía, garantizó la vuelta de los exiliados y llamó a los funcionarios a volver a sus puestos. «No aceptaré otra salida que no sean las elecciones democráticas», señaló en su primer mensaje a la nación. Enfatizó que su labor era la de restituir la paz y llamar a nuevos comicios lo antes posible.

«Mi misión es llamar, tal como lo estable la Constitución, a unas elecciones limpias y transparentes con todos los actores políticos que cumplan con lo necesario lo más antes posible», señaló Añez.

Emplazó a todos los sectores movilizados a ser parte de una transición pacífica y de reconstrucción de una Bolivia diversa y unida. «Un pueblo no son los líderes, sino su gente», dijo.

La mandataria llamó a los empleados públicos a retornar a sus funciones habituales para que los servicios y las actividades públicas se normalicen. Expresó que todos estos cargos deberían ponerse, sin excepción, a disposición del nuevo Gobierno.

Manifestó que harían gestiones para que vuelvan los «hermanos que están en el exilio político. No permitiré que se repita la persecución con ningún boliviano». «Hoy comienza una ruta democrática para reponer la legalidad. He encomendado a la Policía y a las Fuerzas Armadas que garanticen la pacificación del país. Ha llegado la hora de reencontrarnos y acabar la confrontación. No consentiremos los enfrentamientos entre hermanos y garantizamos los derechos de todos los ciudadanos», afirmó.

7.5. La obstinación

Tan solo minutos después de que las Fuerzas Armadas y la Policía Nacional iniciarán operaciones conjuntas en todo el país para contener los actos vandálicos, una cierta calma se sintió entre la población.

En la zona de Wilakota, decenas de activistas masistas sembraron terror durante el día. Ya al atardecer, más activistas de Huankani fueron engrosando este grupo, antes de las ocho, ya eran cientos. Ese grupo se disponía a descender por la avenida central de Cota Cota cuando el comandante de las Fuerzas Armadas, Williams Kaliman, anunció las operaciones conjuntas. Este grupo abandonó el lugar, dejando la zona vacía y sin señales de violencia.

En otros sectores de La Paz, vecinos organizados patrullaban sus barrios, esperando la presencia de policías y militares, pues no descartaban que los violentos se reagrupen. En la ciudad de El Alto, los militares comenzaron a recorrer calles y avenidas en carros blindados, por su parte, la gente aplaudió el paso de los vehículos militares.

A minutos de que Jeanine Áñez asumiera la presidencia constitucional de Bolivia, los productores de coca del Chapare, cuyo máximo dirigente era Evo Morales, se pronunciaron y amenazaron con movilizaciones contundentes. Demandaban que su líder cumpla su mandato constitucional hasta el 22 de enero del 2020.

«Convocamos a las organizaciones sociales de todo el país a partir de mañana miércoles, a nivel nacional, a la contundente movilización. Como trópico de

Cochabamba estaremos en las calles hasta que nuestro hermano Evo Morales retorne a la presidencia, porque está en el tiempo de su mandato constitucional hasta el 22 de enero de 2020. Nos declaramos en movilización nacional en contra del golpe de Estado que se perpetrado en nuestro país. Rechazamos de manera contundente la autoproclamación de la señora Añez, que como segunda vicepresidenta del Senado se autonombra como Presidenta, lo que es totalmente anticonstitucional», declaró un dirigente a través de Kawsachun Coca Red Multimedia.

Una multitudinaria marcha, cargada de whipalas y palos, bajó de El Alto e intentó instalar una concentración en la plaza mayor de San Francisco para pedir la reivindicación de la bandera de siete colores.

Al encontrarse con el resguardo policial en el centro de La Paz, se vivieron momentos de tensión. Los manifestantes reclamaban a los efectivos policiales el haber quitado la wiphala de sus uniformes y de las instituciones públicas.

En todo el recorrido que la marcha hizo se veían las wiphalas que los vecinos pusieron en postes y ventanas, junto a banderas blancas, y en algunos casos la tricolor, como una muestra de que no querían enfrentamientos.

Los manifestantes pedían la renuncia inmediata de la senadora Jeanine Áñez, por golpista y autonombrarse presidenta del Estado, con gritos como «por culpa del racismo, el pueblo está en las calles» y «dónde está la prensa, la prensa mentirosa».

Funcionarios del Movimiento al Socialismo seguían operando desde el Gobierno, tal como lo prueba un comunicado enviado por la Cancillería Boliviana a través de su cuenta oficial de Twitter, en la que se denuncia «golpe de Estado y violación de derechos humanos» en Bolivia. El tuit fue enviado a las ocho de la mañana del 13 de noviembre, un día después de que asumió la presidencia transitoria Jeanine Áñez. Este «comunicado» de la Cancillería claramente fue escrito por funcionarios que responden al expresidente Evo Morales. En el mismo se acusa del supuesto golpe a Carlos Mesa y a Luis Fernando Camacho, y se denuncia «uso excesivo» de la fuerza.

Yapacaní En la ciudad de Yapacaní, a una distancia de 135 km de Santa Cruz de la Sierra, hubo fuertes enfrentamientos en los que se registraron al menos dieciséis heridos, varios de ellos por impacto de balas. El altercado duró al menos seis horas el primer día y se calmó temporalmente luego de la llegada de las Fuerzas Armadas a la región.

Durante la contienda, la policía se vio rebasada por los grupos afines al Movimiento al Socialismo.

Muchos de los heridos fueron internados en la población de Santa Fe, para recuperarse de golpes e incluso de heridas por armas de fuego, aseguraron que no solo eran pobladores de Yapacaní, «son personas que vienen desde más adentro, vándalos que buscan hacer daño, incluso supimos de gente que llegó desde el Chapare», declaró uno de los heridos.

Miguel Mercado, comandante departamental de la Policia de Santa Cruz, lamentó que exista este tipo de actitudes de parte de grupos que se «resisten a asimilar que el presidente Evo Morales ya abandonó el país». Además, el jefe policial aseguró: «Hay gente que está engañando a algunas bases, no sabemos con qué intenciones, pero está motivando a que bolivianos usen armas de fuego contra los propios bolivianos, esto nos causa mucha preocupación, pedimos a las personas que depongan toda actitud violenta».

El municipio de Yapacaní no tenía entonces resguardo policial, ya que un par de días antes los grupos fieles a Morales tomaron la comisaría y obligaron a que los agentes se resguarden en Santa Fe, comunidad aledaña.

Además, surgió la denuncia de que los pobladores de Yapacaní no podían salir de su domicilios por miedo, ya que había personas encapuchadas y armadas patrullando las calles.

Luego de dos días de enfrentamiento e incluso el reporte de robos de uniformes y autos policiales, los policías y militares lograron tomar este municipio. «En Yapacaní ya está la Policía y esta militarizado ha pedido de la gente, quienes querían restablecer el orden, mientras que San Carlos estuvo siempre resguardado por policías y militares en estos enfrentamientos, además de los jóvenes que hicieron resistencia para que no entren estos vándalos», dijo Marco Antonio Áñez, alcalde del municipio de San Carlos. Sobre los actos que ocurrieron en los últimos días, el funcionario manifestó que «eran grupos afines al MAS queriendo hacer respetar el voto de Evo Morales, eran como quinientas personas entre motoqueros y vándalos que aterrorizaron a todo Yapacaní, quemaron la radio Ichilo, una camioneta del gobernador, destrozaron su casa y saquearon otras».

Esta es la principal razón de que la población se encuentre militarizada y en medio de mucha tensión. Incluso luego de dos días de enfrentamiento en los que varios pobladores terminaron con heridas de bala.

Áñez aseguró que los grupos que ocasionaron a estos choques no eran del sector: «Son jóvenes que no son de Yapacaní, somos vecinos, conocemos a toda la gente, estas personas llegaron a sembrar el terror, ocuparon uniformes y autos de la policía. Estas personas estaban saqueando, que sembraron el miedo con la excusa de que protegían el municipio de la Unión Juvenil Cruceñista».

Facundo Morales Entre los heridos de bala en Yapacaní se encontró a un argentino que fue identificado como Facundo Morales Schoenfeld, quien era un guerrillero de las Fuerzas Armadas Revolucionarias de Colombia (FARC).

La prensa colombiana confirmó que una de las personas heridas fue Facundo Morales Schoenfeld, alias Camilo, ideólogo de las FARC. Se sospechaba que esta persona preparaba a ciudadanos bolivianos para el combate. «Morales tiene 44 años, nació en Argentina, y es identificado como jefe político de la Columna Móvil Teófilo Forero, de las antiguas FARC. Está internado con un diagnóstico grave, con un coma inducido», precisó el diario colombiano El Tiempo.

Para la Policía Boliviana, la presencia de Morales en los conflictos que atravesaba el país no fue casual. Se sabía que el guerrillero le contó a su padre, vía telefónica, que había «cruzado» para entrar a Bolivia y que iba a ayudar al Gobierno de Evo Morales. El comandante de la Fuerza Especial de Lucha Contra el Crimen (Felcc) de Santa Cruz, coronel Miguel Mercado, detalló que «la presencia de esta persona con entrenamiento paramilitar no es casual. Ha venido contratada y eso es lo que nosotros vamos a investigar, quiénes lo trajeron, por dónde y hace cuánto tiempo está, qué tipo de relaciones tenían».

El padre del guerrillero es el juez argentino Néstor Hugo Morales, quien llegó a Bolivia a ver a su hijo, internado en un hospital en La Paz. La policía decomisó el celular de Morales, en el que había mensajes de Facundo relacionados con las manifestaciones. En las charlas que se mostró a la prensa había mensajes en los que Camilo le decía a su padre que «ya se habían tomado el puente», refiriéndose al Puente de la Amistad en Yapacaní, donde se registraron los enfrentamientos entre los manifestantes y la fuerza pública, y que él estaría ayudando al Gobierno de Evo Morales, reveló Mercado.

Las autoridades recordaron que dos miembros del Comité pro Santa Cruz murieron tras recibir disparos de arma de fuego y que Facundo Morales Schoenfeld habría participado como parte del grupo que buscaba abrir el bloqueo de los cívicos.

Fuentes de la Fiscalía de Colombia y las FARC dijeron a CNN que Facundo Morales ingresó al grupo guerrillero en 2002. Carlos Antonio Lozada, senador del partido FARC, quien fue comandante de las FARC y negociador del proceso de paz que firmó la guerrilla con el Gobierno de Juan Manuel Santos en 2016, dijo que, en efecto, hubo un argentino en las filas de la guerrilla conocido como Camilo. Camilo siempre estuvo «inconforme» con la firma de los acuerdos de paz, refirió Lozada. «Él no estaba de acuerdo y decidió irse, uno supondría que para Argentina, pero perdimos el rastro», afirmó a CNN en Español.

Cabe mencionar que a pesar de existir la sospecha de que Facundo Morales era autor o cómplice de las muertes de los cívicos Mario Salvatierra y Marcelo Terrazas ocurridas el 30 de octubre del 2019, en noviembre del 2020 el ministro de Justicia, Iván Lima, pidió a la Fiscalía General revisar su caso. Ante las críticas por defender al guerrillero argentino, Iván Lima respondió en la rueda de prensa que «ninguna persona en Bolivia puede sufrir ningún trato cruel, inhumano o degradante». Finalmente el acusado fue liberado y trasladado a Argentina en diciembre del 2020. Rogelio Mayta, canciller del Estado Plurinacional, dijo: «Morales fue detenido de manera irregular por el Gobierno de facto de Áñez en noviembre de 2019 y desde entonces estuvo en prisión preventiva, mientras era tratado en un hospital por una herida de bala y problemas renales». La prensa argentina publicó en sus titulares: «Facundo Morales, detenido por la dictadura de Bolivia, volvió al país tras negociación de Cancillería con el nuevo gobierno. El periodista argentino fue detenido en noviembre de 2019 por el Gobierno de facto de Jeanine Áñez».

Las detenciones Ciento sesenta y nueve personas fueron detenidas en todo el país por hechos vandálicos, robos y disturbios. El director nacional de la Fuerza Especial de Lucha Contra el Crimen (Felcc), William Cordero, informó que en el departamento de Cochabamba la Policía, en coordinación con las Fuerzas Armadas y la ayudas de la ciudadanía aprehendieron a setenta y nueve personas; en la ciudad de El Alto, cincuenta y seis; en la zona sur de la ciudad de La Paz, dieciséis; en Santa Cruz, veintiuno; en el municipio de Yapacaní del mismo departamento a otros veintiuno. En la provincia de Guaraya, seis; en Oruro, seis; y en Beni, cinco.

«Se quemaron las EPIS, instalaciones de la Felcc, Tránsito. Se está evaluando el total de todos los daños, hemos hechos diferentes operativos. En la ciudad de El Alto se aprehendió a cincuenta y seis personas a quienes se les encontró con prendas policiales, veinticuatro dinamitas, anfo y sustrajeron todo lo que pudieron», dijo Cordero. El director de la Felcc señaló que estaban procesando información y realizando las investigaciones para encontrar a otras personas. «Nos vamos a basar en las imágenes y la declaración de testigos para que los responsables sean aprehendidos».

7.6. El empecinamiento

Una vez que Evo Morales salió del país, después de renunciar y pedir asilo en México, no solo dejó un vacío de poder, sino que dañó gravemente la situación interna de su propio partido. El accionar cobarde de Morales no fue una idea inteligente, pues terminó cediendo el Órgano Ejecutivo a su oposición.

Por un lado, el Movimiento al Socialismo, para poder sobrevivir requería reconstituirse desde el Órgano Legislativo. Para sostener que Evo Morales había sufrido un golpe de Estado, tienen además que construir una narrativa, como que la sucesión constitucional fue «inconstitucional y al margen de los procedimientos».

Por eso, muchos se retractaron de sus renuncias, intentando crear un bastión de resistencia a la gestión transitoria, lo cual era riesgoso pues podría llevar al país a una confrontación, pero que también podría crear un espacio de acercamiento y negociación, en un ambiente donde existía una creciente ola de violencia.

Hasta ese momento habían ocurrido tres muertes: Mario Salvatierra y Marcelo Terrazas Seleme en Montero, y Limbert Guzmán en Huayculi. Todos estos casos, de las filas de los opositores a Morales. Por eso su discurso de discriminación racial y de persecución violenta sencillamente carecía de credibilidad.

Evo Morales requería muertos, pero no más muertos opositores, sino muertos entre los que lo apoyaban para poder victimizarse. Es por eso que desde su asilo en México, Evo Morales, vulnerando el Tratado de Montevideo, instigaba a sus seguidores a la violencia.

Desde que abandonó Bolivia, tuvo una intensa actividad en Twitter, publicando varios mensajes para apoyar su mentira sobre un supuesto golpe de Estado en contra de su Gobierno.

Como ejemplos, algunos de esos mensajes:

https://twitter.com/evoespueblo/status/1194418932653969408
Evo Morales Ayma @evoespueblo 13 nov. 2019
Carlos Mesa pisoteas la Constitución Política del Estado, destruyes la democracia y masacras al pueblo. Este es tu legado para la historia

https://twitter.com/evoespueblo/status/1194420266111250433
Evo Morales Ayma @evoespueblo 13 nov. 2019
Fernando Camacho, el orgullo regional no es para dividir Bolivia, la Biblia no se usa para mandar a matar a bolivianos y la Constitución Política del Estado no es para quemar instituciones. Basta de destruir Bolivia

https://twitter.com/evoespueblo/status/1194404763640709121
Evo Morales Ayma @evoespueblo 13 nov. 2019
Denuncio ante la comunidad internacional que el acto de autoproclamación de una senadora como presidenta viola la CPE de Bolivia y normas internas de la Asamblea Legislativa. Se consuma sobre la sangre de hermanos asesinados por fuerzas policiales y militares usadas para el golpe

El artículo 5 del Tratado de Montevideo establece que «mientras dure el asilo no se permitirá a los asilados practicar actos que alteren la tranquilidad pública o que tiendan a participar o influir en actividades políticas. Los agentes diplomáticos o comandantes requerirán a los asilados sus datos personales y la promesa (por escrito y firmada) de no tener comunicaciones con el exterior sin su intervención expresa».

Evo Morales utilizó su cuenta de Twitter como un arma para encizañar la situación, y a pesar de que se reclamó por esto al Gobierno mexicano, ellos no hicieron nada.

En Bolivia, muchos masistas que consideraron que la situación no era tan grave, empezaron a abandonar las embajadas y volvieron a sus funciones. El caso más notable fue sin duda el de Adriana Salvatierra, quien si no hubiera renunciado sería la presidenta de Bolivia. El diálogo que tuvo con un policía que intentó evitar su ingreso al edificio del Congreso:

- Policía: *...ha renunciado, ha renunciado usted...*
- Adriana Salvatierra: *No a mi curul, ni a la presidencia, déjeme pasar*

Muchos otros se aferraban a sus cargos, como fue el caso de Sacha Llorenti que envió el siguiente tuit:

https://twitter.com/SachaLlorenti/status/1194773514806550528
Sacha Llorenti @SachaLlorenti 14 nov. 2019
Señores:
@antonioguterres
@UN
@ONU_es
@DicarloRosemary

Fui designado Embajador de Bolivia ante las Naciones Unidas por el Presidente Constitucional Evo Morales, y ratificado por dos tercios del Senado de mi país.

Yo no renuncié ni renunciaré.

S. Ll. S.

Diego Pary, excanciller del Estado durante la última gestión de Evo Morales, se encontraba en Nicaragua al momento de la renuncia de este y de la sucesión constitucional, y declaró a Canal 4 de Nicaragua: «No puede nombrarse a una presidenta por encima de que aún no sabemos si la renuncia ha sido aceptada o rechazada. Mientras no se debata la renuncia, el presidente seguirá ejerciendo».

La habilidad de Evo Morales para alterar a sus seguidores a través de sus *tuits molotov* estremeciendo a la sociedad boliviana, es algo que la opinión internacional ha ignorado de manera consciente. Pero que viendo las cifras de los afectados por los enfrentamientos se reconoce directamente. Antes de la huida de Evo Morales, en los veintiún días de gloriosa "Primavera Boliviana"hubo tres muertos, los tres del lado de los opositores a este. Después de su huida, apenas se sentó a inflamar los ánimos a través de Twitter, la violencia creció de manera exponencial y también la cantidad de muertos. Los tres primeros días luego de su huida el número de muertos había subido a trece, diez de ellos por proyectil de arma de fuego, repartidos de la siguiente manera: cuatro en Cochabamba, La Paz y Santa Cruz, y uno en Potosí. Las muertes de estos bolivianos, baleados o linchados, pérdidas humanas, gente con familias, son casos que aún no han sido investigados.

La situación en el país seguía tensa, por un lado, se confirmaba que el paramilitar de las FARC, Facundo Morales alias Camilo, había resultado herido en Montero; por otro, tres cubanos, dos varones y una mujer, fueron retenidos por vecinos de El Alto y entregados a la Policía en Ciudad Satélite, ya que los extranjeros conducían un vehículo en el que se encontró una mochila con 90 000 bolivianos. Los vecinos los acusaron de financiar a los vándalos que saqueaban negocios en las recientes movilizaciones. La gente de la zona también afirmó que los sospechosos portaban un arma. Los cubanos fueron trasladados a la Fuerza Anticrimen de La Paz, donde se recabaron datos de su estadía en Bolivia. Uno de los arrestados se identificó como cajero y responsable del pago de sueldos a los médicos cubanos desde hace varios años y aseguró que tenía los descargos. Según la versión de los detenidos, el dinero iba a ser destinado a pagar los sueldos de los médicos cubanos.

La violencia continuaba en el país, vemos con asombro como una multitudinaria marcha de campesinos de provincias, además de vecinos de El Alto de los distritos 8 y 10, simpatizantes de Evo Morales, ingresó al centro de la ciudad de La Paz al grito de «ahora sí, guerra civil» para manifestarse contra el Gobierno de transición, al que califican de «golpista».

En un cabildo desarrollado en la ciudad alteña, el Comité Cívico transitorio de El Alto resolvió exigir la renuncia de la alcaldesa Soledad Chapetón, la liberación de los detenidos de la víspera y declararon personas no gratas al presidente del Comité pro Santa Cruz, Luis Fernando Camacho, al presidente de Comunidad Ciudadana, Carlos Mesa, al presidente del Comité Cívico Potosinista (Comcipo), Marco Antonio Pumari, y al rector de la Universidad Mayor de San Andrés (UMSA), Waldo Albarracín.

Incendiaron la casa de Nelson Condori, líder indígena de la Confederación Sindical Única de Trabajadores Campesinos de Bolivia (CSUTCB), que reprochó a Evo Morales por el fraude electoral. «Decir la verdad ha provocado rencor, rabia venganza hacia mi persona, a mi familia y a mis bienes. Los masistas, esta noche, saquearon todas mis pertenencias de mi domicilio posteriormente quemaron mi casa», denunció Condori en su cuenta de Facebook. Condori también publicó un video donde se ve su vivienda, ubicada en la comunidad de Guaqui, envuelta en fuego mientras se escuchan gritos de hombres acusándolo de traidor. Hace unos días, el líder indígena reprochó al expresidente Evo Morales por las irregularidades durante las elecciones generales de octubre. «Nos has hecho quedar mal con este fraude», reclamó Condori cuando brindó declaraciones a la prensa y señaló que Morales no respetó «el pensamiento de los antepasados».

El jefe policial Heybert Yamil Antelo Alarcón y un contingente a su cargo se dirigieron a la ciudad de El Alto para calmar la turba en esa urbe. Pero en el camino, fueron atacados con piedras y cachorros de dinamita. Cuando el jefe policial de 44 años trató de esquivar piedras y una dinamita en la autopista La Paz-El Alto chocó con un minibús. Antelo quedó gravemente herido y falleció luego de una complicación de salud a causa del accidente.

Evo Morales, desde su nueva trinchera en Twitter, dice estar dispuesto a volver si el pueblo lo pide para ayudar a pacificar el país:

https://twitter.com/evoespueblo/status/1194774337036918787

Evo Morales Ayma @evoespueblo 14 nov. 2019

Herman@s, reitero mi pedido de un diálogo nacional, donde estemos representados todos, movimientos sociales, comités cívicos y partidos políticos. Si puedo aportar con mi presencia a la solución pacífica que pare la violencia y cuide la vida, lo haré por mi querida Bolivia

Algo similar dijo en su primera conferencia de prensa en México: «Por supuesto, si mi pueblo pide, pide mi pueblo, estamos dispuestos a volver a pacificar, es importante el diálogo nacional».

La estrategia del bloqueo empezó a sentirse en la población, principalmente de las ciudades de La Paz y El Alto. El Gobierno tuvo que organizar puentes aéreos destinados al abastecimiento de productos de primera necesidad. «Lo vamos a hacer durante todo el tiempo que sea necesario para poder abastecer a la ciudadanía», afirmó Wilfredo Rojo, ministro de Desarrollo Productivo y Economía Plural.

El presidente de la Cámara de Industria, Comercio, Servicios y Turismo de Santa Cruz (Cainco), Fernando Hurtado, informó que la institución gestionaba una mayor cantidad de aviones y frecuencias áreas para abastecer a ciudades como La Paz y Cochabamba de alimentos. «La cadena logística se ha roto con los bloqueos y es vital el poder llevar alimentos y medicamentos a las ciudades de Bolivia. Por eso estamos gestionando la incorporación de más aviones y frecuencia de vuelos para paliar el desabastecimiento que ya se está empezando a sentir en los hogares bolivianos», dijo a los periodistas.

La Cainco lamentó la falta del suministro de gas natural para las industrias de Oruro, Cochabamba y La Paz, paralizadas porque no se había podido reparar el ducto Carrasco-Cochabamba, que transportaba este recurso energético a sus respectivas plantas. La industria consume el 51 % del gas natural que está destinado al mercado interno.

El ducto estuvo fuera de servicio durante veintidós días. El 12 de noviembre, sufrió un atentado con explosivos producto de las manifestaciones en la región del Chapare, luego de la renuncia de Evo Morales. La reparación del gasoducto recién empezó el 27 de noviembre gracias a acuerdos entre YPFB y los habitantes de la zona, que permitieron el acceso de los técnicos que hicieron los trabajos de reparación. Cincuenta ingenieros y técnicos trabajaron en turnos, las veinticuatro horas del día, con maquinaria pesada, materiales y herramientas para llevar a cabo la labor, que concluyó el 3 de diciembre.

El desabastecimiento de combustible en La Paz se hizo insostenible, al punto de que el Gobierno decidió importarlo de Chile y Perú, mientras que en Cochabamba las industrias ya llevaban siete días sin gas natural. Además, los surtidores bajaron sus ventas hasta en 90 % debido a los bloqueos y conflictos sociales. En el resto del país, la provisión era normal.

En La Paz, la planta de Senkata no podía abastecer a los surtidores debido a los bloqueos instalados en sus ingresos. Estos, en la zona de Senkata alrededor de la planta, consistían, entre otras acciones en cavar zanjas en las calles y avenidas para evitar la salida de las cisternas[1].

Un tema de debate fue, desde luego, la promulgación del Decreto Supremo 4078, que eximía a las Fuerzas Armadas de responsabilidad penal. El artículo 3 del mencionado decreto señala: «El Personal de las FFAA, que participe en los operativos para el restablecimiento del orden interno y estabilidad pública estará exento de responsabilidad penal cuando en cumplimiento de sus funciones constitucionales, actúen en legítima defensa o estado de necesidad, en observancia de los principios de legalidad, absoluta necesidad y proporcionalidad, de conformidad con el Art. 11 y 12 del Cód. Penal. Ley 1760 y el Código de Procedimiento Penal». La misma presidenta Áñez abrogó ese decreto el 28 de noviembre del 2019.

Desde luego que Evo Morales lo utilizó en su batalla tuitera:

https://twitter.com/evoespueblo/status/1195849846973968384
Evo Morales Ayma @evoespueblo 17 nov. 2019
Los autores del #GolpeDeEstadoEnBolivia gobiernan con decretos, sin en el Legislativo y apoyados en armas y bayonetas de Policía y FFAA. Promulgaron un DS que deja a la institución militar exenta de responsabilidad penal. Es una carta blanca de impunidad para masacrar al pueblo

Eva Copa es posicionada como presidenta del Senado La senadora Eva Copa, del Movimiento Al Socialismo (MAS), asumió como la nueva presidenta de la Cámara de Senadores, fue elegida por unanimidad y con el *quorum* reglamentario durante sesión ordinaria.

Eva Copa señaló que logró consensuar con las bancadas de oposición con el objetivo de posibilitar las nuevas elecciones, pacificar el país y defender la democracia.

En su primer discurso como presidenta del Senado, Eva Copa pidió a las Fuerzas Armadas tratar con respeto a los pueblos indígenas originarios y organizaciones sociales, al ser todos bolivianos. «Quiero dirigirme a todas las instituciones a que podamos trabajar juntos para sacar adelante nuestro país, estamos viviendo un momento difícil, pero vamos a poder sobrellevar todos

[1] Vea el video en https://youtu.be/suiDZ6-GTtI

unidos, despojémonos de colores y de posiciones radicales, porque nuestro país en este momento necesita paz», subrayó Copa. «Queremos trabajar en democracia, queremos dar la respuesta más pronta a nuestro país para una elección sana, saludable y pronta», dijo, convocando a la oposición a trabajar de manera conjunta.

Eva Copa era oriunda de la ciudad de El Alto, como su primer vicepresidente fue elegido Pedro Montes González (MAS), de Oruro y como segunda vicepresidenta, Carmen Eva Gonzales (UD), de Pando, recomponiendo así la Directiva de la Cámara de Senadores.

El parlamentario Sergio Choque, del MAS, fue elegido nuevo presidente de la Cámara de Diputados, como vicepresidente, Henry Cabrera, también del MAS, quien afirmó que no eran responsables ni vinieron con revanchismo por todo lo acontecido después de las elecciones del pasado 20 de octubre del 2019, cuando Evo Morales cometió fraude electoral. La segunda vicepresidencia correspondió a Margarita del Carmen Fernández Claure, de Unidad Demócrata.

De esta forma, ambas Cámaras retornan a la normalidad, con nuevas directivas y tras la ola de renuncias ocurridas después de que la OEA presentara el informe preliminar de la auditoría a las elecciones del 2019, en las que se descubrió el fraude electoral.

Y otra noticia que en ese momento parecía marginal, pero que luego alcanzaría relevancia, fue el comunicado que publicó Yacimientos Petrolíferos Fiscales Bolivianos (YPFB), en el que se anunciaba las dificultades para despachar gasolina especial, *diesel oil* y GLP, debido a los «conflictos» alrededor de la planta de Sencata. Y pedían a los movilizados permitir el abastecimiento de combustibles.

7.7. Incidentes fatales

Si para algo eran buenos los asesores de Evo Morales era para sus relaciones públicas. El trabajo de mercadotecnia que se realizó aquellos días fue nuevamente espectacular.

Fake News Un vecino de El Alto subió a internet un video, que se hizo viral, en el que se ve como un grupo de periodistas argentinos, dirigiendo a un grupo de artistas en el Alto, simulan una marcha con gritos en contra del Gobierno, y luego hacen funcionar una máquina que genera humo artístico para para hacerlo parecer gas. Todo esto fue filmado y fotografiado, sin notar que ellos mismos estaban siendo filmados por el vecino. Es escalofriante ver el aguante que tenían esos *marchistas,* pues el supuesto gas lacrimógeno parece no causarles ninguna molestia[2].

A lo largo de todos los conflictos se ha encontrado *in fraganti* a varios creadores de noticias falsas, desde jóvenes que supuestamente estarían contando atrocidades entre lágrimas, pero que en imágenes previas otro es su estado, para ponerse a llorar de repente. Hasta un personaje que hacía papeles múltiples, desde policía en contra del Gobierno de transición hasta de médico atendiendo supuestos heridos de bala. Había un video en el que se veía una supuesta muerta, la que antes de terminar el video empieza a mover los pies.

En toda esta cortina de desinformación cabe mencionar que los mentirosos más grandes fueron el canal venezolano Telesur y el ruso RT en español. Aunque no quedaron muy lejos los periodistas argentinos de TN, Crónica, América y Telefé. Algunos de estos fueron los que se inventaron la marcha con gas referida arriba.

Como ejemplo de esto, uno de esos mal llamados «periodistas», que en realidad son fabricantes de noticias falsas, Rolando Graña, estaba en una calle céntrica de la ciudad de La Paz, transmitiendo en vivo y relatando una fantasía: «En general siempre hay alguien que te marca, vienen las motos, te encierran y te intentan detener. Primero vienen los gases y después vienen las motos. Es como una batalla». Entonces una mujer vestida de rojo lo increpó y le gritó que no era una batalla. «Son unos vendidos ustedes, informan de manera internacional mal», le dijo. «¿Vos viste lo que yo hago? No discutás pavadas», le contestó Graña mientras la joven le reclamaba que «diga la verdad, diga la verdad, diga la verdad[3]».

A lo que Graña respondió: «Sos una basura, nena, una basura», le dijo mientras otras personas se acercaban. Uno de ellos golpeó a Claudio Merino, su camarógrafo, al grito de «la concha de tu madre». El mismo señalo al argentino como racista, ya que aseguró que habría dicho: «¡Boliviana de mierda!».

[2]Vea el video en https://bit.ly/2NKpCUC

[3]Vea el video en https://twitter.com/laetchecopar/status/1194789371100254210

A pesar de que el incidente quedó grabado, no se tardó mucho en cambiar el relato, y en periódicos argentinos aparecieron titulares como: «Manifestantes agredieron al periodista Rolando Graña en Bolivia», «Crisis en Bolivia: Rolando Graña se cruzó con una mujer que lo agredió mientras salía en vivo desde La Paz» o «Increparon a Rolando Graña durante las protestas en Bolivia y agredieron a un camarógrafo».

Cabe mencionar que gran parte de lo que se reportaba en estos medios de dudosa credibilidad fueron fantasías tan grandes que se desmentían por sí solas. Por ejemplo, se decía que había cientos de detenidos y que los estaban torturando, que se estaban botando cuerpos humanos desde aviones al lago Titicaca, posiblemente basados en lo que hacían los militares argentinos en épocas de dictadura. Hubo alguna descripción de ataques a manifestantes desde helicópteros que estoy seguro se basó en la serie de televisión Juego de tronos.

Los enfrentamientos de Sacaba Antes de entrar al tema en cuestión, debemos recordar que la llamada «ala dura» del Movimiento al Socialismo nunca aceptó la renuncia de Evo Morales, y que ese sector del partido tenía su centro en el trópico de Cochabamba. Recordemos que el mismo día de la renuncia de Evo Morales ese sector había amenazado realizar una resistencia férrea a lo que ellos consideraban un «golpe de Estado» (ver página 188). Días previos, en las redes sociales, habían realizado una campaña de terror para la gente de la ciudad de Cochabamba, a los que amenazaban con sembrar el dolor.

Antes de los enfrentamientos, el contingente policial-militar estaba resguardando el paso en el puente Huayllani, en el kilómetro 10 de la avenida Villazón, en Sacaba. Los dirigentes de las Seis Federaciones de productores de coca aseguraban que querían realizar una protesta pacífica y garantizaban que no habría hechos violentos, que su única intención era llegar a la plaza 14 de Septiembre y luego partir a la sede de gobierno. Sin embargo, Edwin Zurita, comandante departamental de la Policía, observó que varios de los manifestantes estaban armados con palos y bazucas caseras, por lo que pidió que se dejasen este armamento para poder dialogar.

Luego de varios intentos fallidos de negociación, aproximadamente a las 16.00 los productores de coca intentaron rebasar el cordón policial, arrojando piedras a los efectivos, lo que originó que los uniformados respondan con gases lacrimógenos. La violencia se desató durante al menos una hora y media. Los cocaleros incendiaron varias llantas y dispararon petardos, bazucas caseras y lanzaron dinamita; por su parte, la Policía respondió con una gran cantidad de agentes químicos.

La zona se convirtió en un campo de batalla. Las explosiones se extendieron al lado sur y norte del puente, e incluso un grupo de cocaleros rodeó a los efectivos y atacó por atrás. Los heridos comenzaron a llegar. Pasaron al menos quince de ellos por la retaguardia, hacia las ambulancias, mientras que la policía arrestaba a docenas de manifestantes. En toda la zona se escucharon disparos de bala, pero la inmensa humareda no permitía ver de dónde salían estas descargas.

Alfredo Cuéllar, comandante de la Región Militar 7, dijo que el personal a su cargo no usó munición letal y señaló que fueron los cocaleros los que utilizaron armamento. «No hicimos uso de armas letales, solamente gases. Ellos nos dispararon. Pido que no nos hagan enfrentar entre hermanos. Además, tengo la información de elementos extranjeros que están disparando incluso a su gente. Ellos utilizan dinamita y armamento letal», dijo. Indicó que se encontró munición tipo 7,65 en el sector de los movilizados, un tipo de bala que no es utilizada por las Fuerzas Armadas ni la Policía.

El dirigente del trópico de Cochabamba, Leonardo Loza, rechazó estas acusaciones y dijo que la movilización fue pacífica, que no tienen armas y que las fuerzas del orden sí usaron armamento contra ellos. «El pueblo está de luto. Denunciamos ante el mundo que a costa de la democracia nos matan. Es falso que tenemos armas. Yo pido a los medios que ingresen y vean; son falsas acusaciones», expresó.

Nuevamente, sobre esto hay evidencias en videos que fueron, en algunos casos, transmitidos por las redes sociales en vivo y en directo. En uno de ellos se ve a cocaleros armados con rifles[4], en otro, el momento exacto en el que se disparaba desde dentro de los marchistas[5]. El hecho de que hayan muertos con bala en la nuca también indica que lo que dijo el Ejercito es cierto.

[4] Vea el video en https://bit.ly/3cVwZAX
[5] Vea el video en https://youtu.be/6fy3zzVUzls

El balance de la jornada fue trágico, 9 muertos, todos ellos cocaleros, 115 heridos y 201 detenidos por la policía.

La Comisión Interamericana de Derechos Humanos (CIDH) se pronunció en un hilo de Twitter sobre lo ocurrido en Sacaba, el mismo día en horas de la noche. El comunicado no se limitó a estos hechos; el mismo puede resumirse en el reclamo de la CIDH por el uso excesivo de la fuerza pública. El hecho de que la CIDH haya ignorado el uso de la fuerza pública durante los veintiún días de protesta contra el Gobierno de Evo Morales nos indica con qué pie cojea.

Y como era de esperar, Evo Morales no tardó nada en aprovechar estos lamentables sucesos en los que, con una probabilidad alta, él mismo era culpable, para por un lado instigar a más violencia en Bolivia, al mismo tiempo victimizarse en el exterior. El conflicto de Sacaba, rebautizado como «La masacre de Sacaba» por la CIDH, fue lo mejor que pudo haber pasado para alimentar las mentiras de Evo Morales. Este tuiteó:

> **https://twitter.com/evoespueblo/status/1195476171615612933**
> **Evo Morales Ayma** @evoespueblo 15 nov. 2019
> Condeno y denuncio ante el mundo que el régimen golpista que tomó el poder por asalto en mi querida Bolivia reprime con balas de las FFAA y la Policía al pueblo que reclama pacificación y reposición del Estado de Derecho. Ahora asesinan a nuestros hermanos en Sacaba, Cochabamba.

Arturo Murillo, ministro de Gobierno, aclaró que los policías y militares no tenían orden de disparar en Sacaba. Esto lo confirmó uno de los policías encargado de las operaciones en Sacaba: «Se escucharon los proyectiles con los que fuimos atacados y nuestro camión blindado recibió doce impactos, nosotros en cumplimiento a las órdenes, las Fuerzas Armadas no podíamos utilizar armamento letal en esta situación», aseguró.

El ministro, aludiendo a las víctimas mortales de estos enfrentamientos, dijo: «Si hay una vida perdida, ¿por qué ocultan el cadáver?, ¿por qué no hacen las cosas bien? Hablamos con el fiscal general y le pedimos que sea absolutamente transparente la investigación, ¿que pasó con estos muertos? Tengo videos que prefiero no mostrar para no impactar y muchos de los muertos que tenemos confirmados tiene tiros en la nuca, ¿cómo pudieron recibir un tiro ahí?, ¿el compañero de atrás le disparó? Acá hay una mente macabra que está detrás y todos sabemos quién es».

Una señal clara de que los métodos de mercadotecnia usados por Evo Morales y sus secuaces eran efectivos fue que la prensa internacional reflejó estos hechos desde su mirada, ignorando lo que decía el Gobierno transitorio.

Guerra mediática La velocidad de Evo Morales para aprovechar la ventaja mediática que le dieron los muertos en los enfrentamientos de Sacaba fue realmente impresionante. Apareció unas cuantas horas después en el canal estadounidense CNN en Español, donde fue entrevistado por la periodista Carmen Aristegui, que, como es conocido, se parcializa por los políticos del mal llamado «socialismo del siglo XXI». «No creo que el pueblo pare hasta que saque a la dictadura del Palacio Quemado, este movimiento es hasta sacar la dictadura y hasta acabar con el golpe de Estado», dijo Morales en la entrevista. También afirmó que se había comunicado hacía poco con sus compañeros de base en El Alto y Sacaba en Cochabamba. «Hace momento me comuniqué con algunos compañeros de base de El Alto y muy poco me comuniqué con Sacaba, Cochabamba, igualmente ahora ya no paran», declaró. Inculpó a Áñez y a la Organización de Estados Americanos (OEA) de las entonces ocho muertes confirmadas. Evo Morales admitió en su entrevista con Aristegui que él era el causante de los incidentes de violencia en Bolivia. Lo difícil de ver fue si lo hizo sin darse cuenta o si era el mensaje que quería enviar.

Apenas un día después, Evo Morales es entrevistado para BBC Mundo por el periodista Gerardo Lissardy, que, a diferencia de Aristegui, se atrevió a interpelarlo sobre temas relevantes. Evo Morales, acostumbrado a periodistas que nunca lo cuestionan, perdió la compostura y mantuvo una agria disputa con el periodista. Acusó al entrevistador de tratarlo de «mentiroso» y amenazó con que lo iba «a combatir desde Bolivia». El momento más tenso de la entrevista comienza en el minuto 31.30 del video que publicó BBC Mundo en su portal digital, y que puedes ver en https://www.bbc.com/mundo/noticias-america-latina-50426345.

Por otro lado, Roxana Lizárraga, ministra de Comunicación, invitó a la prensa para mostrar la íntima *suite* de Evo Morales en los pisos 23 y 24 del palacio que mandó a construir y bautizó como Casa Grande del Pueblo[6]. Finos acabados, la cama con una cabecera maciza de madera y motivos de aguayo que costaron 21 670 bolivianos (unos 3000 dólares americanos); dos veladores en los que tenía una fotografía personal y su credencial de la Asociación del Fútbol Club de Oruro, de 1975. La ministra aclaró que hallaron solo los muebles en los dos pisos. «Se llevaron hasta los adornos», dijo.

Se pudo verificar que el lujo en la calidad de la materia prima de los muebles se replicaba en los acabados de un *jacuzzi* en el baño principal, además de tener enormes televisores pantalla plana en la mayoría de las habitaciones.

Un documento encontrado en uno de sus veladores señalaba: «Tenemos una batalla territorial de raíces indígena, versus pobres y ricos. Es muy importante tener movilizado el oeste y convertirlo en una batalla territorial indígena». Los roperos de la habitación lucían vacíos. Algunos cajones todavía conservaban el plástico, es decir, no habían sido estrenados. Desde la ventana de la que fue la habitación de Evo Morales se tiene una vista extraordinaria de la ciudad.

Acontecimientos olvidados Cuando alguien comete un error, lo mejor es desde luego reconocer el error y tratar de enmendarlo. Eso es lo que trató de hacer la Policía cuando pidió disculpas por agraviar la wiphala.

Realizaron un acto de desagravio a esta, símbolo patrio que según algunos sectores de la sociedad no fue respetado por la institución policial en el momento de su amotinamiento.

«Me expreso a nombre de más de 38 000 policías a nivel nacional y mío en particular, confirmo el compromiso sincero de mantener con firmeza nuestros valores y nuestra inquebrantable voluntad de seguir adelante junto a nuestro pueblo, respetando y haciendo respetar los inmaculados símbolos patrios de nuestra nación», dijo el general Vladimir Calderón, comandante de esa institución, refiriéndose a la wiphala, que fue quitada de los uniformes. «La Policía boliviana en su conjunto reconoce el valor de este símbolo y pedimos disculpas públicamente por hechos que haya ofendido a este importante emblema patriótico, el personal tiene en su uniforme la insignia con la wiphala y portarla es un orgullo, estamos convencidos que representamos con esto a oriente y occidente del país», expresó.

[6]Vea el video en https://youtu.be/8pBvwcf6Bbw

Sobre castigos a los miembros policiales que cometieron el agravio, Calderón aseguró que las disculpas eran a nombre de unos cuantos camaradas «que con seguridad serán sancionados». Este acto de desagravio se realizó en todos los departamentos. El acto central fue en el Comando General de La Paz.

Las denuncias más recurrentes durante los conflictos fueron las de amenazas, chantajes y multas para asistir a protestas por Evo. Algunos dirigentes sindicales y vecinales arremetían contra los comerciantes que salían a vender y los amenazaban con saqueos si es que no se unían a las marchas. «Estamos luchando por un beneficio para todos y si no se unen, lamentablemente hay que saquearles», amenazó un dirigente en una de las reuniones que fueron grabadas y divulgadas por redes sociales.

Se denunció que las viviendas de personas que no se unían a las marchas eran marcadas con una «X». El objetivo era quemarlas. Otros dirigentes les dicen a los vecinos que perderían sus viviendas sociales. «En unos dos o tres días vamos a perder nuestras casa, todo lo que han construido, nuestras viviendas sociales, sobre las que hemos puesto la mitad. Eso no hay que perder, si hay que luchar todos vamos a atacar, ahora lo haremos de día. Tenemos que pensar bien. Nosotros queremos hacer perder a la policía, que entren militares», el audio de esta junta vecinal fue divulgado antes de cambiar al entonces comandante general de las Fuerzas Armadas, Williams Kaliman.

Y desde luego que durante todo el tiempo en que se desarrollaron los conflictos hubo miles de fotos y videos que mostraban gente escribiendo en libretas los nombres de quienes asistieron a la marcha o de gente pagando a los marchistas. Existe un audio en el que se escucha decir que estaban pagando 300 bolivianos al día.

Nueve personas de nacionalidad venezolana fueron arrestadas en el municipio de Guayaramerín, ubicado en el departamento de Beni. Las mismas portaban armas de fuego sin ninguna autorización.

«Al promediar las 18.00 horas han sido intervenidos en primera instancia nueve ciudadanos que una vez que se ha validado su identidad se ha establecido que son ciudadanos de origen venezolano», informó el coronel Jorge Campos, comandante de la Policía Internacional (Interpol).

Uno de los arrestados portaba un marbete de tela con el escudo de la Policía Bolivariana y un carnet de militancia del Partido Socialista de Venezuela (PSV). «Se ha procedido a hacer la requisa entre sus pertenencias, entre las cuales se han encontrado una insignia de la Policía Bolivariana, un carnet de identificación como miembro del PSV. Esto nos hace presumir la participación de estos súbditos venezolanos en los diferentes actos sediciosos en Montero y en la ciudad de El Alto», señaló.

Jeanine Áñez, presidenta transitoria constitucional del Estado Plurinacional de Bolivia, informó que se habría identificado a grupos subversivos conformados por ciudadanos extranjeros y bolivianos, cuyo principal objetivo sería el de bloquear los servicios básicos en las principales ciudades capitales del país. Los grupos de Inteligencia de las Fuerzas Armadas habrían indicado que esos grupos utilizaban esa estrategia como un «mecanismo de asfixia» para que las ciudades capitales de departamentos se vean desabastecidas y sin estos servicios.

«Hemos identificado grupos subversivos armados, conformados por súbditos extranjeros y compatriotas. Se ha identificado una estrategia de bloqueo a los servicios básicos como mecanismo de asfixia a las capitales, con grupos de personas que no establecen un argumento específico para justificar estos delitos contra la sociedad», informó la mandataria.

Áñez agregó: «Hemos recibido agresiones físicas a instalaciones estratégicas nacionales, como son ductos estropeados y amenazas de agresiones explosivas que destruirán totalmente plantas estratégicas de hidrocarburos, como la de Senkata». Criticó los desmanes ocasionados y perjuicios a la población por parte de «estructuras subversivas» afines al Gobierno del expresidente Evo Morales. «Es la triste realidad con la que se agrede a un movimiento pacífico de recuperación de la democracia por parte de estructuras subversivas de un régimen saliente que intenta destruir de manera agresiva al Estado boliviano», deploró.

La planta de Senkata La planta de almacenamiento y engarrafado de Senkata tiene veinticuatro tanques horizontales de treinta y seis metros cúbicos cada uno, tres esferas de gas licuado de petróleo, dos de YPFB Logística y una de YPFB Corporación con una capacidad de mil metros cúbicos cada una y veintidós tanques de combustibles líquidos. Abastecen a La Paz y El

Alto, urbes que consumen a diario más de un millón de litros de gasolina y 700 000 litros de diésel.

Cuando se construyó la planta, el lugar estaba fuera de la ciudad, pero con el paso de los años la población creció y la planta de Senkata quedó prácticamente en la ciudad. La planta se encuentra muy mal ubicada. Una infraestructura como la de Senkata debe estar alejada de los centros urbanos por seguridad. Las normas nacionales para la construcción de estas plantas han quedado desactualizadas. Las autoridades deberían evaluar la reubicación de la planta. Senkata no es la única con este problema, por ejemplo, la refinería Gualberto Villarroel de Cochabamba también se encuentra en un área poblada.

Una explosión de la planta de Senkata podría provocar una catástrofe en un área circundante de quinientos a mil metros. Es decir, puede dañar inmuebles en un círculo de un kilómetro de diámetro con el centro en la planta. Marco Montesinos, director de la carrera de Ingeniería Petrolera de la Universidad Mayor de San Andrés (UMSA), explicó que este tipo de instalaciones deberían estar alejadas por lo menos unos 800 metros de la población urbana bajo estándares de seguridad industrial. Según Montesinos, los riesgos de una planta de estas características pueden presentarse incluso por una simple fuga de gas, que puede expandirse, provocar chispas e incendiar los tanques de almacenamiento que contienen líquidos. Un ataque con dinamita puede provocar un desastre de difícil cuantificación de daños[7].

Una planta de similares características sufrió una explosión el 19 de noviembre de 1984 en San Juan Ixhuatepec, dentro de la zona metropolitana de la Ciudad de México. Ese accidente provocó la muerte de entre 500 y 600 personas y un aproximado de 2000 heridos, así como la evacuación de 60 000 personas y daños en un área de hasta un kilómetro de la planta siniestrada. La radiación térmica fue tan grande y tan rápida que gran cantidad de gente no tuvo tiempo de reaccionar y quedó calcinada casi instantáneamente, por ello, tan solo el 2 % de los cadáveres rescatados pudieron ser reconocidos después. La explosión generó un cráter de 200 metros. La zona quedó totalmente destruida. En la memoria citadina quedó la imagen de una explosión que alcanzó unos 200 metros de altura y que produjo un resplandor anaran-

[7]Vea el video en https://youtu.be/PW63_pJha1o

jado que iluminó el amanecer de ese día y pudo verse en sitios tan alejados del punto del accidente.

El caso Senkata La planta de Senkata había jugado un papel importante en la caída de Gonzalo Sánchez de Lozada en 2003, pues el episodio más cruento de la Guerra del Gas llamado «el convoy de la muerte», sucedió en Senkata. El bloqueo en El Alto, exigiendo la renuncia de Goni, se había iniciado el 9 de octubre. La ciudad de La Paz era la más afectada por el desabastecimiento de gasolina y diésel, lo que obligó al Gobierno a diseñar un plan para traer combustible desde la planta de Senkata en El Alto. Este plan se ejecutaría con resultados fatales y fue conocido popularmente como «el convoy de la muerte». Militares dispararon armas de fuego para garantizar el paso de doce cisternas que transportaban combustible.

En 2019, nuevamente el bloqueo a la planta de Senkata, que ya estaba durando unas dos semanas, había afectado gravemente a la ciudad de La Paz, donde por la falta de combustible el municipio no pudo realizar el recojo de basura por falta de gasolina para los carros basureros, lo que generó que los contenedores de residuos se conviertan en focos de infección. El transporte público también había empezado a sentir el impacto y se contrajo en un 40 %.

El 19 de noviembre, un gigante operativo conjunto de las Fuerzas Armadas y la Policía logró abrir paso a las vías de acceso a la planta de Senkata, en el distrito 8 de El Alto, lo que permitió liberar de la planta un convoy de cisternas con carburantes que inmediatamente se dirigió a la zona sur para abastecer a la ciudad de La Paz.

La caravana de cisternas a su paso recibieron el aplauso de los vecinos. En total salieron diecinueve cisternas de gasolina, catorce con diésel, dos con *jet fuel*, cuatro camiones con GLP. Las cisternas y camiones se dirigieron al Colegio Militar en Irpavi para de ahí establecer la logística de distribución a las estaciones de servicio. En el lugar, casi inmediatamente, se formaron largas filas de personas sentadas sobre sus garrafas, esperando comprar GLP para poder cocinar. La misma escena se presentó en otros puntos de La Paz y El Alto, generando hasta bloqueos esporádicos de vías. En los principales surtidores de la ciudad, transportistas y choferes particulares empezaron a formar largas serpientes de autos que se extendían por cuadras y cuadras, en algunos casos, atravesando barrios.

De acuerdo con dos comunicados de la Agencia Nacional de Hidrocarburos, la entrega de combustible estaría sujeta a cupos, ya que se dispuso que cada motorizado solo podría cargar hasta 100 bolivianos de gasolina o 300 de diésel cada semana. También se vendería una garrafa por familia, previa presentación de la última factura de luz para comprobar que no se comprasen más de las necesarias.

Una vez que ya habían partido, los manifestantes, muy enardecidos, se reagruparon y atacaron la planta, volando un muro perimetral y amenazando con quemar todo lo que se encontraba en su interior.

Unas doscientas personas rodearon el lugar, primero lanzaron piedras y después se acercaron con explosivos al muro. «Están tumbando los muros, los militares ya están fregados, se están replegando. Ahora es guerra civil. ¡Ahora sí, guerra civil!, están disparando de adentro, ya le han dado a uno», describió uno de los manifestantes que filmaba lo que ocurría. Las imágenes muestran cómo dos lugares de la pared son derribados, se escucha la detonación de explosivos y seguidamente se observa fuego dentro de la planta. Luego de unos segundos se escuchan disparos de armas de fuego[8].

Cuando cayó el primer herido, otros manifestantes fueron a auxiliarlo, pero ya era tarde, el disparo le había impactado en el pecho. «Son personas que tumbaron el muro a dinamitazos, cómo se puede reaccionar frente a eso, estamos hablando de una planta de gas y gasolina», dijo un coronel de la Policía que estaba en el lugar en pleno resguardo. Con los muros caídos, la gente, enardecida, entró y prendió fuego al menos a cinco coches. «¡Échale al tanque!», gritaba un bloqueador[9].

En síntesis: treinta y nueve cisternas pasaron el bloqueo con apoyo de policías y militares, que usaron gases lacrimógenos para despejar la ruta. Posteriormente, los seguidores de Evo Morales se acercaron a los muros de la planta y los derribaron con dinamita. También incendiaron vehículos, sin tomar en cuenta de que se pudo haber producido una tragedia mayor debido a la cercanía de esas instalaciones, que tienen gran cantidad de combustible. La respuesta de las fuerzas militares no se dejó esperar.

[8]Vea el video en https://www.youtube.com/watch?v=pU-8D5dKXd0
[9]Vea el video en https://www.youtube.com/watch?v=X9PXnC7904Q

El trágico saldo fue de diez muertos y treinta heridos. Fernando López, ministro de Defensa, informó que un grupo violento intentó tomar la planta en actos que calificó como «terrorismo». «Aclarar que de las Fuerzas Armadas no salió ni un proyectil», aseguró la autoridad y añadió que esperaba el informe forense para determinar qué tipo de bala mató a las personas.

Durante la noche dinamitaron una pasarela en Senkata. Jerjes Justiniano, ministro de la Presidencia, manifestó que lo sucedido era terrorismo. Justiniano sostuvo que no se trataba de los vecinos, sino de gente pagada para causar zozobra y que el Ministerio Público al ser afín al MAS, no estaba investigando los hechos. «Anoche empiezan a destruir bienes, dinamitan una pasarela. La pregunta es, ¿será que los vecinos sacan de su bolsillo para comprar dinamita?, que no es barata, definitivamente que no. Entonces tenemos información preliminar de que no es gente de la zona y esta gente ha venido a instigar, ha venido a perjudicar», señaló.

Al ser consultado sobre si existían arrestados o imputados por los hechos sucedidos en El Alto después de que las cisternas salieron de la planta de Senkata, Justiniano indicó que el Ministerio Público era afín al Movimiento Al Socialismo (MAS) y que por esta razón no existía predisposición o celeridad para investigar ni emitir órdenes de aprehensión para los presuntos autores de los actos vandálicos: «Vemos que existe una especie de lentitud cómplice. Sabemos que quienes están incitando todo este tipo de actos de violencia son personas afines o pagadas por el Movimiento al Socialismo y el Fiscal General es directamente afín al Movimiento al Socialismo».

Caso audio Alejandro Yucra fue detenido junto con Alfredo Mamani en el poblado de El Torno, a 31 km de la ciudad de Santa Cruz de la Sierra. La policía los encontró con explosivos y materiales para la fabricación de bombas molotov. Además, se les confiscaron varios teléfonos celulares y en uno de estos, que era de propiedad de Yucra, se halló el video de una conversación entre Morales y Faustino Yucra.

Alejandro Yucra, el hijo de Faustino Yucra, sobre el video encontrado en su teléfono dijo: «El que ha grabado el video debe ser mi hermano; por lo que veo ahí, debe ser mi casa. Escuché que habla con Evo Morales, no sé de qué fecha ni a qué hora será, yo no estaba ahí. No me acuerdo cuándo me ha pasado el video mi hermano. No sé dónde estará mi papá».

Arturo Murillo, entonces ministro de Gobierno, presentó el video en el cual se escucha al dirigente Faustino Yucra conversar con Evo Morales. Yucra está prófugo y sobre él pesa una orden de aprehensión, desde el 2016, al estar acusado de narcotráfico. En el mismo, Evo Morales coordina personalmente los bloqueos que protagonizan sus seguidores y da instrucciones para que no dejaran pasar alimentos a las ciudades. Como si se tratase de una venganza, Morales, en una comunicación con el dirigente Faustino Yucra, le ordena: «Hermano, que no entre comida a las ciudades, vamos a bloquear, cerco de verdad».

Morales también da algunas coordenadas sobre cómo bloquear exitosamente las carreteras. «Sabes, hermano, no hay que perder cuatro mil o cinco mil hermano, divida el sindicato en cuatro o cinco grupos, yo aguanté un mes de bloqueo, te pongo un ejemplo, si mi sindicato tiene cuarenta afiliados cada grupo diez, diez, diez... cuatro grupos, ese es para mucho tiempo, si vos no te concentras, se cansa, la gente abandona, si organizas grupos, grupos, grupos, sectores, cada veinticuatro horas vamos a aguantar el bloqueo»[10].

Debemos recordar que en ese momento las ciudades de La Paz y El Alto sufrían la escasez de alimentos y carburantes.

7.8. Pacificación

Habiendo visto la violencia en el país, la intransigencia de los seguidores de Evo Morales, que se negaban a aceptar que su «jefazo» había cometido un fraude electoral escandaloso, parecía que las salidas pacíficas estaban cerradas y que el estribillo de «Ahora sí, guerra civil» que repetían frecuentemente esos grupos sería la única salida a esta crisis.

La desconfianza

Por otro lado, la dura realidad había llegado a la dirigencia del Movimiento al Socialismo que no había escapado del país y que no se encontraba asilada en alguna embajada. De hecho, fue una gran victoria para la democracia que tanto la Cámara de Senadores como la Cámara de Diputados hayan logrado reestructurar sus directivas.

[10]Vea el video en https://www.youtube.com/watch?v=pXbruGHpfUQ

Sin embargo, había también la desconfianza de parte del Gobierno de transición, ya que Sergio Choque, presidente de la Cámara de Diputados, señaló que las cartas de renuncia de Evo Morales y Álvaro García Linera se tratarían en sala plena del Legislativo y se decidiría en función a lo que diga el pueblo. En ese sentido, indicó que antes se coordinaría con los sectores sociales para conocer su parecer.

«Una vez que logremos constituir la Asamblea Nacional, ahí se va dar lectura a las cartas que han hecho púbico estas autoridades; la decisión del MAS va estar siempre en función de lo que el pueblo boliviano lo disponga, esa posición lo vamos coordinar con los sectores sociales», señaló Choque en rueda de prensa.

La desconfianza se debía, desde luego, a que existía la posibilidad de que el Legislativo no acepte las cartas de renuncia de Evo Morales y Álvaro García Linera, lo cual podría empeorar la situación, que ya era lo suficientemente crítica. En realidad, la huida de Morales y García Linera a México hacía de sus renuncias innecesarias, y por eso la desconfianza. Sobre todo porque el Legislativo ya había aceptado las renuncias de los cuatro asambleístas que estaban en línea de sucesión y por los reiterados mensajes de Evo Morales, quien decía estar dispuesto a volver si el pueblo lo pedía, y de Álvaro García Linera, que se declaró «vicepresidente en el exilio».

Tenemos que recordar que, según el artículo 169 de la Constitución Política del Estado, el Gobierno de transición tenía solo un encargo, el llamar a elecciones en el plazo máximo de noventa días. Para llamar a elecciones se necesitaba dictar una ley para acortar plazos, porque con la actual norma se requiere convocar con ciento cincuenta días de anticipación.

El problema radicaba en que, a raíz del fraude electoral, para poder llamar a elecciones lo primero que se necesitaba era reorganizar al Órgano Electoral. Al menos sería necesario elegir a un nuevo Tribunal Supremo Electoral y a los nueve tribunales electorales departamentales. Estos, a su vez, tendrían que contratar a nuevos funcionarios. En algunos casos, el Órgano Electoral no tenía ni siquiera locales, ya que al principio de las protestas fueron incendiados. Para elegir las autoridades electorales era necesario establecer una relación al menos regular entre el Órgano Ejecutivo y Órgano Legislativo.

El senador Óscar Ortiz advirtió que la intención del MAS no eran las elecciones, sino rechazar las cartas de renuncia de Evo Morales y Álvaro García Linera con la idea de abrir un proceso de convulsión social y desestabilizar al Gobierno de transición democrática.

Llamar a las elecciones por decreto

Jerjes Justiniano, ministro de la Presidencia, afirmó: «Lamentablemente no existe un avance con la bancada del MAS y se constituye en un elemento esencial, sin ellos es imposible lograr ese avance legislativo. Estamos tratando de buscar otros mecanismos de solución que permitan llamar a la brevedad y, sobre todo, señalar una fecha concreta y específica para las elecciones». Una alternativa para convocar a elecciones era emitir un decreto supremo, tal como sucedió en los comicios del 2005, que fueron convocados vía decreto por el entonces presidente transitorio Eduardo Rodríguez Veltzé.

El abogado y político boliviano opinó a través de Twitter:

https://twitter.com/erveltze/status/1196292403893850113
E. Rodríguez Veltzé @erveltze 18 nov. 2019
En 2005 se forjó CONJUNTO DE ACUERDOS para celebrar elecciones generales, referéndum autonómico, elección prefectos y asamblea constituyente, TODOS vía DIÁLOGO y consenso político.

https://twitter.com/erveltze/status/1196295166157639680
E. Rodríguez Veltzé @erveltze 18 nov. 2019
Acuerdos de 2005 fueron posibles con renunciamientos de diversos actores por el BIEN MAYOR: celebrar elecciones generales y preservar democracia

La posición de llamar a elecciones por decreto supremo, debido a la duda sobre la voluntad del MAS de hacerlo mediante una ley, fue también apoyada por Karen Longaric, la canciller del Gobierno de transición, y por Jorge Tuto Quiroga, expresidente de Bolivia, que envió su propuesta vía Twitter:

https://twitter.com/tutoquiroga/status/1196471626658975745
Tuto Quiroga @tutoquiroga 18 nov. 2019
Propuesta de convocatoria a nuevas elecciones en #Bolivia y designación de órgano electoral. 10-Nov Evo lo pidió, el país las necesita y el mundo las apoya. Presidenta @JeanineAnez debe hacerlo ahora, para que Congreso refrende sin bloquear. Texto aquí: https://cutt.ly/5eKuwxm

La luz al fondo del túnel apareció ver la noche del fatídico 19 de noviembre, cuando Eva Copa anunció su predisposición para anular comicios y convocar a nuevas elecciones:

> **https://twitter.com/senadobolivia/status/1196898474060648450**
> **Senado de Bolivia** @SenadoBolivia 19 nov. 2019
> #Último
> La Pdta del @SenadoBolivia #EvaCopa, lamenta lo sucedido en las ultimas horas en #Senkata y pide a las #FFAA replegarse a su cuarteles.
> Confirmó que mañana habrá sesión plenaria en el #Senado, para debatir un anteproyecto de Ley para las nuevas elecciones generales
> RA

El Consejo Permanente de la Organización de los Estados Americanos aprobó por mayoría una resolución sobre la situación en Bolivia[11] en el que exigen al Gobierno a convocar urgentemente a elecciones.

La presidenta Jeanine Áñez anunció que se disponía a realizar la convocatoria a elecciones generales: «Si Dios lo permite, hoy vamos a lanzar la convocatoria a elecciones, como todo el país lo está demandando, lo vamos a hacer de manera responsable, lo vamos a hacer en conjunto con organismos internacionales y con todos aquellos que quieran enriquecer este proyecto base». Áñez manifestó que su actuación estaría enmarcada en la legalidad y en la Constitución Política del Estado. También aseguró que ya contaba con un proyecto de ley base, que estaba sujeto a correcciones y que fue enriquecido por todos los sectores involucrados en la tarea fundamental de pacificar el país.

Eva Copa, presidenta de la Cámara de Senadores, con respecto a la posibilidad de que el Ejecutivo llame a elecciones a través de un decreto, dijo que sería una acción inconstitucional. Señaló: «Nosotros no podemos permitir que se realice una elección por decreto cuando la Asamblea Legislativa está funcionando con legalidad y legitimidad». La presidenta de la Cámara de Senadores aseguró que la bancada del MAS buscaba concretar una mesa de diálogo con el oficialismo para encaminar las elecciones generales en Bolivia.

[11] Vea la resolución en https://www.oas.org/es/centro_noticias/comunicado_prensa.asp?sCodigo=D-025/19

El diálogo

En realidad ya había una mesa de diálogo, auspiciada por la Conferencia Episcopal Boliviana y con el acompañamiento de la Unión Europea y España. La Organización de las Naciones Unidas habría enviado a Jean Arnault, especialista en conflictos, para ayudar en la pacificación. Arnault fue representante especial del secretario general para Colombia y también se había desempeñado como representante especial del secretario general para Georgia, Afganistán, Burundi y Guatemala.

Jerjes Justiniano, ministro de la Presidencia, confirmó la existencia del diálogo: «Estamos en una mesa de diálogo, estamos conversando. Creemos que es posible pacificar el país». Justiniano afirmó que los legisladores del MAS pidieron tres condiciones: una ley para que no haya persecución política, salvoconductos para sus dirigentes, y que el expresidente Evo Morales «vuelva al país».

Sobre las condiciones, dijo: «Si quieren una ley que les garantice que no haya una persecución política, no tenemos inconveniente», y añadió que una cosa era persecución política y otra la persecución judicial. Sobre la segunda condición, de los salvoconductos, aseguró: «Perfecto, tienen todas las condiciones». Respecto al retorno de Morales, expresó: «No tiene problema, es un ciudadano más. Es el expresidente». No obstante, Justiniano lamentó las declaraciones «incendiarias» de Morales y pidió al exmandatario cumplir la normativa internacional referida al asilo.

Por su parte, Jeanine Áñez afirmó que Morales «no está habilitado para un cuarto mandato», razón por la cual no podía volver a ser candidato. No obstante, especificó que el MAS, como partido, «tiene derecho de participar» en las próximas elecciones generales.

El Gobierno y el MAS lograron, tras varios días de negociación, ponerse de acuerdo y aprobar dos leyes para designar en un plazo de quince días a los vocales del Tribunal Supremo Electoral (TSE) y para convocar a nuevas elecciones sin Evo Morales como candidato, con un padrón saneado y dejando en claro los límites de la reelección.

La reunión entre el Gobierno y el MAS se realizó en presencia de la comisión mediadora, integrada por la Iglesia católica y la Unión Europea, en donde los representantes del MAS pidieron garantías y que paren la persecución contra sus dirigentes y legisladores. Ante esa demanda, decidieron crear una «comisión especial» para analizar caso por caso. Todo ese proceso contaría con la participación de la comisión mediadora.

«Se antepuso el bien mayor: garantizar nuevas elecciones, con nuevos vocales y con total transparencia», expresó la presidenta de la Cámara de Senadores, Eva Copa, quien ratificó que el pleno de la Cámara Alta debatiría y posteriormente aprobaría las leyes para unas prontas elecciones. El acuerdo final se dio luego de más de siete horas de negociación, realizada fuera de los recintos de la Asamblea Legislativa.

La presidenta Jeanine Áñez y los dirigentes de las organizaciones sociales, encabezadas por la Central Obrera Boliviana, firmaron un acuerdo que establecía la instalación de una mesa de diálogo en Palacio Quemado. En esta reunión participaron también dirigentes de la Confederación Sindical Única de Trabajadores Campesinos de Bolivia, la Confederación de Pueblos Indígenas del Oriente Boliviano, el Consejo Nacional de Ayllus y Markas del Qullasuyu, los Interculturales y distritos de El Alto, entre otros. Se sumaron las Federaciones del Chapare, del Distrito 8 de El Alto, las Bartolina Sisa; prácticamente todos los sectores sociales para que de una vez se pueda llegar a acuerdos y poder pacificar el país.

«Se garantiza la integridad y la presencia de todos los dirigentes nacionales del Pacto de Unidad, departamental, regional, provincial, centrales, subcentrales, sindicatos y todas las autoridades electas de la Asamblea Legislativa Plurinacional de Bolivia, Gobernadores, asambleístas departamentales, alcaldes, concejales y representantes políticos», señala el primer punto del acuerdo.

La Ley 1266

La Asamblea Legislativa aprobó, la noche del 23 de noviembre, la Ley de Régimen Excepcional y Transitorio para la realización de elecciones en ciento veinte días sin Evo Morales como candidato, una vez designados los vocales del Tribunal Supremo Electoral. Los vocales serían elegidos en un máximo de veinte días y tendrán un mandato de seis años, sin posibilidad de reelección, y de los seis nuevos vocales dos serían de origen indígena y al menos habría tres mujeres. Los vocales electos tendrían cuarenta y ocho horas para convocar a los nuevos comicios, además deberían abrir el padrón por siete días para la inscripción de nuevos votantes.

Debate en el Senado En el último artículo, la senadora Adriana Salvatierra pidió corregir la redacción de la ley, que en vez de señalar que los comicios se realizarían en «al menos» ciento veinte días diga que se realizarían en ciento veinte días. El Pleno aceptó y Copa declaró un cuarto intermedio de diez minutos para corregir el texto y de esa forma evitar confusiones. Al reiniciar la sesión, la senadora Sonia Chiri del MAS pidió la palabra y solicitó que por dispensación de trámite se debata y apruebe el «proyecto de ley de garantías», por el que impedirían que Morales y García Linera sean perseguidos por la vía penal y que los dirigentes y legisladores no sean procesados. Esa propuesta sorprendió a todos. El ala conciliadora del MAS, la bancada oficialista y la comisión mediadora solo atinaron a tomarse la cabeza. Salvatierra exigía su pronta aprobación con el argumento de que se debían respetar los derechos humanos ante una presunta persecución.

La propuesta generó caos y preocupación en el Legislativo. Al frente, en Palacio de Gobierno, la presidenta de transición, Jeanine Áñez, en conferencia de prensa, advirtió que no promulgaría una ley que otorgue inmunidad a quienes cometieron actos ilícitos. «Mi decisión es clara y firme, no voy a promulgar esa ley, no podemos otorgar protección a quienes han sometido, perseguido, engañado y burlado a los bolivianos», dijo la mandataria flanqueada por cuatro de sus ministros. Minutos después, pese a exigencias y reclamos del ala dura del MAS, se resolvió por dos tercios dejar en suspenso el tratamiento de esa ley.

Debate en la Cámara de Diputados El debate empezó a las tres de la tarde. Sergio Choque, presidente de la Cámara de Diputados, ordenó la lectura del proyecto de ley, luego de eso, los legisladores pidieron la palabra para exponer argumentos de apoyo y rechazo a esta. El debate, sin embargo se centró en acusaciones por las muertes en las movilizaciones después del 20 de octubre.

Fueron más de tres horas de discusión para que el Pleno apruebe en grande el proyecto de ley de nuevas elecciones. Y luego se requirieron dos horas más para que los diputados aprueben la ley en detalle, pues las acusaciones continuaron. La ley se sancionó pasada las 21.00 horas en medio de la algarabía, y como señal de unidad, se entonó el himno nacional.

Promulgación de la ley En un acto en Palacio de Gobierno, la mandataria firmó el documento Ley de Régimen Excepcional y Transitorio para la realización de Elecciones Generales, que anulaba los comicios fraudulentos realizados el 20 de octubre, que desencadenaron los conflictos por los que acababa de pasar el país. En el acto, Áñez estuvo acompañada de todo su gabinete ministerial y la presidenta de la Cámara de Senadores, Eva Copa. La fotografía de rigor en la que se ve a las dos mujeres que por entonces eran las más poderosas de Bolivia, Jeanine Áñez y Eva Copa, mostrando al público la ley aprobada[12], se convirtió en un ícono de la reconciliación.

Con esta ley se anularon las elecciones fraudulentas del 20 de octubre. Como efecto secundario, las personas que fueran reelectas de forma continua a un cargo durante dos periodos constitucionales, ya no podrían postularse como candidatos al mismo cargo, pues la ley ponía en vigencia plena la Constitución Política del Estado. Se elegiría un nuevo Órgano Electoral que ofrezca confianza y transparencia, se realizaría un saneamiento al padrón electoral, se permitiría la inscripción de nuevas alianzas y nuevos candidatos.

El retorno a la normalidad

Con la mediación de la Iglesia, la Unión Europea y la ONU se realizó una reunión entre el Gobierno y dirigentes del Pacto de Unidad, formado por organizaciones afines al MAS, la Central Obrera Boliviana, representantes de otros sectores y asambleístas. La reunión se extendió hasta pasadas las dos de la mañana del domingo 24 de noviembre.

En esta acordaron en un proyecto de ley cuyo objetivo era brindar garantías de seguridad y derechos a dirigentes y políticos, pero también a garantizar que un eventual procesamiento de dignatarios se haga por la vía constitucional y legal. Asimismo, el Gobierno de transición se abrió a modificar el Decreto 4078, que generó polémica porque permitía a las Fuerzas Armadas participar en operativos para restablecer el orden sin tener responsabilidad penal.

[12] Vea el video en https://youtu.be/MYq9fkFFD3k

El proyecto de ley acordado garantizaba que los asambleístas no serían hostigados y que también los dirigentes tendrían asegurado el ejercicio de sus derechos. Dichas personas podrían tener servicios de seguridad para sus familias y propiedades con tan solo una denuncia verbal.

Se liberarían a los detenidos que no tengan en su contra elementos de convicción de delitos y se investigarían las muertes ocurridas en las semanas de conflicto de ese año en coordinación con el alto comisionado de las Naciones Unidas para los Derechos Humanos, la Comisión Interamericana de Derechos Humanos y la Asamblea Legislativa. Del mismo modo, se darían salvoconductos a exautoridades, dirigentes y personas que reciban asilo de otros Estados. Se pactó indemnizar a las familias de los fallecidos y que el Estado se haría cargo de las personas heridas en las movilizaciones posteriores al 21 de octubre.

Todo este interesante acontecer político dio como resultado algo que la población de Bolivia estaba esperando con ansias: se levantó el bloqueo en Senkata y se reanudó la venta de carburantes, se restableció el abastecimiento de gas. Miles de personas se volcaron a los principales mercados de La Paz, fue como un reencuentro entre amigos. Las vendedoras de los mercados y los compradores se saludaban con amabilidad, se entablaban diálogos para contarse cómo pasaron las últimas dos semanas de desabastecimiento de alimentos a causa de los bloqueos. Los precios de los alimentos aún se mantenían elevados, pero poco a poco todo regresó a la normalidad.

Epilogo

Mi relato termina aquí, en uno de los momentos de mayor alegría en la historia de Bolivia. Se había derrotado al autoritarismo que tomó al Estado utilizando métodos democráticos, y a pesar de haber estado peligrosamente cerca a una guerra civil, se pudo llegar a entendimientos que nos colocaban en el inicio de una nueva etapa en la vida del país.

Sin embargo las cosas no fueron como lo esperábamos, y es que Áñez, como presidenta interina, solo tenía un encargo, el llamar a nuevas elecciones en un periodo de noventa días. La reestructuración del Órgano Electoral no tomó mucho tiempo. En enero del 2020, Salvador Romero, flamante presidente del

Tribunal Supremo Electoral, fijó la fecha de los comicios: el 3 de mayo. En caso de una segunda vuelta, esta se realizaría el 14 de junio.

El periodo de mandato, tanto del Ejecutivo como del Legislativo terminaba el 22 de enero, por lo que se tuvo que prorrogar ese mandato. Lamentablemente el 2020 traía una sorpresa inesperada para todo el planeta. La pandemia. A razón de la pandemia se tuvo que postergar la realización de las elecciones dos veces. Primero fue programada para el 6 de septiembre, y luego para el 18 de octubre. Fecha en la que por fin se realizaron las elecciones.

La pandemia afectó gravemente la delicada situación política en la que se encontraba Bolivia. Por un lado, los seguidores más extremistas de Evo Morales, que nunca aceptaron las salidas pacíficas, se convirtieron en negacionistas del coronavirus, y enfrentaron casi militarmente a las medidas sanitarias que el Gobierno transitorio se vio forzado a tomar.

La pandemia desnudó la realidad: en los catorce años de hegemonía del MAS-IPSP se había realizado muy poco para mejorar el sistema de salud boliviano, que está en condiciones lamentables. Los hospitales del sistema no necesitaban de la pandemia para colapsar, muchos de ellos estaban colapsados antes de que empiece esta.

La pandemia destruyó el argumento del MAS-IPSP de que la situación económica y social del país había mejorado tanto que no existía pobreza extrema. Los encierros nos mostraron que la mayoría de los bolivianos viven del trabajo del día. Si hoy no trabajan, hoy no comen. Que la mayoría de los niños en Bolivia no pueden recibir educación en línea porque no tienen los medios económicos para tener un celular inteligente, una tableta o una computadora, y si los tienen es posible que no cuenten con el dinero para pagar por internet, si es que en su región llega el internet. El satélite Túpac Katari resultó ser un fraude.

La pandemia sacó a la luz pública la baja calidad de la educación en el país, como para que laboratorios de universidades produzcan dióxido de cloro para «combatir la pandemia», tratamiento «aprobado» además por el Senado.

La pandemia nos mostró el fracaso del neoestalinismo, pero en lugar de responsabilizar por ese fracaso a los catorce años de autoritarismo, prefieren achacarlo a los pocos meses del Gobierno transitorio. Algo que dio a Luis Arce su recurrente discurso político con el que supo conquistar votos.

Tras una relativa calma en el país, en los primeros meses del Gobierno de transición, con la llegada del coronavirus a Bolivia, empezaron a destaparse distintos casos de corrupción.

En los once meses que duró la transición, hubieron al menos veinticuatro casos de corrupción, unos descubiertos por el mismo gobierno y otros por el MAS-IPSP. Casos como la compra irregular de respiradores, gases lacrimógenos, venta de cargos, cobros ilegales, irregularidades en YPFB, Entel, Ende y la DGAC, entre otros.

Se convirtió en una sentencia aquello de que no había peor corrupto que aquel que era capaz de robar en tiempo de pandemia, sin embargo, la actuación de la oposición masista fue también deplorable y criminal. El país tuvo que sufrir bloqueos de carreteras convocados por sindicatos de obreros, campesinos e indígenas afines al MAS que inicialmente pedían elecciones inmediatas, pero que luego empezaron a demandar la renuncia de la mandataria interina, Jeanine Áñez.

Estos bloqueos de carretera provocaron muertes por falta de oxígeno medicinal; la falta de suministro de estos insumos médicos ha afectado principalmente a enfermos de COVID-19. Lo irónico es que entre las «más de cuarenta muertes» que el Gobierno reportó por falta de oxígeno medicinal estaba Esther Morales, hermana del expresidente Evo Morales. Lo que realmente es penoso y da rabia es que nadie va a indemnizar a las familias de esos muertos, nadie se va a quejar a la CIDH, ni nadie va a llamar a este suceso la «masacre del oxígeno».

Las elecciones las ganó, probablemente con un nuevo fraude, el MAS-IPSP. Quedaba la incógnita de ¿cómo sería el MAS sin Evo Morales?. A los cuatro meses del nuevo Gobierno se supo que no había un MAS sin Morales, que Evo Morales regresó a gobernar a través de un títere. Por el momento, la expresidenta de transición está ilegalmente detenida, y existe una persecución política a todos los que opinan diferente. El autoritarismo de catorce años ha regresado y está envalentonado, Bolivia sufre de una recaída en el neoestalinismo. No sé si será posible derrotarlo nuevamente con un movimiento tan pacífico como fue la «revolución de las pititas», si será necesario hacerlo a través de una insurrección violenta, o si es que la guerra civil que aparece otra vez entre las opciones será una salida. O si es que el neoestalinismo llevará a Bolivia por el camino de la ruina como ya lo hizo con Cuba y Venezuela. El tiempo nos lo dirá.

www.ingramcontent.com/pod-product-compliance
Lightning Source LLC
LaVergne TN
LVHW050537160826
845677LV00011B/2069

* 9 7 8 9 1 9 8 5 6 4 2 1 1 *